MARCOS PEREDA

Eso no estaba en mi libro de historia del ciclismo

ALMUZARA

Primera edición: enero de 2024

Editorial Almuzara • Colección Historia
Director editorial: Antonio Cuesta
Editora: Ángeles López
Corrección: Natalia Herraiz
Maquetación: Joaquín Treviño

www.editorialalmuzara.com
pedidos@almuzaralibros.com - info@almuzaralibros.com

Editorial Almuzara
Parque Logístico de Córdoba. Ctra. Palma del Río, km 4
C/8, Nave L2, nº 3. 14005 - Córdoba

Imprime: Liberdúplex
ISBN: 978-84-11319-41-6
Depósito legal: CO-1927-2023
Hecho e impreso en España - *Made and printed in Spain*

Índice

De todo hay un inicio, ¿no?

De todo. De los cómics, de las pelis, los discos y las novelas. Incluso de las relaciones.

Hablamos de inicios únicamente, que este es un libro feliz.

De todo hay un inicio, dije. Hasta de las bicis. Solo que es un inicio poco claro, porque no sabemos si este o aquel, si eso o lo de más allá. Igual todas las versiones son falsas, con un poquito de verdad. Igual es justo lo contrario. Qué importa.

Vamos a ver, queridos amigos, cómo fue la prehistoria de este invento maravilloso que es la bicicleta. El que nos hace felices, el que nos arranca sonrisas. El que tiene usted, sí, allí, muy cerquita, esperando, perfectamente engrasada, presta a salir.

Mire, mire… hace buena tarde. Venga, aproveche, un ratito y luego vuelve aquí, a leer lo que tenemos que contar.

¿Ya?

Perfecto.

Comenzamos.

Empezando sueños (sobre dos ruedas)

(Lord Byron) es tan efímero como el velocípedo.

Crítico literario con poca visión de futuro, año 1822.

Esta historia comienza con un vitral.

O igual no, igual es todo falso, igual aquello no es lo que parece ser.

Por aquí pululan comedores de fuego, golfainas, mentirosos, timadores profesionales, héroes de las trampas, patriotas que no lo son, sicalípticos, profesionales del embuste y dos o tres ciclistas. Así que permítanme, sí, empezarlo todo con este vitral que, quién sabe, a lo mejor es falso.

(También vamos a ver falsedades con prueba ante luz y taquígrafos, pero esas molan mucho menos).

Porque, realmente, esta historia comienza con Leonardo da Vinci.

Solo que no.

Que esta historia comienza con una erupción volcánica, y con Lord Byron, y con un tal Víctor Frankenstein.

Más o menos.

O igual empieza en Rusia, o en China.

Quién sabe.

Los inventos maravillosos tienen paternidades en pugna. Y la bici es el más maravilloso que hay. Así que…, veamos.

Qué historia, amigos…, qué historia.

HISTORIA NÚMERO 1. LEONARDO DA VINCI

Leonardo da Vinci. Oh, sí, cómo no. Leonardo inventó el coche, el helicóptero, la tostadora y el *Super Mario Bros*, aproximadamente. Vamos, que todo lo que a usted le gusta, porque Leo era así, muy suyo, un geniote. Y le molaba andar en bici, como sucede a tantos...

La noticia surgió en 1974. Un historiador transalpino, Augusto Marinoni. Oigan, que hemos revisado el *Codex atlanticus* y, vaya..., tiene bocetos de bicis. Bueno, un boceto de una bici. Basta y sobra. A ver, igual el dibujo es de Salai, discípulo, pero sin duda el genio leonardesco anda detrás del asunto, porque el genio leonardesco es omnipotente. Y, bueno, tú mirabas ese rollo y parecía bici, sí, pero tan moderna, tan detallada, tan poco «soy da Vinci y no acabo lo que empiezo» que atufaba gordísimamente a fraude. Y lo era, *demostrao*. Hasta dataron el dibujo entre 1966 y 1969. Antes había allí, en ese papel, unas anotaciones geométricas abstractas..., arcos y movidas de ese rollo. Quizá alguien miró aquello, dijo «mira, añado, añado, pinto», y hop... la bici. Robert Penn, autor de *La bici lo es*

La bici de Leonardo, que es bici pero no de Leonardo.

todo, juguetea con la idea de que hubiese sido un monje de Santa María di Grottaferrata, donde se conservaba el *Códice*, quien hiciera la bromita. Un monje fan de Gimondi, seguramente…

No es el único intento de antedatar la bici, ojo. Se han visto velocípedos en bajorrelieves de Babilonia, de Egipto, de Pompeya. También aparecen, allí cerquita, dibujos de wookiees y la receta del sobao pasiego. Vamos, que pareidolias, ustedes saben. Si hasta de El Bosco dijeron que había pintado bicis en al menos dos dibujos, porque vaya usted a saber qué pintó y qué no pintó Hieronymus.

Veredicto: Broma sin importancia, nula realidad histórica. Huyan de quienes den por bueno el dibujo.

HISTORIA NÚMERO 2.
EL VITRAL

Está en St. Giles. En la parroquia de St. Giles. Chiquituca, poco llamativa. Stoke Poges, que es pueblín sin apenas remembranza, a unos cuarenta kilómetros de Londres. Dicen que allí hay culto desde la época sajona, que la parte más antigua del templo es normanda.

Pero esa no es la adoración que nosotros buscamos.

(Tampoco la de Thomas Gray, aunque Thomas Gray compusiera aquí, aquí mismo, su *Elegía escrita en un cementerio rural*. Pero Thomas Gray no tenía ruedas).

Vinimos a por el vitral de la bicicleta.

Está en el interior de la iglesia, en la parte oeste del edificio. Arco ojival, vidriera de colorinchis. Parte central con reforma, monumento que recuerda a los caídos en la guerra contra los nazis. Pero la superior no, la superior estaba allí desde antes. O se fabricó antes, porque ha pasado por la casa solariega adyacente. Cuarenta y cinco por cuarenta y cinco, que ya está bien. Un desnudo masculino, un querubín todo cachas que sopla un cuerno. Un querubín que sopla un cuerno mientras monta… sobre una bici.

El vitral de la bicicleta. Flandes, siglo XV, dicen algunos. Italia, siglo XVI, contestan los otros. Qué importa…, es enigmático. Quizá sea un instrumento medieval llamado *way wiser*, que sirve para medir cachucos de tierra (como hacemos aquí con los carros). Quizá es una representación de pasajes bíblicos donde hay seres que montan ruedas o similar. A ver, no es una bici, pero es tan bonito pensar que pudiera ser una bici (o algo). Muchos lo tomaron al pie de la letra, y vieron allí eslabón perdido para rastrear origen de nuestras máquinas. Que podían haberse fabricado desde hace mogollón, que tardaron hasta el siglo XIX.

Quizá ese sea el misterio grande.

Veredicto: Está ahí, eso es incuestionable. Y tiene la antigüedad que se le atribuye, eso también es incuestionable. ¿Es una bici? Pues, miren..., no. O seguramente no. Pero mola pensar que...

HISTORIA NÚMERO 3. LA VERTIENTE RUSA

Año 1949, revista *Cultura Física y Deporte*, que, como su propio nombre indica, es soviética. Allí se publica un artículo sobre Efim Artamanov, paisanuco de todas las Rusias que inventó una bici de ruedas altas... por 1801. Vamos, que pronto, prontísimo, pionero de asuntos. Lo hizo con sus propias manos y, para probarla, recorrió mil quinientos kilómetros, porque allí se prueban las cosas en plan bien, sin posibilidad de error. Realmente, fue desde su casa en Verkhoturye hasta Moscú para mostrar a Alejandro I el invento. Mira, es tu regalo de bodas, Álex, coleguilla. Y Álex, magnánimo, lo convirtió en un hombre libre, y luego se guardó eso tan raro para siempre, que estaba la cosa para ponerse tensa con Bonaparte y no tenemos rato *pa* echar en chorradas. Digamos que lo de Artamanov parece cosa de Guerra Fría, y que ese asunto solo se llegó a conocer siglo y medio más tarde, y que en archivos y papeles del momento nada de nada... Pero, oye, que tiene el tío un monumento de bronce en Ekaterimburgo, y allí sale subido en una bici y sonriendo mogollón...

También los franceses decimonónicos se pusieron en plan chauvinistas, atribuyendo invenciones a uno de ellos. Louis Baudry escribió en 1891 sobre un tal conde Dédé de Sivrac (lo juro), creador de un vehículo de dos ruedas, rígido y con una cabeza de león en el manillar (vuelvo a jurarlo). *Célérifère* (celerífero), se llamó el asunto. Bonito nombre y un único problema..., que no existió nunca. Bien jugado, Baudry.

Veredicto: Patrioteridad mal entendida, pero historiones para recordar. Ojalá todas las mentiras fuesen así.

HISTORIA NÚMERO 4. LOS CHINOS LLEGARON ANTES

Finales del siglo XIX. Año 1897, por concretar. Hay bicis en todo el mundo, es una creación moderna, sofisticada, sexi. Joven. O igual no tanto. Li Hongzhang, político y diplomático chino, dice que nanay, que la bici calza dos milenios y medio, que su origen data de la dinastía Yao. ¿Qué dinastía Yao, querido Li Hongzhang? ¿La del casi legendario emperador Yao? Y él cuenta su historia. En torno al 2300 antes de nuestra era. Entonces existía un vehículo con sillín, con pedales, uno que se desplazaba sobre circunferencias. Le decían «dragón feliz», porque «bici» es muy poco…, en fin, muy poco zen. Cuenta la leyenda que a las mujeres les chiflaba, porque es muy divertido todo, y que estaba tan metidas en esto del dragón que descuidaron sus tareas domésticas (lean el subtexto sexual, por favor). Vamos, que el emperador prohibió todo eso del «dragón feliz», y condenó para siempre a quienes fabricasen tan pecaminosa y haraganesca máquina. Y por eso no sabemos nada de aquel antecesor tan lejano…

Veredicto: Suena bien, pero es más falso que Lobsang Rampa abriéndose el chakra manipura.

HISTORIA NÚMERO 5. EL VOLCÁN DE FRANKENSTEIN

Esta es fácil, porque han escuchado ustedes la misma historia desde mil puntos de vista. Que si pictóricos (los cielos de Turner), que si literarios (Villa Diodati), que si economía (crisis), que si cosechas a tomar por el culo. Fue un diez de abril, año 1815. En Indonesia. Volcán Tambora, pepinazo gordísimo, cielos que se cubren de cenizas, temperaturas invernales, tormentas eléctricas, nada para comer, campos cubiertos por pavesas, barcos a miles de kilómetros que se asustan porque creen que los atacan malutos. Y hambrunas, y miseria.

Sumen, en la actual Alemania, ese rollito de las guerras napoleónicas, que nos habían *dejao* el país hecho unos zorros. Tanto como para no tener cebada, ni centeno, ni las cosas que se comen por ahí arriba (tanto como para emigrar fuertemente a los Estados Unidos, por otra parte). En los alrededores de Mannheim, a orillas del Rin, los campesinos no tienen qué echarse a la boca. Pero nada es nada, así que hacen lo peor que se te puede ocurrir... sacrificar a los caballos. A ver, los caballos también estaban con las costillas como badenes, así que... Pero eso, que sacrifican a los caballos, se los zampan, y quitan de la ecuación el único medio de transporte que existe, lo que aumenta aislamiento y dificulta el desplazamiento a mercados y similar.

Y eso a Drais no le gusta, así que se pone manos a la obra.

Drais es Karl Friedrich Christian Ludwig Freiherr Drais von Sauerbronn, un barón de poca monta con origen en Karlsruhe, Gran Ducado de Baden. Tío ingenioso, con chispa, que presenta un invento (el siglo XIX es muy de presentar inventos) el doce de junio de 1817. Lo ha llamado *laufmaschine*, o máquina de correr.

Es una bici. La primera que jamás vieron ojos humanos.

Bueno, o algo parecido, porque el asunto era raro. Dos ruedas (unos setenta centímetros de diámetro cada una) en línea, ambas conectadas a un tocón de madera (fresno curado, por si tienen curiosidades), y sobre el tocón un sillín acolchado. El manillar era parecido a un timón conectado directamente al eje delantero. Ah, y tenía freno... una cuerda. El jinete (el ciclista) se sienta, impulsándose con los pies y aprovechando inercias. Me fijé en el patinaje sobre hielo, y apliqué ese principio a mi *laufmaschine*, dijo Drais. Vamos, como las bicis que hay ahora para niños, esas que ayudan a descubrir su equilibrio. Con eso podías ir al doble de velocidad que una persona caminando. Perfecto para desplazamientos, adiós a los famélicos, bienvenido sea el progreso, pensó Drais.

Solo que...

Que fue un fracaso. La *laufmaschine* se adelantó décadas... miren hoy los modernos patinetes eléctricos, su éxito, tanta gente usándolos (demasiada gente, y demasiados cuarentones, pero esa es otra historia, ejem). La *laufmaschine* tenía un diseño «básico» similar, pero apareció en el siglo XIX. Ahora vuelva a imaginar los patinetes eléctricos, y añadan a la ecuación barro, fango, baches, carreteras que no merecen nombre, inseguridad... Ya no parece tan guay, ¿eh? Eso pasó a la *laufmaschine*, que llegó al mundo antes de que el mundo pudiera acogerla. Y mira que Drais puso de su parte, que se pulió el patrimonio viajando por toda Europa para hacer publi, diseñó variantes (tándems, *laufmaschine* con tres ruedas, con cuatro ruedas, asientos extras, *laufmaschines* para damas), que incluso abandonó su curro como jefe de Montes en el Gran Ducado de Baden (y era puesto apetitoso, porque cobraba por no hacer absolutamente nada... ser noble molaba muchísimo en la época, amigos..., luego te salían golfos, como para no). Y, oye, breve moda, pero nada más, aquello pesaba como cuarenta y cinco kilos y era bastante ridi... Si hasta Keats (buen poeta, pero algo cabrón), dijo de la *draisina* (así decían) que era «la nada del momento». Puto Keats, tanta lamia y tanta lamia. La bici quedó en suspenso hasta unas décadas más tarde...

Peor le fue, incluso, a Drais. Su padre era juez, y los jueces dictan sentencias, y los agraviados por esas sentencias sufren, y sus amigos a veces dicen que hasta aquí, y se dedican a repartir justicia en plan «a mí el Estado me la sopla». Le pasó a Drais, que pilló paliza gordísima por una turba de estudiantes en 1822. Le pusieron la cara como los adoquines de Roubaix, y decidió que irse un ratito hasta Brasil era idea brillante. Así que, eso..., lustro en la Amazonia, trabajando como topógrafo en la plantación de un noble que era ruso o alemán, depende del mapa que miren ustedes (de la época

Esto era la *draisina*. Parece incómoda, para qué engañarles...

del mapa que miren ustedes, digo, que Europa es así). Luego vuelve, pero tiene mala prensa, y cada vez es más y más excéntrico, porque dice no sé qué cosas de la democracia, y la monarquía parlamentaria, y los sufragios grandes. Vamos, que nuestro inventor de la bici era, también, bicho raro con eso de ser demócrata. Demócrata en la Confederación Germánica, década de 1820, ojo, que no es poco asunto. Puto amo, nuestro Drais. Viva Drais. Bueno, digamos que allí se lo tomaron como un excéntrico, y en los periódicos le dicen «tonto forestal», y luego Karl se pone rollo «perfecto, pues todo a la mierda», y tras la revolución de 1848 cuenta que ya no quiere ser noble, y pide que le digan «ciudadano Karl Drais», porque el padre de la bici es un tío majísimo. Cayó *regu* lo de ponerse en rollo falansterios, y le retiraron pensiones (indemnización por haber apoyado el proceso revolucionario, fue la excusa legal), y se retiró hasta Karlsruhe, donde declinó en la (casi) indigencia. Murió en 1851. En su casa aun tenía una *laufmaschine*.

Ah, unas calles más allá, por el mismo pueblo, correteaba un niño llamado Karl Benz. A veces la historia se pone sabrosísima...

Veredicto: Rigurosamente real. Drais mola. Es el padre de todos, y bien merecido lo tiene.

Así que... continuemos con Drais.

PRIMEROS (Y MUY PIJOS) PASOS

Porque, ya les dije, Drais quiso extender su máquina. Y lo hizo con éxito moderado, aunque fugaz. Primero en Francia, luego Inglaterra. Allí un cochero londinense, de nombre Denis Johnson, introdujo mejoras, como el sillín de altura ajustable. Fue primer paso en la adición continua de ideas que terminó por conformar la bici tal y como la entendemos hoy.

Y primera carrera..., en fin, que ni carrera fue, oigan. Igual ni llegó a celebrarse, porque aparece en un panfleto, y tenía toda la intención satírica, pero yo aquí se lo digo a ustedes, porque soy de natural dado al puñeterismo. La primera carrera, digo, fue en Paddington, Londres, año 1819. Recorrido en forma de arco, saliendo dirección Grand Junction Water-Works, y torciendo después para terminar en Tyburn

Turnpike. Solo dos ciclistas, pero vaya dos ciclistas. Un tal Lord Y., un cual Conde de B., suena todo a chusco e invención. Pero eso, salida a toda pastilla, y aquello parece una prueba del *Takeshi's castle* (de Takeshi les hablo después, sean pacientes). Cuesta arriba no hay quien mueva aquello, cuesta abajo es puro terror en sus rostros, por llano tenemos adoquines, y curvas, y caídas. El Lord choca contra una vaca que está abrevando en cierta fuente, el Conde vuelca en la esquina de Connaught Mews. Al final entran juntitos, y victoria *ex aequo*.

Ni idea de si hubo competición así, pero me parece un comienzo inmejorable para esto del ciclismo...

Sucede que todo esto se relacionaba con las élites, como pueden ustedes apreciar. La draisina era cara, muy cara, y no tenían las clases trabajadoras guineas para su adquisición (ni tiempo para el disfrute, oigan, que se curraba unas veintisiete horas al día). Así que... excentricidad de pijos. Eso favorece que tengamos referencias continuas de las bicis en periódicos y similar (la prensa rosa siempre arrastra intereses), pero también le puso encima traje esnob que tardaría en perder. Así que hay loas, y también críticas, y algunas caricaturas que hoy en día te plantan citación de la Audiencia Nacional...

Sumen a eso la reacción de carreteros y peatones. Que unos veían invadir su calzada, y otros peligrar sus vidas. En fin, esto suena también a hoy, ¿no? Se organizaron palizas a ciclistas, se destruyeron máquinas, se arrinconaron velocípedos hasta que no quedó espacio para ellos. En 1819, ya ven qué prontuco, Londres prohibió montar en bici por sus calles. Por esa misma época hubo decretos con ese aire en Milán, en Nueva York, en Filadelfia, en Calcuta.

La bicicleta había quedado herida de muerte.

O no.

EVOLUCIONANDO

En Francia le dijeron «rompehuesos» a una cosa horrible que surge allá por 1860, con ruedas de hierro y muy pocos visos de triunfo. Anduvo metido en el tema Pierre Michaux, que curraba como herrero y se puso con lo que tenía más a mano. Pero luego llega lo otro. Lo otro, seguro que saben de qué hablo. En Inglaterra es una *penny farthing*, y quien más hizo para su visión definitiva fue un tal Eugène Meyer. Pero visualicen… rueda trasera chiquitita, rueda delantera enorme, sillín, paisano con bombín y bigotes tiesos encima. ¿A que sí? En fin, que peligrosísima, que tendencia a los accidentes, que tíos volando por encima del manillar, cayendo de cabeza, sufriendo politraumatismos por doquier…

Esos biciclos, o bicis ordinarias, o *penny farthings*, fueron moda pasajera. Vamos, que duraron poco. En parte porque…, en fin, en parte porque eran auténticos cepos mortales. Altos, poca estabilidad, sin frenos, tracción directa a la rueda grandota, poca maniobrabilidad, si girabas mucho te enredabas con tus piernas y al suelo… Bum. Graciosísimo, este biciclo, graciosísimo…

La *penny farthing*, o cómo arriesgar tu vida en cada pedalada.

Pero sirvieron para otro asunto. Quizá sorprendente, quizá paradójico. En tiempos decimonónicos el ferrocarril era rey total y absoluto. Las clases pudientes iban sobre raíles, las mercancías importantes iban sobre raíles, los avances iban sobre raíles. Vamos, que caminos y carreteras eran cosa del pasado. Y el pasado (en el racional siglo XIX) se abandona. Oh, sí, se abandona… Nada de mantenimiento, nada de inversiones. A ver, tiramos con trazo grueso, pero… Así que fango, macadán que se pierde, ciénagas, polvo, baches. Vamos, que imposible. Y eso no importa mucho cuando solo marchan por ahí arrieros y campesinos, porque los arrieros y campesinos importan bien poquito entonces…, pero si saltan a ese infierno lords y dandis con sus biciclos…, oye, entonces ya nos jode más, porque los lords y los dandis tienen voz en las Houses of Parliament, y similar.

Ocurre algo parecido en América, y eso le jode bastante a un tal coronel Albert A. Pope, creador de las fábricas Columbia, editor de la revista *The Wheeler* y firme defensor de que, mira, no me fastidies, por aquí no se puede rodar. Así que este Pope, *entrepreneur* donde los haya, fundó una cosa que le dijeron Good Roads Movement. ¿Básicamente? Asociación que reclama carreteras mejores. Pope trabajaba con el ejemplo, no vayan a creerse: se construyó un tramo recto y bien pavimentado en medio de Boston, y allí hacía demostraciones de lo rápido y confortable que era andar en bici sobre aquella superficie. El movimiento saltó pronto a Europa, y fue cobrando cada vez más y más fuerza. Los caminos mejoraron de forma apreciable, y estaban ya preparados para recibir la siguiente innovación.

Sí, amigos…, los automóviles pudieron desarrollarse, de alguna forma, gracias a las bicis.

Ay.

La clave para dar el siguiente paso (el siguiente paso para los velocípedos) fue crear una transmisión segura… la clave fue, sí, una cadena. Con ello la rueda de delante se puede usar solo para guiar la dirección (en las *penny farthings* era, también, motriz, y resultaba complicado girar sin enredarte con piernas, radios o desgracias), lo que aumenta opciones para que no te des un trastazo. Sumen a eso que introducir catalinas hace que la «velocidad máxima potencial» dependa de ellas y no del diámetro de la rueda que acciones (como en las *penny farthings*), así que podemos acercar al ciclista un poco más al suelo para que no termine besando tanto el suelo.

A esto se le llamó bicicleta de seguridad. Y es, *grosso modo*, la que tiene usted en casa. Más primitiva, con más peso, menos estética (o no, depende a quién preguntes), pero… la que tiene usted en casa.

Lo de la bicicleta de seguridad revolucionó el tema. Piensen que solo en 1895 por toda Gran Bretaña se fabricaron 800 000 bicis. Eso son muchas bicis, sí. La geografía de las ciudades cambia, porque los obreros pueden vivir más lejos del curro, así que el hacinamiento disminuye (disminuye una miajina, tampoco nos flipemos). Ah, y la bici tuvo otra consecuencia más…, en fin, otra consecuencia. Dice Robert Penn que a partir de 1890 los certificados de nacimiento en Inglaterra muestran apellidos de origen lejano…, vamos, que la gente se desplaza también para asuntos de familia y coyunda.

Así que ya tenemos bicis. Bicis resistentes, bicis rápidas, bicis (relativamente cómodas), bicis (casi) perfectas.

Bien, pues vamos a usarlas.

A usarlas a lo loco.

HECHOS, ACTOS Y MENTIRAS

John Foster Fraser es un tío peculiar. O lo fue, vaya.

De primeras Foster Fraser (Edimburgo, 1868-Londres, 1936) era periodista, y eso ya te inclina a cierta mirada dipsómana y toques sicalípticos. Vamos, el clásico golfo irónico, como tenemos tantos en la profesión. A mí no me miren, yo soy un santo… Pero este John…, nanay. Y, además, andaba en bici. Pero mucho. Pero muchísimo. Pero que se dio la vuelta al orbe. Vean, vean.

(Aclaremos…, no es el primero que lo hace. Antes probó un tal Thomas Stevens, que iba sobre una *penny farthing*, y es cosa de imaginar, lo que debió ser aquello, colega. Pero la historia de Foster Fraser sigue molando).

Es un viernes, cinco y media de la mañana, diecisiete de julio, año 1896. Tres ingleses madrugan para dar un voltio en bici, como hacemos con más frecuencia de la que nos gusta reconocer. Solo que el suyo fue más largo. El voltio, digo. Volverán dos años y dos meses más tarde, treinta y un mil kilómetros puliendo sus paliduchas piernas.

Se llaman John Foster Fraser, Samuel Edward Lunn y Francis Herbert Lowe, amigos y residentes en la *City*. Salen frente a la iglesia de San Pancracio, en Euston Road, con calabobos persistente. Media docena de curiosos, algunos obreros entrando al curro. Putos esnobs de los cojones. Es para reírse.

Vitolas pintorescas, tres *safety bycicles*, completamente pintadas de negro, mil aperos en la parte de atrás, gruesos jerseys de lana marrón. Y casco, porque la seguridad siempre es lo primero.

Foster lo tiene claro, y así lo cuenta en el libro que escribió después, para contar su epopeya, porque las epopeyas, si no las cuentas, se las lleva el viento. «Hicimos este viaje alrededor del mundo porque somos tres engreídos. Nos gusta que hablen de nosotros, ver nuestros nombres en los periódicos». Salió bien la cosa porque tenía experiencia escribiendo aquí y allá. Periódicos de Manchester, de Nottingham, cositas por Yorkshire. Y ahora le fichan editores de los

Esto es una *safety bike*. No parece muy cómoda para dar la vuelta al mundo.

gordos para hacer reporterismo de viajes. A veces en bici, otras no. Estuvo por la Argentina, en Siberia, Canadá, los Balcanes, Australia o el Magreb. No piensen que todo era maravilloso, oigan, porque Fraser también debió sufrir de lo lindo. Tiene, de hecho, un reportaje de casi veinte páginas explicando el funeral de la reina Victoria, año 1902. Qué coñazo debió ser…

Lo de pedalear por todo el mundo (bueno, en realidad por «solo» tres continentes) es bastante más divertido, oigan. Sobre todo si le echamos jeta grande. Queremos que nos reciba el rey de este país…, cómo se llama…, sí, el rey de Bélgica. Y pum, allá que asoma Leopoldo, y nos postramos ante él mostrando respeto. Pena que no fuese el egregio monarca (buen gobernante, mejor genocida, excelente cabronazo), sino uno de sus asistentes. Ojalá hubiese sido a posta, Foster, ojalá hubiese sido a posta…

Y eso, que un montón de historietas. Cansancio, barro, polvo. Hostias en todos los sitios, porque los muchachos iban justos de suerte. En algunos países con mayoría musulmana les tiraban piedras, por aquello de protestantes. En China fue peor, porque un par de líderes religiosos reflexionaron a montones y decidieron que eran demonios, y a los demonios se les espanta con pataducas fuertes. Vamos, que violencia. Y cosas aun peores, porque el máximo tiempo sin ducha fue de cinco meses.

Joder.

¿El recorrido? A ver…, saltito al continente… Bélgica, Alemania, Austria, luego Budapest, los Cárpatos. De ahí hasta Moscú, estepas (eventuales ataques de cosacos, que son muy suyos), atravesar el Cáucaso, Persia, Afganistán, la India, China. Barco a Japón, luego otro barco a San Francisco, atravesar Estados Unidos hasta la Gran Manzana, pillar otro barco para volver a Southampton. Veintiséis meses, varios kilos menos, barbas larguísimas y aspecto…, cómo decirlo… de dar bastante asco.

Salieron hechos unos señoritos ingleses de beber té con el meñique *levantao* y volvieron más curtidos que Sandokán en Mompracen…

También hubo otros «aprovechados de la bici». Como P. T. Barnum (en cada cosa que escribas va a aparecer P. T. Barnum, es inevitable), que potenció el número de los *cycling Elliot* allá por 1880. Básicamente eran una familia haciendo acrobacias sobre ruedas. Una familia al completo. Pero al completo, completo. Vamos, que tras un espectáculo en el Madison Square Garden alguien llama a la puerta de los Elliot. Sí, mire, somos la Sociedad de Nueva York para la Prevención de la Crueldad contra los Niños. Sí, ya sé que es un nombre largo, pero qué quiere… Ah, que los adultos detenidos, y nos llevamos a los chavales.

(El número central lo hacía Tom Elliot, y le llamaban «la rueda giratoria». Una bici sobre rodillos dentro de una rueda mayor, que dispara llamas desde pequeñas válvulas. Ya ven, fruslerías).

Pero… ¿qué es una bici?

Consigue una bicicleta, no te arrepentirás.
Si sobrevives.
Mark Twain

¿Alguna vez ha parado usted a pensárselo? Sí, qué es lo que hace que una bici sea una bici. Porque, de acuerdo, todos sabemos cómo es una bici, y los artistas incluso sabrán dibujarte el asunto, pero más allá…

Sean ustedes bienvenidos a un repensar sobre los distintos elementos de la bici, sobre lo duros que son los sillines de madera, sobre lo bien que se vive cambiando piñón cuando afrontas un repechín. Sean ustedes bienvenidos a un asunto histórico, a un pedaleo por cómo y cuándo surgieron las ruedas, el desarrollo, las cadenas, los cuadros con forma actual. A una reflexión sobre cómo pasamos del carro *tirao* por bueyes a la bici tirada por…, en fin, no vamos a hacer chistes.

Y también maillots, maillots bonitos, maillots preciosos, algunos bien feos. Gorras de jockey, culotes con badana, tejidos de la era espacial, jerseys que se mojan y pesan arrobas. Todo eso, desde el principio hasta hoy.

Por aquí tienen previsto pasarse nobles, plebeyos, inventores, veterinarios, peña que tuvo idea clave, otros que fueron agregando asuntos poquito a poco. Constructores de coches, constructores de aviones (o lo que fueran), constructores de sillas eléctricas, constructores de mitos. Y el día de la bicicleta, que es el diecinueve de abril, y ya verán ustedes, ya, porque es el diecinueve de abril.

No lo prueben en su casa.

TANTOS NOMBRES PARA ALGO TAN SENCILLO

Porque sí, a la bici la han llamado de mil formas, no vayan a pensarse. De mil formas. Bicicleta, bici, velocípedo, el caballito de acero colombiano... Yo, si me dejan escoger, me quedo con la *pétite reine* gala, porque dice tanto de lo que sentimos por el asunto...

Pero es que hay más.

Influyen los tiempos, los diseños, las formas. Desde la Lady Progress decimonónica (Lady Progress era mascota de *Le Velocipède Illustré*, la primera revista del mundo especializada en bicis) hasta las modernas cabras de contrarreloj, desde la *laufmaschine* hasta las gravel. Tantos nombres, y todos nos gustan. A la *laufmaschine* le decían draisina, obviamente, pero también *dandi-horse*, o *hobby dandy*, o *cargador dandi*, y luego velocípedo, y más tarde biciclo, o bici ordinario, y después la *penny farthing*, recuerden. También tenemos la agitahuesos, que eran esas grandotas de los años setenta (de los años setenta, siglo XIX), y las llamaban así porque..., en fin, para qué explicarles, si ya saben. Los ingleses probaron con «acelerador peatonal» (lo juro), *dandy-charger*, caballo de ocio, carruaje peatonal y bici de rueda alta. Le pusieron, también, corcel silencioso, caballo de hierro, montura mecánica, palafrén de acero, bucéfalo con dos ruedas, semental niquelado (que suena a título de peli porno). Lo

Congreso de la UCI en 1909... Igual ahora entienden lo de *hobby dandy*.

de bicicleta llegó en Francia, y allí también tienen *vélocipède* (que es muy chic), y *vélo* (que es muy bonito), y *bicloune*, y *bécane* (que sabe a Belle Époque). Por Holanda tienen *wijwiel, trapwiel, wielspeerd* o *fiets*. Están la *rothar* gaélica, el *podilato* griego, la *rad* alemana.

Y nuestra bici.

Ah, por cierto, hay un día de la bici. Es el diecinueve de abril, y conmemora el recuerdo del viaje (ejem) más alucinante que jamás se haya dado sobre este medio de transporte... Lo hizo el doctor Albert Hofmann desde el laboratorio que tenía en Basilea hasta su casa, tras probar en primera persona los efectos de una sustancia sobre la que estaba trabajando. Era ácido lisérgico, y el buen hombre empezó con el *trip* antes incluso de calzar su pie derecho sobre el pedal.

No olviden la celebración el año que viene...

UNA BICI TIENE RUEDAS

¿El mejor invento de la historia? Oigan, pues casi que sí. *Empatao* con los libros y los bocatas de mortadela, como poco.

Cuentan que si el primer vehículo con ruedas lo encontramos en Babilonia, hará cinco mil años. La rueda debió estar antes, usando el sentido común, pero los restos son los restos. Milenio y pico más tarde (abril arriba o abajo) los egipcios comenzaron a usar ruedas de madera con radios, lo que da velocidad, ligereza y maniobrabilidad a los carros. Avance del copón. Y luego... a descansar. Sí, ejes, materiales nuevos y todo ese rollo, pero hasta el siglo XIX poquito cambio. Hasta 1826, concretamente, con la patente de rueda con radios de hierro. A lo que nos interesa, la bici..., año 1869, Eugène Meyer crea la rueda con radios de tensión. Vamos, más confortable, aunque no mucho más confortable, ustedes nos entienden.

Pero que nosotros vayamos sobre ruedas en bici, y que eso sea más o menos cómodo (no es lo mismo Arenberg que el velódromo de la Sniace, allá por Torrelavega) es mérito de un veterinario escocés que vivía en Irlanda, en Belfast. Sí, como lo oyen. John Boyd Dunlop. Bravo. Fue él quien inventó el neumático en 1888, para evitar a su hijo enfermo el traqueteo de adoquines graníticos. (En realidad hubo otra patente medio siglo antes, firmada por un tal Robert William

Thompson, que bautizó su creación con el in-su-pe-ra-ble nombre de «ruedas aéreas»..., mereció mejor suerte, Thompson). Antes, antes de Dunlop (y de Thompson), las llantas eran de hierro, o de madera, o tiras de caucho sólido. No importa... caían directamente contra el piso, así que podías perder cuatro o cinco muelas en cada salida fuerte. Dunlop es el padre de todos nuestros culitos reconfortaos, de todos nuestros deducos sin callos... Bien por Dunlop, por su idea de insertar tubos de goma inflables y meter luego aire comprimido. Funcionó. De aquella manera, y hoy nos pondría nervioso el número de pinchazos..., pero funcionó. Dunlop se mudó a Coventry, y allí abrió fábrica para producir llantas neumáticas.

Gracias, Johnny, colega. *Friends forever.*

UNA BICI TIENE UN CUADRO

El origen de nuestros cuadros con forma de diamante está en el siglo XIX. Fue la llamada Rover Safety, que era... en fin, que era muy segura, porque las bicis de antes (esto se comercializa en 1885) daban para dejarte los dientes en cualquier quiebro. La idea fue de un tal John Kemp Starley, majísimo inglés que nos quitó muchas facturas del dentista. Solo un lustro y ya todos los constructores de sitios como Birmingham, Nottingham o Coventry tienen modelos «de seguridad». En cuanto a Rover..., duró veinte años la compañía haciendo bicis, porque después se metió a coches, y dicen que si es una marca de gran prestigio, aunque yo no lo sé, porque si lleva motor ya no manejo...

(Hay muchas marcas que empezaron con las dos ruedas y luego pasaron al auto... Bianchi, por ejemplo, o Peugeot, también Singer, Opel, Morris, Winton, Willys, Hillman. Y entre los nombres propios, pioneros constructores, hubo multitud que llegaban desde la mecánica de bicis, como Henry Ford, William Knudsen y los hermanos Duryea. Sumen a eso lo de los Wright, que echaron a volar con piezas de bici. Ya ven, nombres que suenan aún hoy).

Ahora pensemos en el cuadro..., en el cuadro de diamante. Perfecto, ok, después han venido muchos otros. Intentos destinados a fracasar. Los horrores contrrarelojeantes noventeros, tubos con formas no redondeadas, monocascos, óvalos... Pero la inmensa mayoría de bicis, desde la sofisticada que lleva entre las rótulas Vingegaard hasta esa que se acaba de comprar su cuñado José Luis, el gordito, tienen cuadro con forma (aproximada) de diamante. Y llama la atención…, si ves el primer avión de los hermanos Wrigth (sufragado con las ventas de bicis, porque Wilbur y Orville tenían un taller donde fabricaban y arregalaban velocípedos) y un caza actual…, dos especies distintas. Un coche de finales del XIX y un monovolumen…, nada que ver. Pero las bicis…, las bicis no. Vale, hay avances, pesan menos, son más estilizadas, pero en lo básico se mantienen igual. Que sí, que antes todo era acero, y ahora tienes aluminio, o titanio, o carbono. Ligereza (y resistencia menor). Vuelvan a leer, volvamos a lo de arriba.

Las bicis tardaron en llegar, pero lo hicieron para ser, desde el principio, casi perfectas.

John Kemp Starley, a quien debemos tanto.

UNA BICI TIENE MANILLAR

El manillar. La dirección. Digamos que no es lo que más destaca (nadie compra un coche por su volante), pero resulta fundamental. Ahora los manillares de bici (al menos los de bici *carreteril*) tienen esa forma tan curiosa (piensen en ella detenidamente) pero familiar, con la parte superior plana y curvas a los lados. Ergonómico y perfecto, porque puedes apoyar manucas en la cruz, cerca de la potencia o con los codos más abiertos, dejar descansar deditos sobre las gomas de freno o, directamente, agachar lomo y coger las curvas en la postura más *racing* que existe. Aunque hay estudios realizados en el túnel del viento que niegan esto..., la forma más efectiva de andar en bici, la más aerodinámica, es con manos sobre los frenos, codos muy pegados a las costillas (el que tenga costillas, a mí no se me ven) y el torso inmóvil. Relean. Facilísimo, casi imposible de hacer durante veinte minutos. No, al menos, a más de cuarenta kilómetros por hora.

Ah, los manillares, como el resto de los componentes de la bici (bujes, pedalier, rueda libre) tienen rodamientos de bolas, que eliminan fricción, aumentando velocidad, rendimiento y durabilidad. James Moore llevaba rodamientos de bolas en su bici un día de noviembre, año 1869. Quizá por eso ganó la carrera entre París y Ruan..., ningún otro competidor tenía de eso. Es una de las primeras competiciones ciclistas de la que tenemos datos.

UNA BICI TIENE PEDALES

Porque las bicis tienen pedales, en eso estamos todos de acuerdo, ¿no? Sí, venga, vale, pequeño punto *consensuao*. Ahora, quién puso antes que los otros esos pedales... ya no es tan fácil.

Porque parece no haber sido cosa de uno. El herrero parisino Pierre Michaux tiene mucho glamur, por eso de que posee paternidad sobre otros elementos ciclistas, pero aquí no pasó de coeditor. Después estaba Pierre Lallement, otro galo, aunque este emigró a los Estados Unidos. Este Lallement tiene la primera patente de unos pedales, año 1866. O los hermanos Marius Olivier, Aimé

Olivier y René Olivier, que eran inversores en la (pequeña) empresa de Michaux. E incluso Kirkpatrick MacMillan, herrero escocés (como su propio nombre indica), que tenía taller en Dumfriesshire, que añadió bielas a un velocípedo a modo de curiosidad en la primera mitad de siglo. Ya ven, tienen para elegir.

Gracias a los pedales (y a las bielas…, lo bonitas que son las bielas) se popularizó la bici, porque ya era mucho más divertido el asunto, siempre con los pies en el aire. Hierro forjado y madera, mostrencos enormes, pesados y menos comodidad que

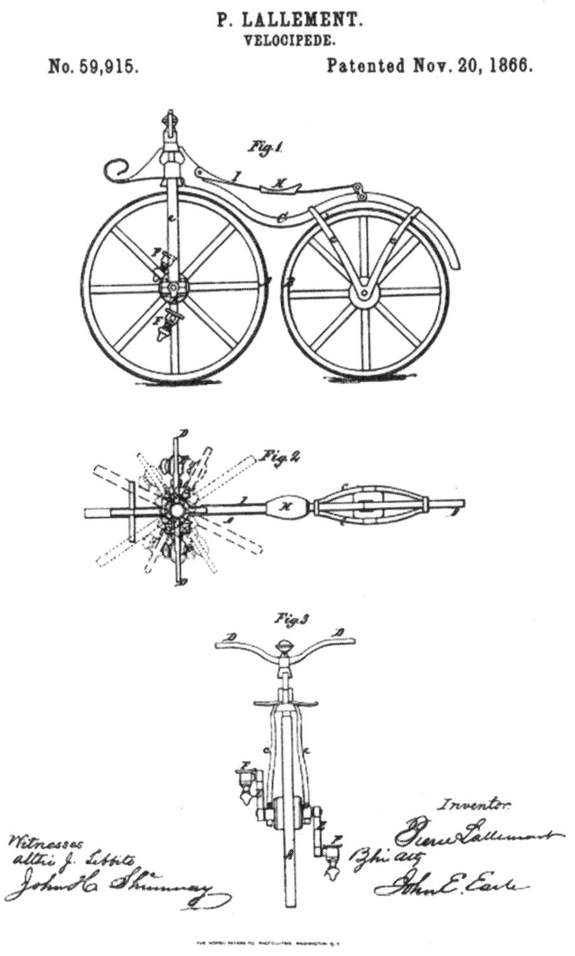

Patente de la bicicleta impulsada a pedales, presentada por Pierre Lallement en 1866.

una silla con pinchos... Pero anatómicamente similares (o así) a lo que tenemos hoy. Primero iban a las ruedas, con accionamiento directo, lo que provocaba un desarrollo «único», que era el diámetro de circunferencia. Dicho de otra forma, para ir más veloz hacías tu rueda más grande. Al menos la rueda motriz, la rueda de vanguardia. ¿Conclusión? Monstruos gibosos que miraban por encima a caballos, carros y transeúntes. Que eran carísimos, también. Una excentricidad...

Así que seguimos en la búsqueda. Transmitir fuerza, sí, pero ¿cómo? Lawson, inglés, patentó una transmisión a la rueda trasera. Más tarde Hans Renold introdujo la cadena con rodillos de acero.

El mundo cambiaba. Otra vez.

UNA BICI TIENE DESARROLLO

Dicen que fue el once de noviembre de 1927. En Croce d'Aune, puerto alpino que comunica las localidades de Feltre y Ponte Oltra. Gran Premio della Vittoria, fiestas de San Martino. Un ciclista *amateur*, cierto nombre, corona en cabeza. Solo 1015 metros sobre el nivel del mar, pero hay nieve, frío intenso, ventisca veteada en grises. Baja de su bicicleta para desmontar la rueda trasera y cambiar desarrollo. En aquel tiempo solo cargaban dos piñones, uno a cada lado de los radios. El pequeño para el llano, el grande para los *cols*. Pero nuestro protagonista tiene dedos entumecidos, muertos, no puede hacer fuerza suficiente para aflojar las palomillas. Abatido, ve a los otros pasarle haciendo gestos, haciendo burlas.

Cuando llegue a casa dirá unas palabras premonitorias.

Bisgona cambià qualcossa de drio.

Algo debe cambiar en la parte trasera.

Aquel hombre se llamaba Tullio Campagnolo, y el ocho de febrero de 1930 patentó la fórmula de liberación rápida. Estaban naciendo los desarrollos, las palancas, los piñones con cada vez más y más dientes. Todos los ciclistas del mundo tienen una deuda con Tullio Campagnolo y aquella tempestad.

(No quiero imaginar un mundo sin cambios de desarrollo..., no quiero imaginarlo).

La bici es una máquina (casi) perfecta, porque nos hace aprovechar nuestros músculos más grandes de forma muy efectiva. Casi toda la maquinaria, antes del velocípedo, se manipulaba con las manos (piensen en serrar, cortar, dar vueltas a una manivela o sorrapear huertos) y se soportaba con la espalda. Eran, además, esfuerzos casi continuos, mientras que la bici plantea giros de trescientos sesenta grados donde «solamente» trabajas durante sesenta (aunque el proceso de recuperación también debe ser harmonioso para aprovechar todas las posibilidades físicas... y estéticas. A eso se le conoce como «pedaleo redondo». Para «pedaleo redondo» acudan a un vídeo de Jacques Anquetil, en blanco y negro, o de Gianni Bugno, a colores arcoíris).

Digamos que eso del desarrollo no triunfó inmediatamente. Desgrange, por ejemplo (para saber de Desgrange quedan ustedes emplazados al capítulo sobre el Tour de Francia) dijo que los cambios eran para «personas mayores de cuarenta y cinco años. ¿No es mejor triunfar gracias a las fuerzas de los propios músculos que al artificio de un desviador? Nos estamos ablandando». Ya ven, simpatiquísimo. Piensen en los recorridos heroicos del Tour, con etapas de cuatrocientos kilómetros, con el Tourmalet, el Galibier, el Izoard. Piensen que hasta 1937 no permitió cambios en las bicis, que antes tenías dos piñones, uno a cada lado de la rueda trasera, y que te bajabas al empezar el puerto, y ponías lo que tocaba, y a penar.

Piensen eso la próxima vez que se queden *clavaos*...

UNA BICI TIENE SILLÍN

Porque montar una bici sin sillín es, como dijo Frank Drebin, algo muy doloroso. Así que... sillines, sillines. Por favor, que haya sillines.

A ver, entre ciclista y bici tenemos tres contactos: manos en manillar, pies en pedales y sobre el sillín... bueno, ustedes imaginan, yo no pondré palabras. Así que importantísimo, por supuesto.

Y se cuida, se cuida... Horst Schütz, un pistard alemán de los ochenta, tenía sillines personalizados..., vamos, que se los hacían de tal forma que se adaptasen perfectamente a cuantos huesos, granos y protuberancias tuviesen sus maltrechas nalgas.

No extraña, eh, porque las primeras bicis tenían… sillines de madera. Y eso duele. Luego les hablaremos de los Seis Días (que son eso… seis días dando vueltas a un óvalo) así que imaginen asunto. Después se pasó al cuero, que es lo que tuvimos hasta casi hoy (aunque con otros nombres, otras sinteticidades y menos perfección estética, porque tú ves un sillín Brooks clásico y aún te parece apetecible, ojo). John Kemp Starley, en el siglo XIX, hizo moldes de la manera más sencilla…, se sentó con su ropa de andar en bici sobre arena mojada y de aquella huella fue generando sillines. A veces los atajos son caminos válidos, ¿eh?

Luego vinieron las formas y formalidades, porque cada fábrica decía, oye, es que los sillines de los demás provocan esterilidad y (peor aún) impotencia. Así que salieron sillines prostáticos, que eran dos sillines con el desfiladero de la Hermida en medio (asustan solo con el simple mirar). También hubo sillines como los de segadora, sillines alargados, sillines tan anchos que debías pedalear con las rodillas a las diez menos diez… Y variedad de materiales…, que si plástico, que si vinilo, kevlar, titanio, adhesivos de espray y gel, incluso cartón… Son modas y preferencias. Lo único claro es que un sillín masculino y otro femenino deben ser distintos, por aquello de que la pelvis también tiene forma diferente. Pero a partir de ahí…

Escojan ustedes.

UNA BICI TIENE CADA VEZ MÁS MOVIDAS, MACHO

Potenciómetro. Cadenciómetro. Ciento catorce piñones y veintitrés platos. Bolsitas para llevar la merienda. Luces rojas (hay unas con forma de testículos que adoro-odio). Ciclocomputador donde se registra tu desnivel acumulado, tu distancia, cuántas calorías consumes, tus posibilidades de cara al Premio Planeta y el Tinder, que uno nunca sabe. Pedales automáticos. Botellines pensados para mantener fría el agua fría y caliente el té caliente. Eso. Todo eso.

Y, sin embargo…, mírenla… es casi (casi) idéntica a una bici de hace cien años.

Quizá por eso mola.

EN BICI VAS VESTIDO

Bueno, a ver... vas vestido si quieres, porque también hay mucho rollo ciclonudista, no vayan a pensarse. Pero servidor, como veterano usuario de la máquina, no recomienda hacer demasiados kilómetros sin un culote en condiciones...

Digamos que al principio la ropa ciclista era ropa, pero no ciclista. Vamos, que prendas de calle adaptadas para montar en bici. Prietas, muy prietas, más ceñidas que las de un concursante de *reality*. Jerseys de lana, los más avanzados, los que más se pegan al pechamen. Unas risas. En la parte de abajo... pues pantalones, a media pata o hasta el tobillo. También provenientes de ovejitas, o de algodón. ¿Badanas? Aún no se inventaron. Ay...

También estaban por allí los *bloomers*, pero de los *bloomers* les hablo cuando toque con Annie Londondery, ¿vale? Un avance... los de Tintín. Y se usaban medias altas, para combatir frío y para mantener las perneras en su lugar. Hoy la UCI mide alturas de calcetines, porque la UCI es muy de hacer estos rollos, y no sabe que eso es volver al pasado...

La famosa fotografía de Garin y su majasita-carnicero.

Petit-Breton. Gran ciclista, peor hostia.

Esa era la guisa de Maurice Garin, el que ganó aquel Tour de 1903. Él llevaba chaquetilla blanca, para prevenir calores y que se le reconociera en el grupo, porque somos antiguos, pero también coquetos. Hay una fotografía legendaria donde sale (gorra, mostacho más duro que sus isquios, gesto de no me toques los cojones, que soy recio como la dolomía) posando con su traje de labor... Junto a él hay un paisanuco, mandil y mala pinta, examinando cierto agujero más grande que las manoplas de Hulk... Vean, vean, si parece un carnicero.

Era su masajista personal.

A partir de ahí... imaginen lo otro.

Fueron cambiando cosas. Los equipos, que empiezan a vestir camisolas iguales entre ellos. Suéteres bordados, publicidad bien visible en pecho. Muy chic, muy discretucos. Antecedentes de lo actual. Pero seguimos con la lana. Aunque a algunos no les guste. Durante el Giro de 1914, la carrera más dura de siempre (dicen), Petit-Breton quiso cambiarse el jersey. Era primera etapa, cuatrocientos sesenta y ocho kilómetros, tormenta sin cesar. A la altura de Susa, Petit-Breton, francés y argentino irreductible (los argentinos son más irreductibles, para qué negarlo), va primero. El barro cuelga de su jersey de lana hasta convertirlo en estatua viviente. Suciedad, mugre y peso adicional. Así que, aprovechando un pinchazo (será el decimonoveno, aproximadamente), solicita al coche del Atala, otro maillot. Atala es su equipo, aclaramos, porque necesitas aclarar si sabes lo que viene después. Porque el director, contrito, niega. La organización, que no dejan, que te mandan al Hexágono en un plas. Y Lucien, de natural con mecha corta, empieza a insultar a todos, a Cougnet, a Italia entera, a Garibaldi, al Santo Padre. Coge su bici, la tira contra el coche de Atala, luego empiezan los puntapiés hasta romper la luna. Consiguen inmovilizarlo cuando empieza a estrangular a su director (veremos que lo de estrangular es muy de ciclistas, sí). Salvada la acusación de homicidio, Petit-Breton se lo piensa y abandona en ese instante. Por si acaso.

Más conocida es la anécdota de los Pélissier. Henri, vigente ganador del Tour, sale durante la etapa Cherburgo-Brest, año 1924, con dos maillots de lana, uno encima del otro. Es que hace frío, es que aún no amaneció, es que pillamos gripe. Pasan las horas, calor, y

Henri quiere quitarse una de sus prendas..., pero el director del Tour, Desgrange, lo ve. Eso está prohibido, *monsieur*, está prohibido, qué bochorno, *monsieur*, qué bochorno. Pero si es mi maillot, colega, que hago lo que me da la gana con mi maillot. No, prohibido. Y, efectivamente, lo estaba. Pero Pélissier va calentándose, amenaza a Desgrange, lanza dos directos, se retira junto con su hermano Francis. Y se van para el Café de la Estación de Coutances, y allí lo entrevista Albert Londres, que cubría esa Grande Boucle para *Le Petit Parisien*. Los hermanos hablan. Exageran mogollón (lo contará Francis años más tarde), pero hablan. Leyenda. Cocaína para los ojos, cuero casi transparente, dolores sin final. Londres titula su pieza *Les forçats de la route*, porque había estado en la isla del Diablo viendo forzados auténticos y aquello se le hacía idéntico... Ya ven, acababa de nacer un nombre.

(Es «forzados de la ruta» y no «esforzados de la ruta», por más que algunos periodistas se empeñen en decirlo erróneamente. Y es forzados porque la comparación iba con los que tienen condena a trabajos forzados, no con los que se esfuerzan en su desempeño atlético. Seamos rigurosos).

Ah, Henri Pélissier era un hijo de puta con todas las letras, un canalla que arrastró a su primera esposa hasta el suicidio, un desalmado que murió en 1935 a manos de su segunda mujer, Camille. Una discusión, Henri levanta la mano como ocurre siempre. Ella, agotada, se defendió. Pélissier encoleriza, coge un cuchillo, empieza a apuñalar su cuerpo. La desdichada se zafa como puede, entra en la habitación que ambos comparten, abre la mesilla de noche del canalla. Allí guarda una pistola... la misma con la que su primera esposa se disparó en el corazón... Qué clase de tipo quiere recordar eso cada noche... Así que Camille no se lo piensa. Cinco tiros sobre la sombra que se abalanza oliendo a alcohol y sangre. Cinco tiros, cuatro al aire. El último, rendida, lo alcanza en el cuello. Muere allí mismo, desangrado, unos minutos después.

A veces esto de las bicis es desagradable de contar...

Por los años treinta empiezan a aparecer los culotes con badanas, tal y como los entendemos hoy. Bueno, igual igual... pues no. Digamos que eran de fabricación propia. Vamos, que cada uno cosía su asunto. Y cuero o piel de oveja curtida. Entre eso y la lana del maillot solo faltaba ir diciendo *beee, beee*.

Digamos que la cosa se mantiene constante hasta mediados del siglo XX, porque tenía ventajas y desventajas. Abrigo y confortabilidad entre las primeras, menos transpiración que un tanque soviético en las segundas. Vamos, que para las canículas entre el sudor, que pillaba más peso y tal… agonía. Hasta que desde Italia (estas cosas siempre llegan desde Italia) llegó otro tejido más molón. La seda, nada menos. En aquel entonces llega también a la bici el primer patrocinador que no tiene relación alguna con ruedas, pedales o frenos… Será la marca Nivea, que estampa su nombre en el equipo donde corre Fiorenzo Magni. Este Fiorenzo era fascista redomado, *affaires* con delitos de sangre. Calvo, unicejo, feísimo. Las gracietas con lo de «cremas para señoritas» llegaron pronto…

Para fines de los setenta desembarca la licra, y eso ya es el acabose. Los maillots también comienzan a mostrarse distintos, más estéticos (aunque, para servidor, la fina simplicidad de un Mercier o un Molteni no se puede superar). Si hasta tuvimos uno con inspiración en Mondrian, ese de La Vie Claire que me queda tan justo…

Y hoy en día…, miren, no les voy a engañar…, pijerío absoluto. Ropa con precios como para comprarte un Ford Fiesta, diseños más sobrios que una cena con Bernardette Soubirous y cierto aire de sofisticación mal entendida. Como en todo.

No pensarían que los ciclistas somos diferentes, ¿no?

Dos apuntes más. Primero…, es importante que los culotes sean lo suficientemente cómodos como para permitir…, en fin…, para permitir hacer aguas menores sin montar un espectáculo de cabaret. Seguro que han visto cuando los ciclistas, en plena competición, se apartan púdicamente a un lado y hacen lo suyo (en marcha también se puede, pero es más difícil). Digamos que son momentos de relax, pactos no escritos donde está mal visto que haya ataques o aceleraciones. Vamos, que si te pones juguetón…, te la juegas. Le pasó al ciclista francés Dante Coccolo, que tenía esa mala costumbre de aprovechar estos parones para, mitad ventaja y mitad broma, iniciar cabalgadas. Hasta que un día se tomaron venganza. Fue camino de Biarritz, en el Tour de 1978. Coccolo se detuvo a evacuar detrás de unos árboles (era cosa mayor), y otros dos ciclistas cogieron su bici, la echaron a la espalda… y arrancaron con ella. El pobre Coccolo quedó allí, esperando a su coche de equipo, y se reincorporó en el pelotón rojo de vergüenza. Nunca más probó la bromita de chafar los momentos relajantes ajenos…

Y segundo…, ¿saben esas gorritas? Sí, esas gorritas de bici. Pues tienen un origen curioso. Fue cosa de Lucien Petit-Breton. O, más bien, del director de Lucien Petit-Breton. Porque el galo tenía calor antes de empezar una San Remo, y le dijo su hombre de confianza que fuese por Milán a comprarle un gorro, un sombrero, cualquier cosa que fuera ligerita y pudiera cubrirle la testa. Y allá que se fue el buen mozo, a una sombrerería lombarda, que es algo de lo más chic, algo de lo más cuco. Y venga a probar asuntos, venga a decepcionarse. Muy grande, mucha ala, mucho peso, muy cantoso, muy cálido…, nada, que no encuentro qué llevar a Lucien, y menudo es Lucien, no quiero yo enfadarle, a Lucien. Así que pide ayuda al dependiente. Y el dependiente piensa, cavila, hace el gesto así, con la mano sobre el mentón, abre dos o tres cajones. Mire, creo que esto puede servirle. En fin, es para otros deportistas, pero creo que se ajusta a lo que me cuenta…

Reposaban, allí, un montón de gorritas de jockey.

Gustó el asunto, adoptamos la prenda para siempre.

Qué cosas, tú.

Ya que estamos, pues a correr

Si es que es algo inherente. Tú vas en bici, tú ves otra bici allí, a lo lejos... y quieres capturarla, sobrepasarla, pegar un ataque bien gordo pasando el cruce a Cohicillos, allá por el puerto de San Cipriano. Hay pocas cosas más divertidas que hacer carreras sobre bicicletas... Así que a nadie debe extrañar la aparición de competiciones desde (casi) el mismo principio. Vamos, yo pienso que la primera prueba ciclista tuvo lugar cuando se juntaron las dos primeras bicis... Porque es inevitable.

Ojo, tengan cuidado, porque aquí van a aparecer buscavidas, asaltadiligencias, robaperas y malandrines. Vamos, los ciclistas de toda la vida, pero más antiguos. No es originalidad..., es intentar hurtarle sonrisas a la vida, colega, que no siempre es fácil...

Así que allá vamos, a la prehistoria de ese bendito deporte llamado ciclismo.

PIONERISMOS ABSOLUTOS

Aclaremos..., aquí vamos a hablar de ciclismo humano. Sí, humano. En la última década del siglo XIX se pusieron de moda las carreras ciclistas con animales. Divertidísimo, ¿eh...?, amarramos chimpancés y similar a una bici y vemos quién llega primero. Para tronchar carcajadas. Siguen existiendo hoy en día, no se crean. Son disciplina, incluso, de una aberración denominada Olimpiadas de Animales Salvajes. Por la edición de 2013, celebrada en Shanghái, un mono desvió la bici hasta chocar contra otro competidor. Como el competidor resultó ser un oso pues... mala fortuna. Zarpazos, sangre, muerte.

Pero aquí nada de eso, aquí solo personas.

O lo que sea.

¿Primera carrera? Pues eso, imposible de decir. Primera de la que tenemos noticia…, bueno, hubo una en 1869, entre Londres y Brighton. Diecisiete de febrero, que de aquellas los ciclistas no se amilanaban por cuatro gotas, como sucede hoy. Noventa y tres kilómetros, gana un tal Charlie Spencer. En seis horas. Seis horas… mala media, Charlie, tío.

Ah, ese mismo año, por Gante, se celebra la primera kermés de la historia. Hubo pavé, tíos gritando altísimo y paisanos más duros que el metal apretando los dientes. Digo yo, es lo que siempre pasa en Flandes… Y sin llegar a 1870 tenemos carreritas en Alemania (Münster) y Austria (Brun). Y el veintiséis de julio inauguramos el ciclismo transalpino, con vueltas a la *piazza* Vittorio Emanuele de Padua. Gana Antonio Pozzo, segundo Antonio Ronda, luego los hermanos Zanetti, Testi, Andretta y Garolla. Fueron, en realidad, teloneros de las carreras de caballo, que eran lo realmente importante. Pero vamos, que Pozzo trincó un reloj áureo, y de plata fue para Ronda…

Un añito y… esto sí que podemos denominarlo la primera carrera ciclista en la historia de Italia. Dos de febrero, 1870, Firenze-Pistoia. Treinta y tres kilometrucos. Ganó Rynner van Neste, yanqui. Buen comienzo, aunque ningún ciudadano de los Estados Unidos haya podido ganar la gran carrera italiana desde entonces. Llegaron a su cénit demasiado pronto.

Así que, tras el comienzo… a hacerse campeonatos. En 1885 tenemos Nacionales *amateur* en Bélgica e Italia (ya asoman las naciones ciclistas), con victorias de Gerlache y Giuseppe Loretz.

Para 1891 nace la gran Clásica de entonces, una locura que aún hoy corren cicloturistas y chiflaos. Hablo de la París-Brest-París, o esa salida dominical de mil doscientos kilómetros sin parar (o parando cuando uno quiera, pero en una sola etapa). Aquel primer intento lo apresa un tal Charles Terront, veterano de los Seis Días y auténtica personalidad por entonces, calle que lo recuerda en Nantes, libro donde recoge sus (muy fabuladas) memorias, cartas a cientos con perfumes y palabras gruesas y asiento reservado en la Ópera de París. Vamos, que el primer deportista realmente mediático de la historia en Francia (Astérix aparte). Terront hizo los mil doscientos kilómetros en setenta y una horas y veintidós minutos. Sin dormir ni un instante, si quieren creerse sus declaraciones.

Dos años, 1893, y nacen los primeros Campeonatos del Mundo de ciclismo. Velocidad, medio fondo y diez kilómetros. Pista, claro. Nerscher, un holandés que presidía la International Cyclistic Association, decidió programar esas pruebas en Chicago, porque andaban allí como locos con las ruedas y los pedales. Fue del siete al doce de octubre, con victorias para Arthur Zimmerman, joven nacido en Camden, Nueva Jersey, en velocidad y diez kilómetros; y Laurens Meintjes, sudafricano, para el medio fondo. Ellos fueron los primeros campeones del mundo.

Loados.

Ese mismo año se celebra la primera prueba internacional del ciclismo… París-Bruselas, con cuatrocientos kilometritos de nada y una media de veinte la hora para André Henry, el galo ganador.

La París-Brest-París, una fruslería de mil doscientos kilómetros.

¿Y en España? Pues tarde y regu, como siempre. Andaban las cosas en plan loquísimo, con lo de ponerse a perder colonias y tener una Restauración golfainas a más no poder, así que las bicis iban pelín apartadas. Pero bueno, que en 1896 se funda la Unión Velocipédica Española, y pronto organiza lo que dicen «Gran Premio de la Unión». O, dicho de otra forma, primer campeonato de España de ciclismo.

Que ganó un portugués, oh, sí, me encantan estos asuntos. Fue en Ávila, sobre cien kilómetros. Diecinueve paisanos, hito 114 de la carretera entre Madrid y Salamanca, salida dirección Villacastín, luego quiebro hasta llegar al kilómetro 100 de la carretera de Madrid a Galicia, y regresar al punto de partida. José Bento Pessoa, ganador, hizo poco más de tres horas y media, y fue el primer campeón de España, aun habiendo nacido en Figueira da Foz, cerca de Coímbra. Ciclista fuerte, bien dotado para rodar, éxitos internacionales. Y terrores internos. Digamos que Pessoa (el de las bicis, no el de los heterónimos) temía sobremanera las poluciones nocturnas, que solían atacarlo con puntualidad británica. Vamos, que el paisano soñaba en dos rombos, y se despertaba manchadísimo. Y como cada gota de semen equivalía a no sé cuántas de sangre (según la época) pues… peor que Lucy Westenra, andaba el campeón. Así que tiró por la calle del medio, y se hizo un cinturón especial, uno con cebollas en los riñones. Así no podía dormir en decúbito supino, que era, según él, la postura donde más ejecutaba el asunto…

En fin.

Ah, ese mismo día tuvo el ciclismo español su primer plante por impagos, comienzo de una práctica que se ha mantenido ininterrumpida por más de un cien años. El protagonista fue Álvaro Batanero, de Madrid, que se dio media vuelta veinte metrucos antes de acabar la prueba. Iba séptimo, pero es que a partir del cuarto solo recibían los corredores un pergamino de recuerdo donde se les reconocía como *routiers* de primera categoría. Y, miren, yo no vine aquí para estos asuntos. Bento Pessoa trincó, por si tienen curiosidad, setecientas cincuenta pesetas en metálico, una medalla de oro y un diploma.

A él sí le cundía la tarde.

Ah, en aquel entonces también entra el ciclismo en los Juegos Olímpicos. Desde la primera edición, además, porque era cosa muy moderna, y que gusta a las masas. En 1900, Juegos de París, además tuvimos protagonismo regio. O casi regio. Esperen, que se lo cuento despacio.

Se llamaba Fernando, pero pasó a la historia como Fernand, así, sin la «o», por aquello de hacerlo un poco más francófono. Tipo alto, bien parecido, todo un *chevalier*. Y era, dicen, hijo bastardo de un Borbón, nada menos que de Alfonso XII, rey de España.

Fernando Sanz y Martínez de Arizala nació el veinticinco de febrero de 1881 en Madrid. El apellido le vino por su madre, Helena Sanz, cantante de ópera castellonense, gran voz, guapísima. «Ojos negros e insondables cual dos abismos que llaman a la muerte y al amor», dijo de ella Castelar, que era un tío muy progre, pero bastante hortera para la descripción. En fin. Pero debía ser verdad, su beldad, porque de ella llegó a encapricharse la levita mayor del reino, que era Alfonso XII. Sí, el de dónde vas Alfonso XII, dónde vas triste de ti. El romántico (este Borbón concreto falleció jovencillo y de tuberculosis, que da mucho caché en estos temas), el del amor eterno, inquebrantable, con María de las Mercedes Orleans y Borbón. Solo que se exagera mucho en estos rollos, y a Alfonso le podían los genes, así que guardó respeto debido al cadáver de su esposa (muere en junio de 1778) antes de encamarse con la contralto en cuestión. Tuvieron dos muchachuelos, de nombrecillos Alfonso y Fernando, en 1880 y 1881.

No me echen cuentas, no me sean rojos…

Ah, se reconoció el tema. Judicialmente, nada menos. Era el año 1905 y ambos, Alfonso y Fernando, resultaban investidos como descendientes del Rey Sol, hermanastros de Alfonso XII, tíos de Don Juan de Borbón, tíos abuelos de Juan Carlos I, tíos bisabuelos del actual monarca reinante, y una filiación difícil de discernir con Froilán. Por hacer contexto…

Y Fernand era *sportsman*, de los buenos. Probaba todo, el tío. También la bici, en velódromos, que era cosa como de alto copete entonces. En 1899 ganó el Prix Aboilard, y el mismo 1900 quedó tercero en un mitin de velocidad en París, dentro de la categoría de diletantes. Qué resultados más guais, vamos a probar en los Juegos Olímpicos.

Qué delicia, los optimistas.

Las pruebas de ciclismo tuvieron lugar en el velódromo de Vincennes (hoy velódromo Jacques Anquetil, y cerramos el círculo de las golfadas y la falta de fidelidad matrimonial). Y allí, con solo diecinueve años, nuestro príncipe bastardo trincó metales. Fueron cuatro las carreras que hizo, todas ellas sobre una distancia de mil metros. En la primera ronda quedó segundo. Venció después en los cuartos de final y en la semifinal. En el esprint definitivo, frente a Georges Taillandier, fue batido claramente.

Medalla de plata. La primera en el casillero de las casas reales europeas, aunque él fuera un bastardo. No está mal para un diletante, ¿no?

Después…, mira, es que los pijos se aburren rápido, y en la bici sufres mogollón. Así que insiste en cosa de óvalos, pero ya sin ganas, y después prueba con el boxeo, y se le dan bien las hostias, porque fue campeón de Francia de «boxeo inglés» (el noble arte que conocemos en la actualidad) en los años 1903 y 1904.

Un tipo polivalente, vaya. Uno que jamás se casó, nunca llegó a trabajar, y repartía tiempos entre deporte, poesía y música.

Un crápula de manual, vamos.

Buen comienzo, oigan.

En esta pista de Vincennes pilló medalla un Borbón bastardo. Foto de 1903.

CLÁSICAS QUE NACEN PARA REIVINDICAR Y VENDER PERIÓDICOS

Bueno, a ver, las carreras normalmente las hacemos para vender periódicos. Periódicos. Que no les cuenten otras cosas, que no les engañen. Periódicos. Sucede que, en ocasiones, hay otros asuntillos subterráneos. Lo de reivindicar esto o aquello. La humanidad frente a los monstruos con motor. O el mismo Flandes, que llueve y hace frío, pero amamos Flandes.

Veamos.

Año 1896. Roubaix, próspera ciudad del norte, una cuya riqueza proviene especialmente del negocio de las hilaturas. Dos inquietos empresarios deciden levantar un velódromo y publicitarlo de la mejor forma posible: haciendo que sea final de una gran carrera. Y ya que todas las importantes concluyen su recorrido en París a estos dos hombres (Maurice Pérez y Théophile Vienne) se les ocurre una innovación: su prueba saldrá de París y llegará hasta Roubaix. Está naciendo la gran clásica…

Aunque al principio no lo pareciese. Y es que en los primeros momentos la París-Roubaix apenas levanta expectación entre prensa

Salida de la primera París-Roubaix. Pobres, no saben lo que les espera…

y público, solo considerada como una buena preparación para hazañas mayores. Únicamente el diario *Paris-Vélo* presta interés, pero es que era periódico organizador, así que como para fiarte. Pero los paisanucos están satisfechos, y Théophile Vienne declara que «el éxito de la carrera ha sido tal que a partir de ahora se celebrará todos los años».

Lo cierto es que el desarrollo deportivo había sido interesante, merced a la cerrada lucha que mantienen Maurice Garin y el alemán Joseph Fischer, los más fuertes entre los cuarenta y un ciclistas que parten de París el diecinueve de abril de 1896. Garin no podrá ser pionero también aquí.

(Aunque toma cumplida venganza al año siguiente)

Y estaba el público, claro, miles de personas, pero menos de las esperadas. ¿Por qué? Pues porque estaban en misa, colega. Esto fue el Domingo de Resurrección, y, dice Vienne:

> Roubaix es una villa donde la mayoría de la población es católica practicante, como lo son los de la vecina Lille. Así que para que todos, incluidos los ciclistas, puedan cumplir con sus obligaciones

Los adoquines de Roubaix. Si usted no se acojona es que no tiene corazón…

> religiosas, la organización ha conseguido que se oficien misas especiales en horarios particulares que permitan disfrutar después de la prueba. La primera de ellas se celebrará a las cinco de la mañana en la capilla de los Príncipes de Orleans en Neuilly, cerca de la salida.

Tanto rezar para acabar en los adoquines.

Tanto orar para que te llamen Infierno del Norte.

Viajamos un poco al este. Kilometrillos, no vayan a pensarse, si la Vieja Europa es vieja, pero también pequeñuca. Año 1913, empeño de un tal Karel van Wijnendaele. Sí, hagamos algo para competir con la Lieja-Bastoña-Lieja, esa carrerita de la Bélgica francófona. Nosotros somos flamencos, tío, flamencos... de Flandes, y hablamos distinto, así como gutural, y tenemos fama de duros, y aquí llueve mogollón. Así que creemos una prueba que exprese todas esas cosas. De Ronde van Vlaanderen, le dirán. Empieza una leyenda, una prueba por encima de la modernidad. Primera edición y gana un flamenco, claro. De Rekken. Le dicen Pol Deman.

No lo tuvo fácil, eh. Hay trescientos veinticuatro kilómetros entre Gante y Mariakerke, suburbio de esa misma ciudad. Allí llegan seis paisanos en vanguardia. Todos belgas, todos flamencos. Pista de ceniza, estrechuca. La victoria se la juegan entre cuatro, porque los otros dos cayeron a un estanque que había allí en medio, espantando peces y cisnes, o lo que tuvieran allí. Con todo el sainete el esprint de Deman pasa casi desapercibido. No importa, quedará para los restos como pionero.

Quedará, también, como un paisano con historia para compartir. En la Gran Guerra, nada menos. Donde murió dos veces, sin morir ninguna.

Entrar en la historia no garantiza hacerlo en la leyenda. Y lo que fijó a Deman en la leyenda no fue ninguna carrera, sino la Gran Guerra.

Primera Guerra Mundial, y Alemania pasa por encima de la neutral Bélgica. Error de cálculo, porque pensaban cruzar el pequeño país en pocas horas y llegar casi sin bajas a la frontera francesa. Nada de eso: resistencia belga feroz, comportamiento del Ejército imperial especialmente cruel, lo que provoca un movimiento de repulsa internacional. En una pequeña zona del Flandes occidental los combates fueron crudos y constantes durante los cuatro años de guerra. De ahí la importancia de los espías. Y Deman era uno de ellos.

Paul Deman formaba parte de la llamada Dama Blanca, una línea de resistencia subterránea organizada por Henry Landau, agente de la inteligencia británica, que cooperaba con los aliados en Bélgica y el norte de Francia. La labor de Deman era sencilla: tenía que aprovechar sus largas cabalgadas en bicicleta para llevar documentos e informar sobre los movimientos de tropas germanas. El sitio donde el joven Pol guardaba aquellos valiosísimos archivos no podía ser más discreto: un diente de oro hueco que tenía desde hacía años... Catorce misiones con éxito... y una que acaba en fracaso. Noviembre de 1918. Arresto, prisión de Lovaina, juicio, alta traición, condena a muerte. Lo fusilarán un día más tarde. Su suerte está echada...

O no, porque fijan para su fusilamiento para el once de noviembre, por la tarde. Y ese día, por la mañana, se firma el armisticio de Compiègne. Vamos, que se ha terminado la Primera Guerra Mundial. Sentencia para el olvido. Pol sobrevive a su primera muerte.

Ocurre que no es la única. Unos días después el Ejército británico libera a quienes están en Leuven. Pero tienen problemillas con Pol Deman. Quizás por su aspecto fuerte, quizás el cerrado acento «boche» tan de Flandes, quizás fuera alguna mala contestación. El caso es que los ingleses le creen germano, y deciden continuar con la ejecución. En otras palabras, Deman vuelve a ser condenado a

De Ronde van Vlaanderen, año 1929.

muerte. Hasta que llega una carta de la Autoridad Belga explicando identidad e importancia durante la guerra.

Así es como Pol consigue sobrevivir a su segunda muerte.

La tercera tiene lugar décadas más tarde. Pero esa nos llega a todos.

Por Italia también se ponen farruquísimos con esto de las Clásicas. Pero vamos, en plan loqueras. Tanto como para desafiar a los coches. Ya ven, antes esto era posible.

Año 1906, primera edición una carrera automovilística, mismo recorrido a la futura San Remo de bicis. Resultados escalofriantes: solo dos llegan a meta. Convocar a ciclistas para hacer algo similar doce meses más tarde... propio de *chiflaos*. Pero ocurre en 1907, y gana un viejo conocido nuestro: Lucien Petit-Breton. No será la última vez que aparezca...

Y nada, que todo genial. Catorce de los treinta y tres *sportsmen* que tomaron la salida llegan a meta, así que las bicis ganan a los autos indiscutiblemente. Solo una pega: a Giovanni Gerbi lo bajan del segundo al tercer lugar por no sé qué irregularidades. Gerbi era de izquierdas, ateo, el primer ciclista que rasuró sus patas. Para penetrar mejor al aire, dijo. Se lo tomó en serio, muy en serio: también afeitó completamente la cabeza...

Solo tres años y la edición más dantesca de siempre. Salen setenta y un paisanos de Milán con frío intenso, pero lo de después... El Turchino está cerrado, escuchan los ciclistas, no podremos subir, pero no importa, porque suben. Allí nieva que apenas ves caminucos. Y surge él.

Él es Eugène Christophe. Segundo en Turchino, a unos diez minutos del líder Van Hauwaert. Pero todo cambia, ya no hay bicis, solo supervivientes. Pasa junto a un bulto de mantas al borde de la carretera. Cyrille van Hauwaert. Ahora es el galo el líder.

> Pedaleaba, me bajaba de la bicicleta, corría, volvía a subirme a la bicicleta, pedaleaba y a los pocos metros estaba congelado y tenía que desistir. Entonces volvía a correr. Un poco más allá siento calambres en el estómago y avanzo con una mano en el manillar y otra sobre la barriga. Me detengo y me tumbo apoyado en una roca, al borde del camino. El frío me paraliza, tan solo puedo mover ligeramente la cabeza a los lados. El resto del cuerpo está congelado. Pienso que me muero allí mismo.

Eugène Christophe. Qué de historias, colega…

Unas palabras, *signore, signore*, casa, casa. Lo cogen en brazos, lo llevan hasta un albergue. Agua caliente, licor hirviendo, ropas y ropas sobre él. Y los ojos, siempre los ojos. Fijos en la ruta. Está mirando por la ventana y no ha visto pasar ningún corredor. Salgo, debo seguir. Intenta convencerlos, no le dejan, no, no puede. Vale, sigo, pero solo hasta Voltri, y después subiré al tren. Embaucador. *Escapa* de aquel techo salvador con unos pantalones, largos y gruesos, que le prestaron. Al salir del albergue se cruza con Edouard Paul Duboc y Van Hauwaert. Sí, ese Cyrille que se iba para casa. él tampoco abandona. Qué importa todo...

Largo descenso hasta San Remo. Luego dirá que el cielo está casi despejado en aquella vertiente de las montañas, que la nieve ha creado paisajes maravillosos, que apenas llega a pasar miedo porque estaba acostumbrado al ciclocrós. Cerca de San Remo baja de la bici y corta con unas tijeras sus pantalones. «Un ciclista no puede entrar vencedor de una carrera como está en pantalón largo».

Eugène Christophe vence en San Remo. Unos minutos después cruza la línea de meta Luigi Ganna, pero él hizo la mitad del recorrido en ferrocarril, así que no consta... Clasificación oficial, más de una hora después, el italiano Giovanni Cocchi. Marchese fue tercero. Enrico Sala cuarto... y último.

Christophe se tirará un buen tiempo atado a la cama del hospital, tardará meses en recuperarse del todo. Qué importa. Un tipo duro, este Viejo Galo. Y aún le quedaban muchas horquillas por partir.

ESTOS VELÓDROMOS SON UNA FIESTA (Y USTED ES ALGO GOLFO)

Hace más de un siglo las élites parisinas, los artistas y bohemios, los deportistas, los picaruelos de Montmartre, cabareteras y damas de alta sociedad se desplazaban hasta el muy famoso velódromo Buffalo. Para la fiesta y el deporte. Para el ser y el parecer.

Todo empieza en 1889. Sí, la exposición universal, París erizándose con un Torre, maravillas sinnúmero para solaz de sus habitantes. Una de las más frikis aterriza por la zona de Neuilly, entre la Port de Maillot y la Port de Villiers, arrabales del noroeste parisino.

Le dicen «Exhibición indio-americana del coronel Cody, alias Buffalo Bill».

Allí levantaron, después, el velódromo, así que quedó con eso de Buffalo. Cosas veredes en la historia, macho.

La idea fue del británico Herbert Duncan, ciclista de éxito años atrás, quien, para financiar su sueño, contactó con Clovis Clerc. Clovis dirigía un negociete de poca monta, algo que igual ni les suena... el Folies Bergères. Sí, sí, el cabaret más mítico sin peli de Nicole Kidman (luego volverá a salir Nicole Kidman, porque el ciclismo es un lugar maravilloso). Para 1893 el dinero de Clovis inaugura nuestro velódromo Buffalo. Tiene trescientos treinta y tres metros de cuerda, tiene dos curvas de ángulo peculiar y tiene unas gradas donde entran hasta ocho mil crápulas *enfervorizaos*. *Enfervorizaos* porque eran los mismos que llegaban desde el otro negocio de Clerc...

El Buffalo tenía estas cosas, y muchas otras aún mejores. Tenía el Bol d´Or, por ejemplo, carrera de veinticuatro horas que llegó a

Por la pista del Buffalo paraba la élite deportiva y bohemia parisina. Y Toulouse-Lautrec destacaba mogollón...

ser fenómeno social a principios del siglo XX. Tenía las motos, como aquella que acabaría en drama en el año 1906, con dos muertos y decenas de heridos tras invadir una moto las gradas. Y los tenía a ellos, sobre todo a ellos. Porque los artistas siempre prefirieron el Buffalo. Porque era Montmartre con sol, era el Pigalle a media tarde, era cabarets antes de abrir absentas. Seguramente vino todo por Tristan. Tristan es Tristan Bernard, director del Buffalo desde 1895. Bueno, director de esto, del velódromo de la Seine y hasta de un periódico especializado, *Le Journal des Vélocipédistes.* Vamos, *chiflao* de la bici.

Y más cosas, como todos. Abogado de éxito, dramaturgo de prestigio, poeta de…, en fin, poeta de bochorno, porque mira que era malo, Tristan, con eso de ser poeta. También empresario, innovador (suya es la idea de hacer sonar una campana cuando se afronta la última vuelta de cualquier competición deportiva), amiguete de escritores y patulea similar, arruinado y exitoso en diferentes momentos. Tuvo hasta un teatro, el Tristan Bernard, que aún pueden ustedes visitar cerca del Pigalle (allí no hay bicis, lo siento). Y demócrata de raza, tanto como para que lo hicieran prisionero en el campo de Drancy durante la Segunda Guerra Mundial. Cuando se lo llevó la Gestapo cuentan que abrazó a su esposa, la miró a los ojos, y le dijo estas palabras: «No llores, querida. Antes vivíamos siempre en el miedo, a partir de ahora lo haremos en la esperanza».

Qué sangre fría, tú.

Pero hablábamos de cuando era director del Buffalo, de cómo lo convierte en el centro diurno de cierta sociedad parisina. Igual no la más alta sociedad parisina, pero sí la más genial sociedad parisina. De cuando llevaba a Rene Blum, de su amistad con Toulouse-Lautrec, apasionado del ciclismo, que lo inmortalizó en uno de sus retratos, pensativo con su aspecto de dandi baudelariano, plantado en mitad de la pista de ese velódromo que tanto amaba. El mismo Toulouse-Lautrec que, pese a sus dificultades, gustaba de montar en bicicleta, el que dejó escrito que nunca había conocido mejor escuela para los jóvenes que el ciclismo. El Toulouse-Lautrec que, dice Julia Frey, observaba a ciclistas en el velódromo con la misma intensidad con que miraba a bailarinas, atraído por la belleza y plasticidad del movimiento, sí, pero también por los olores, por los sonidos, por la emoción del propio espectáculo. Gustaba Henri de colarse en vestuarios para ver esa danza furiosa y vivificadora que es el masaje, quedarse con gestos, con detallitos. Conservamos algunas ilustraciones suyas del Buffalo, algunos afiches publicitarios sobre ruedas, piñones y frenos. Obras mestras, claro, porque eran Henri...

El velódromo Buffalo de Neuilly estuvo funcionando hasta 1914, cuando el gobierno francés lo requisó para construir una fábrica de aviación que son los tiempos que corren. Nunca volvería a levantarse el Buffalo, aunque construyesen otro con el mismo nombre en los felices años veinte, allá por Montrouge. Alrededor de este nuevo óvalo apostarán, fumarán, beberán... vivirán tipos como Hemingway, o Picasso, o André Breton, o Tanguy.

Pero esa es, seguramente, otra historia.

EL RÉCORD DE LA HORA

A ver, para que yo se lo explique a ustedes. Cogen una bici, una bici de piñón fijo, sin frenos ni *na*. Ahora van a un velódromo, se sitúan en cualquier punto, paraditos. Arrancan. Ruedan durante sesenta minutos, durante tres mil seiscientos segundos. Ni uno más, ni uno menos. Y lo que hayan avanzado... pues es su marca.

Eso es el récord de la hora.

Bueno, eso y uno de los esfuerzos más salvajes, dolorosos, ilógicos y psicológicamente demoledores en este mundo de las bicis. Porque prueben, prueben..., desde fuera parece sencillo, pero esa hora se convierte en una pesadilla donde cuesta mantener el ritmo, la posición, donde duelen los hombros, los riñones, las piernas, las cervicales..., donde todo molesta, donde no hay referentes, ni bajaditas de descansar, ni una rueda allí lejos que te sirva para controlar tu ritmo.

Horrible. Y, precisamente por ello, sinónimo de campeón.

Cuentan que si el primer récord de la hora tuvo apellido ilustre. Once de mayo, año 1893, velódromo de Buffalo, en París, que ya saben ustedes un montón de historias sobre el velódromo de Buffalo, en París. Y, sobre la bici, Henri Desgranges. Cuentan que si recorrió más de treinta y cinco kilómetros (que cuesta hacerlo incluso hoy, oigan, vayan a probar), y que llevaba en el manillar una botella de leche, por si le entraba el hambre. Cuentan que ahí empieza todo.

Cuentan.

Desde entonces... a superar marcas. Porque mola, sí, eso de ser «el tipo de todos los tiempos que más metros recorrió en bici durante una hora». Así que a por el récord. Y cada vez es más difícil, claro, cada vez exige más entrenar, más mimo, más cualidades físicas. Petit-Breton supera los cuarenta y un kilómetros, luego sucumbe ante Marcel Berthet, después llega el suizo Oscar Egg, que tiene fama como mejor pistard en la segunda década del siglo XX. Entre Egg y Berthet hubo una rivalidad bien chula, con puntas de uno y otro, hasta que Oscar dejó el asunto por encima de los cuarenta y cuatro kilómetros. Fue antes de la Gran Guerra, y todo estaba a punto de cambiar.

Después... cambio. Al velódromo Vigorelli, en Milán, construido con madera siberiana, superficie velocísima. Pasan por allí los Richard, Giuseppe Olmo, Maurice Archambaud. Y pasa por allí Fausto Coppi.

La leyenda de Fausto Coppi.

En 1942 el Vigorelli ni siquiera es recinto deportivo, porque el Regio Esercito italiano lo ha incautado. Vamos, que hospital de campaña. Por eso, cuando Coppi plantea el asunto, la respuesta de las autoridades acojona: sí, podrá intentarlo, pero no, no pueden entrenar sobre la pista, imposible. Así que Fausto encuentra una carretera llana y recta entre Tortona y Novi Ligure, donde hará sus test. La primera vez en el Vigorelli será el día de su intentona...

Siete de noviembre, año 1942, dos de la tarde. Hora extraña, pero con explicación: los bombardeos aliados eran menos frecuentes durante las comidas, Vamos, que lo hace así porque hay menos posibilidades de que una bomba chafe el Vigorelli mientras el ciclista da vueltas... Pero menos posibilidades aún son algunas posibilidades, y las galerías de evacuación permanecen abiertas... por si acaso.

Apenas un puñado de público, todos llegan desde la fábrica de Alfa Romeo, muy cerquita. Mientras van al Vigorelli alzan el rostro... nubes, muchas nubes. Sonríen, se ha corrido la voz: Coppi va a hacerlo, va a intentar el récord de la hora. Mientras caminan al Vigorelli todos miran al cielo: está nublado. Sonríen, en días de nubes hay menos bombas que caen silbando. Con todo... meterse allí, en el Vigorelli, una hora, sin necesidad, sin obligación...

Pero era Coppi.

Fausto comienza rápido, y a la media hora tiene gran ventaja sobre Archambaud. Pero topa con el muro, con ese enemigo invisible del que susurran todos los que intentaron la hora. Está incómodo, sufre, estira los brazos, descompone su gesto de estilista. Según su autobiografía (seguramente escrita por un «negro» literario), Fausto no ve siquiera las figuras a pie de pista. Ni gestos, ni indicaciones.

Más rápido, más rápido, eso era todo.

Bate el récord por nada, apenas un puñado de metros, una treintena. Archambod duda, pregunta en la UCI, hay una queja. Pero es que tenemos cosas más importantes para pensar, Maurice, así que irá lento el asunto. Hasta 1947 el récord de la hora de Fausto Coppi no será reconocido oficialmente.

Fausto Coppi. Sin más.

Después de Fausto... los más grandes. Anquetil, por dos veces, solo que la segunda no fue reconocida porque no quiso pasar el control antidopaje. Los comisarios se acercaron a él después de ducharse, eche usted una meadita aquí, *monsieur* Jacques, y el normando, altivo, les señaló la ducha. He meado allí dentro, igual pueden recoger algo entre la espuma...

Estuvo, también, Roger Rivière, la tragedia de Roger Rivière. Y Ferdinand Bracke. Y Ole Ritter. Y Eddy Merckx, claro, que se trasladó a México, que se preparó en su casa, en el garaje de su casa, haciendo rodillo, con una cámara sobre el rostro para simular menor densidad del aire. Merckx, que nunca más habría de intentar el asunto, que sufrió, dijo, como nunca en su vida. Merckx, que dejó el récord en casi cuarenta y nueve kilómetros y medio. Inalcanzable para muchos por mucho.

Aunque no para él. Ni para ella. Él es Francesco Moser, ella es la ciencia (y medicina) deportiva. Cuando Moser bate el récord, año 1984, tiene detrás a un ejército de preparadores, de médicos, de ingenieros, de gente que le prepara un desayuno equilibrado o unas transfusiones sanguíneas. La imagen de Merckx era la de un ser humano enfrentado a sus propios límites... Moser parece recién salido de la NASA. Así que golpe al récord, más de cincuenta y un kilómetros por hora y una nueva era que se abre, viva Conconi y sus asuntos. Llegarán los británicos Boardman y Obree (este con postura rarísima sobre bici que se ha fabricado él mismo, algunas piezas recién sacadas de una lavadora), vendrá después aquello tan futurista de Indurain en Burdeos, el sufrimiento, la impotencia. Dura apenas el mes, porque Rominger arrasa con todo...

Y luego la Unión Ciclista Internacional decidió meter mano en algo que funcionó (más o menos) bien durante siglo y pico. Y divide el récord en dos, dependiendo la bici que lleves. Y todos nos liamos, y un mecánico del equipo Ineos le mete seis kilómetros a Eddy Merckx, y yo ya no sé dónde consultar los incrementos en este asunto, y hoy manda Filippo Ganna, que es un percherón con espaldas enormes y cuádriceps como para recorrer cincuenta y siete kilómetros (menos doscientos metros) en una hora.

Veintidós más que Desgrange.

Lo que hemos avanzado...

CAÍDAS, GORDITOS, CABALLOS E INCIDENTES QUE ESCOGER

Pero ustedes vinieron aquí, también, por el tema friki. Por las rarezas, por lo peculiar. Y quieren su ración. Están hambrientos. Hambrientos. Igual que les pasaba a nuestros protagonistas. Los ciclistas gordos.

Ocurrió en 1898. En Francia, que tienen su punto bizarro. Aunque, claro, por aquellos tiempos locos todo estaba por crearse y nada parecía (demasiado) extraño. París, ojo... ah, París. El *bois* de Vincennes, espacio verde más grande de la capital. Hoy tienen allí un hipódromo, un castillo, un zoo, un parque botánico tropical, y hasta un templo budista. Joder, un castillo, un parque botánico tropical y un templo budista... cosas veredes. Allí se disputan las pruebas de los Juegos Olímpicos dos años más tarde. Sí, los Juegos Olímpicos de Fernand Sanz. ¿Lo recuerdan? El Borbón bastardo...

El *bois* de Vincennes tiene también cuatro lagos. Un ocho de septiembre, final veraniego de 1898, hay bastante peña alrededor del de Daumesnil. Hay público que aplaude, y paisanos sobre sus bicis. Compitiendo, exprimiéndose, sudando cual cochinos en cochiquera. Pero con un punto... cómo decirlo... rarete. En vez lugar de ser sacos de huesos andantes, nuestros ciclistas están gordos como lechones. Mofletes sonrosados, panzas a punto de rozar el cuadro de sus bicis. Buen acero en las máquinas, menos mal.

Sean ustedes bienvenidos a las carreras ciclistas para participantes que superan los cien kilos. Sí, sí, como lo oyen... solo puedes correr si pesas más de cien kilucos. Cosa seria, no vayan a pensarse, un total de veinticinco vueltas al lago, cincuenta kilómetros a la postre. La prensa les decía «Hércules sobre dos ruedas», pero vistas las fotos algunos eran más de tipología *bananitesca*. Pero corrían, vaya si corrían. Salen a las ocho y media de la mañana, tras el pesaje. Uno arrojó la nada despreciable cifra de 170 kilos. Lo que pueden ser fácilmente cuatro yóqueis, nos dice, asombrado, Georges Prade, que firma la crónica en el diario *La Vie au Grand Air*. Él mismo calcula en más de dos mil las personas que se apiñaban alrededor del Lago Daumesnil animando a estos valientes.

En sus marcas, listos, dejen por favor de comer mortadela... pistola... pum.

Se sale.

Y, ojo, van como motos. Achille Brière, gigantón francés, se escapa casi de salida y mantiene la ventaja durante unas cuantas vueltas, hasta que una caída terrible le obliga a abandonar. Y luego ataca Vanderdonckt con todas sus fuerzas, y dobla a todos los otros, y entra vencedor. Tiempo de una hora, cuarenta y cuatro minutos y cincuenta y siete segundos. Bonelli tarda cinco minutos más. La velocidad media del vencedor ha estado cerca de los veintinueve kilómetros por hora, que está bastante bien, vistas las circunstancias.

Aunque, ojo, que hay polémica. El ganador, *monsieur* Vanderdonckt, había dado cien kilos exactos en la salida, y tiene que volver a la báscula. Es un control de arrobas, porque si somos carrera «Máster 100» lo somos hasta el final. Y no. Y nada. Y qué escándalo. Vanderdonckt, ese flacucho, arroja unos vergonzantes noventa y ocho kilos. Así que descalificado, como seguramente entiendan ustedes. Otros dos de entre los cinco primeros (Amichot y Astruc) sufren idéntico destino. Les está bien empleado, por *esmirriaos* y facinerosos. Así que queda como vencedor definitivo Bonelli. Él también bajó un par de kilos durante la prueba, pero en su caso fue de diento diez a ciento ocho. Ya ven, muchacho sanote, fuerte, chicarrón norteño, ponme otro chuletón. Le ponen una corona de laurel y, como en Astérix, se la come.

Si es que hay carreras para todos.

PERO... ¿QUÉ COME ESTA GENTE?

No me refiero a los de antes. A los gorditos. Esos comerán... pues cosas de gorditos... bollería, cachopos, rollitos así. Yo hablo de los demás, los ciclistas, los pros. Que qué comen, que cómo se alimentan, que de qué manera ha cambiado a lo largo de la historia. Y aquí... curiosidades, claro...

Digamos que al principio..., en fin, nutrición, lo que se dice nutrición, pues nanay. Los ciclistas heroicos se dividían en dos grupos... quienes comían lo que les daba la gana y los que pasaban hambre a montones, porque no tenían ni *pal* filete. Lo más habitual era pararse en mitad de la carrera a zampar algo, a veces entrando en un restaurante, con su buena botella de vino, su plato de cucharón, su postre y puro. Como luego lo quemabas pues no hay problema. También tenemos ejemplos extremísimos de apetito voraz, como la historia de Vicente Blanco, que le decían el Cojo por un accidente en la fundición, y fue durante mucho tiempo el primer español que corrió el Tour de Francia (hasta que descubrieron otro, José María Javierre, que lo hizo antes que él... historias). Ah, Vicente fue en bici desde su Bilbao natal hasta París para tomar la salida en la Grande Boucle de 1910. Sí, la del debut pirenaico. No llegó Vicente, porque..., joder, porque había ido desde Bilbao en bici. Terminó la primera etapa, pero fuera de control. Tanto esfuerzo para *na*...

Pero su apetito, decíamos. Al volver de ese no Tour a Vicente lo agasajan con un banquete los directivos de la Federación Atlética Vizcaína. Y aquello... pues menudo Pantagruel. Dice Julián del Valle, cronista para la ocasión, que se empotraron una paella nada más darse la salida, y luego merluza en salsa verde, y después bermejuelas con picante, y terminaron con chuletón de buey, medio kilo

Qué de cosas entran en una *musette*...

y pimientos para acompañar. De esto repitió Vicente, porque medio kilo de carne ni es carne ni es *na*. Para los postres sacaron fruta, y Blanco, educadamente, negó. La fruta es para los monos, dicen que dijo. Pero, ay tristeza de tristezas, aparecieron después los camareros con bandejas que rebosaban arroz con leche, y allí nuestro aguerrido ciclista echose a llorar, porque ni una miga entraba en su magro cuerpo, haber avisado que había arroz con leche, haber avisado, que hubiese dejado huequín...

Ya ven, comparen con ese amigo suyo que pesa los filetes de pechuga después del gimnasio...

Pero es que eran otros tiempos. Si hasta el mismo Maurice Garin decía que se empotraba en carrera vino, champán, ostras, chocolate caliente, té, tapioca o chuletón. ¿Agua? Pues a la fuente. Como no hay avituallamiento..., que alguien invite, o paramos en el campo, igual hay manzanas y melocotones. Melocotones los que pillamos, sí, con este caos, pero qué bonito todo. Si puedes... pan y pasta, que llenan mucho. Ah, y algunos ciclistas comen en restaurantes buenos, o les llevan algo preparado desde casa, porque siempre hay pijillos.

Pasada la Gran Guerra aparece un artilugio fundamental en carreras de bicis... hablo de la *musette*, esa bolsa de asas larguísimas, tela normalmente, que se coge durante los controles de avituallar y viene llenita de pasteles, bocadillos y cosas así. Ah, y dos o tres cigarros, porque entonces pensaban que echarse un pitillito antes de los esfuerzos ayudaba a «abrir los pulmones». Así que por Campan iba la cosa echando humo...

Después van incorporando cosas. Proteínas a lo loco, desayuno y cena con filetes (o los filetes del pobre, que es pollito asado), mucho arroz, mucha pasta. Controlando lo justo, porque importa especialmente quedar bien lleno, que eso es gasolina para más tarde. Ejem. Queso, jamón, seguro que me entienden. En los sesenta aparecen las primeras bebidas isotónicas, pero muchos seguían tirando de clasicotes: café, un chorro de coñac, un poquito de cualquier sustancia estimulante. Para los kilómetros finales, donde necesitas chispa. Luego llegan los geles, y se va todo a tomar por el culo, porque vas a comparar el zamparte unos deliciosos pastelitos de arroz con miel con un gel extremadamente dulce que te deja la boca como si fuese jugo de gumibaya, sabe a beso con una colmena y tiene menos aspecto de comida que una receta de Ferran Adrià.

Ay.

Ahora ya todo ha cambiado. Ahora se miden las calorías hasta el límite, los ciclistas viajan con sus propios cocineros, las previsiones para etapas y preparación cubren incluso la cantidad de agua que puedes echar al gaznate. Ahora ya no hay pájaras, claro, ya no sientes esa sensación de vacío, ese no poder moverte, esa hambre que te empuja hasta cualquier bar de carretera a comerte todos los kitkats que tengan detrás de la barra (kitkats que caducaron cuando Ángel Arroyo era cadete). Ya no hay fondo, ya todo está más controlado. Ahora la gente es más pro, y el asunto divierte menos.

Ojo, hay que mirar bien lo que se come, no te vaya a pasar como a Paul Duboc. Quito el ojo de su *musette* y… Esperen, les cuento la historia.

Andaba Duboc con posibilidades de trincar el Tour de 1911. Corre en la Française-Diamant, y ha ganado dos etapas seguidas en los Pirineos. Sucede que en la siguiente, décima, entre Luchón y Bayona… bueno, a ver, que Duboc empieza a sentirse mal, y cae de la bici, y se dobla por el dolor, y se tiende sobre la hierba, y empieza a vomitar, y le entra diarrea, y la cosa es para no verse, para no verse. Justo acababa de beberse un bidón del trago. Un bidón que coge en el punto de avituallamiento. Un bidón… envenenado.

Desgrange lo tenía clarinete, e incluso los gendarmes hicieron algunas preguntas. Todos decían que si había sido Garrigou, rival de Duboc, ganador definitivo en París, pero nadie puede demostrar nada. Pero, vamos, que cuando pasan Ruan, de donde era Duboc, Garrigou debe disfrazarse, para que no lo linchen. Sí, pasa con maillot distinto, con barba postiza, gritando que él no es Garrigou, sino tipo de incógnito… Qué tiempos. Duboc, como era durísimo, siguió en carrera, e incluso ganó otras dos etapas tras recuperarse del intento de homicidio. Ah, ocho años después la organización tuvo que expulsarlo del Tour después de que robase un coche y saliese a toda hostia, buscando alguna tienda de bicicletas. «Es que he roto una biela, señores jueces, y tenía que arreglarlo con la mayor celeridad posible».

Ya ven, todo un personaje, Paul…

Esas también son bicis

La bicicleta es un vehículo curioso.
Su pasajero es el motor.
John Howard

Vale, seamos serios… ustedes han leído hasta aquí y siempre tenían en mente una imagen determinada de bici… la de carretera, la de fondo, la de hacer carreritas, la que tiene manillar curvo. Como mucho, si son de natural nostálgicos, tendrán nociones de una BMX, porque es lo que tuvimos de chavales, y porque las pelis y series yanquis nos las han metido por los ojos…

Pero lo normal… la de carreras. Sucede que también hay otras bicis, y como hay otras bicis surgen otras competiciones. En velódromos, sobre barro, por mitad del monte. Y, allí, las anécdotas, los personajes, los historiones.

Nos vamos a traer aquí a pintores que van hasta los óvalos para pasar resacas, a paisanos que pedalean durante casi una semana, que apenas comen, que ni siquiera cierran los ojos para dormir. También el origen del *mountain bike,* esos momentos en que se modificaron bicis para ver si evolucionaban bien las plantaciones de maría. O el ciclocrós, el fango, las piedras, la competición más cañera, loca e incomprensible del Viejo Continente. Todo eso.

En bici.

UNA SEMANA EN EL VELÓDROMO Y GOLFADAS ASIMILABLES

Una de las cosas que más gustaba a los espectadores decimonónicos en esto de las bicis eran los Seis Días. Competiciones de Seis Días, digo. Que son..., en fin, que son lo que su propio nombre indica... carreras en un velódromo que duran seis días con sus seis noches, durante las cuales los atletas completaban toda la distancia que fuese posible. A ratos, sí, paraban a comer, o se iban al baño, o hasta echaban cabezaduca. Pero eran eso..., tiempos muertos. Apenas descanso.

Un homicidio.

La primera locura de este tipo data de la prehistoria ciclista... Año 1878, en peralte con el eufónico nombre de Islington Agricultural Hall. Por la capital de Inglaterra, para entendernos. Vuelvan a leer... 1878..., efectivamente, amigos, estos Seis Días primigenios fueron sobre bicis de ruedas altas. ¿Recuerdan las bicis de ruedas altas? Sí, hombre, las peligrosas, las que no tenían frenos, las imposibles de manejar. Pues imaginen eso en el velódromo a lo largo de..., esperen, que hago cuenta... ciento cuarenta y cuatro horas. Y porque los sábados eran día de asueto y no podía haber deportes, que si no hacemos un Doce Días...

En aquel entonces, a fines del siglo XIX, las bicicletas normales pesaban entre quince y veinte kilos. Tenían rueda fija, sillín de cuero, manillar inclinado y no llevaban frenos, porque tú frenabas pedaleando para atrás, algo que todos los niños de mi generación conocen, y que es hostión seguro demasiadas veces. Ah, las buenas de verdad, las buenas buenísimas, las de correr en velódromos, andaban por los diez kilos, porque solo eran los tubos, las ruedas y los pedales. No está mal, la báscula. Con una de esas Charles Murphy bajo del minuto en la milla. Es 1899, y lo consigue rodando sobre tablones que pusieron encima de la línea férrea de Long Island. Delante lleva locomotora que marca ritmo y quita aire, como si fuese Mark Renshaw...

Digamos que aquello, lo de las Seis Horas, era asunto de resistencia animal, de potros salvajes, de sueldos bajos y estimulantes altos. Vamos, que pocas libras y muchos chutes. El público *entusiasmao*, la nueva moda, venga, venga usted conmigo, lord Patapum, ya verá cómo de divertido es mirar a los pobres echando tripas mientras pedalean. Ay.

Ah, el primer ganador fue un tal Bill Cann, ciclista de Sheffield. Recorrió, en esa semana-menos-día, un total de 1756 kilómetros. Sobre bici con sillín de madera, añado.

(Mejor ni imaginen…, bici con sillín de madera, mil setecientos kilómetros en una semana…, mejor ni imaginen).

Pero, bueno, que la cosa moló tanto como para que en 1879 hubiese un Campeonato del Mundo de Larga Distancia. Carrera profesional, ojo. Ganó George Waller, albañil de Newcastle que completó trescientos veintidós kilómetros diarios… Echen suma. Ah, por ese triunfó le dieron cien guineas. Era tan poca pasta que el bueno de George probó suerte en los circos ambulantes (haciendo exhibiciones sobre su bici) y después, decepcionado, volvió a la paleta. Total, era menos sufrido y sacaba más.

Donde más triunfó todo eso de los Seis Días fue al otro lado del Atlántico, porque los yanquis tienen ese sentido del *show business* tan *acusao*. Sobre todo en Nueva York, que desembarcan estas burradas allá por 1890, y se hacen fuertes. Muy fuertes. Fortísimas. Hasta el crac del 29, fecha aproximada, las bicis causarán furor enorme en los Estados Unidos, y todas las ciudades grandes tendrán sus muy poblados velódromos.

Las carreras de más importancia se celebraban cada año en el Madison Square Garden (sí, la prueba del «madison» en pista viene de ahí), y eran flor y nata del deporte, con famosos, plumillas y espectáculos de todo tipo. La Super Bowl de los Seis Días, les dijeron, y tenían ese aire de fiesta y frivolidad tan de Manhattan, con sus buscavidas, sus jugadores y sus *celebrities* que van a ver y ser admiradas. También estaban los corredores de apuestas, los políticos, los jueces, los mafiosos… Allí se bebe, se fuma, se va de *party*, se hacen contactos y flirteos…, vamos, que la boda de Connie Corleone, pero con bicis.

Claro que… se nos fue de las manos. Que si meto cien dólares por este, que si el fabricante de bicicletas radicado en Buffalo patrocina a aquel, que si mañana viene un escritor famoso y necesitamos espectáculo del bueno… Cada vez más y más exigencias para los «caballitos», cada vez más y más al límite. Tíos que se derrumban en plena competición, espuma por la boca, paisanos dando tumbos y más drogas que en una gira de Guns N´Roses. Las muertes tampoco eran extrañas.

Y es que aquello era infernal. Charlie Miller, ganador en 1897, recorre 3369 kilómetros en los Seis Días del Garden, y trinca de premio 3550 dólares (a dólar por mil metros, aproximadamente). Según sus propias declaraciones comió, en todo ese rato, poco más de un kiluco de arroz hervido, medio de avena, cuatro litros de café y diecinueve de leche. Si eso no es inhumano...

Así que hay protestas, porque allí son muy de protestas, oigan. Esto de Miller fue gota definitiva, y el estado de Nueva York prohíbe, en 1898, pedalear más de doce horas diarias.

(¿Quieren una buena historia? El último ganador de los Seis Días en solitario fue Charlie Miller, gran campeón de la disciplina. Y ganó más cosas en esa semana. El último día, cuando daban las tres de la tarde, Miller abandonó el velódromo. Tenía tanta ventaja sobre el siguiente que podía permitírselo, oigan. Volvió una hora y media después... recién casado con cierta agradable señorita, una tal *miss* Hanson. Después de ganar aquel Madison postrero los recién casados se retiraron al Waoldorf-Astoria para disfrutar de su noche de bodas. Teniendo en cuenta que Charlie había recorrido 2088 millas, o 3360 kilómetros, en los seis días anteriores, no sabría yo decirles si hizo algo diferente a dormir, ¿eh?).

Un día en las carreras por el Madison Square Garden. Año 1909.

Vamos, que adiós a los Seis Días... individuales. Porque alguien tuvo la idea. Si solo podemos pedalear la mitad... hagamos equipos con dos paisanos. Y vuelta a la fatiga, y a los excesos y a los estimulantes. Consecuencias, también, en las marcas. Alf Goullet y su compañero completaron, en 1914, un total de 4442 kilómetros en los Seis Días del Madison Square Garden. El Tour del año 2023 tuvo mil kilómetros menos, y se corrió en tres semanas...

La Gran Depresión acabó llevándose todo aquello, como tantas otras cosas. En este caso no estuvo ni tan mal...

EL *MOUNTAIN BIKE*, O CÓMO SER *COOL*

Década de los setenta, California. Y pueden ustedes imaginar, entonces, las pintillas, el punto *cool*, aire de los protagonistas. Porque..., en fin, porque década de los setenta, California. Zona de Mill Valley, San Anselmo, Fairfax. El condado de Marin, al pie del monte Tamalpais. Norte de San Francisco.

Oh, sí..., norte de San Francisco, años setenta.

Hay unos jóvenes. Antisistema, hijos del movimiento jipi, pijos con ínfulas culturales. Buscan libertad y creatividad. Así que customizan todo cuanto cae en sus manos. Como las bicis..., bicis de paseo norteamericanas, anteriores a la Guerra, una única marcha, neumáticos grandes como promesas. Y robustas, muy robustas. Perfectas para lanzarse colina abajo a toda velocidad, para trincar subidones adrenalínicos, para no romperte todos los huesos. Así que estos muchachos empiezan a modificarlas a tal fin, por puro divertimento. Estaban naciendo las *mountain bikes*.

Que son solo eso... bicis pensadas para el campo a través, cacharros de bajo precio, de metal fornido, cacharros irrompibles, ideales para experimentar con sopletes y experimentar con senderos. Si se rompen..., probamos otra. Siempre que hayamos sobrevivido...

La clave era, como dije, el modificar todo aquello no necesario, que estorba, que no es *cool*. Digamos que hay características que se repiten: el recorrido largo del cuadro, el eje de pedalier elevado, el sillín bajito, el manillar plano... todo eso dota a la bici de mayor maniobrabilidad, de más nervio, la hace divertida, intensa. Pero lo demás... A gusto del consumidor. Y el consumidor, encima, aprecia el reciclaje. Así que trinca piezas de aquí y de allá, pone llantas más anchas, cubiertas más gordas, incorpora tacos, refuerzo el cuadro, mete tijas de movimiento fácil en el sillín (para subir y bajarlo dependiendo del recorrido), palancas de freno más robustas, un casete con mayor rango de marchas, para meterte por pendientes imposibles. Ah, y los cambios, que iban en el manillar, que se accionaban con los pulgares. No eran cosas nuevas (José Manuel Fuente, por ejemplo, siempre llevó palancas del desviador en los extremos de su manillar, en lugar de sobre el cuadro, como era costumbre en la época), pero todas unidas dieron lugar a... la *mountain bike.*

¿Recuerdan los mozucos de los que hablamos antes? Sí, los de California. Pues eran atléticos, competitivos, tíos que gustaban de emociones fuertes y contacto con natura. Allí se juntan personalidades ya legendarias como las de Tom Ritchey, Gary Fisher, Charlie Kelly o Joe Breeze. Todos ellos fueron perfeccionando, con aportaciones en común, el asunto.

(Por cierto, Gary Fisher confesó más tarde que inventaron la bicicleta de montaña «para atender los cultivos comerciales al norte del país». Vamos, que para ir a sus plantaciones de marihuana, no se las hubiese *mangao* nadie. Es así, queridos lectores, como el consumo de porros contribuyó a la expansión de la bicicleta. Que Floyd Landis, antiguo vencedor, desposeído, del Tour de Francia acabase regentando una empresa de maría parece ahora totalmente lógico).

Siguiendo con el asunto, cuentan que si la primera competición (piratísima) de *mountain bike* tuvo lugar el 21 de octubre de 1976. Descenso, modalidad contra el crono. Por el sendero de Repack, trampa que cae cuatrocientos metros de desnivel en solo tres kilómetros de distancia por la ladera de Pine Mountain, cerquita de Fairfax. Vamos, que adrenalina pura, un chute de *speed* (en ambos sentidos de la palabra). Compitieron todos los que hemos dicho antes (Ritchey, Fisher, Kelly, Breeze) y otros de la panda (Otis Guy, los hermanos Cragg, Alan Bonds). Precisamente fue Bonds quien terminó ganando aquella prueba, porque fue el único que logró llegar hasta abajo y cruzar la (no existente) pancarta. Los otros habían quedado por el camino, *escalabraos.* Ah, segundo fue Ariel, el perro de Bonds, que corría detrás de su dueño...

Piensen que los frenos eran entonces, en su mayoría, a contrapedal. Vamos, que bloqueabas la rueda trasera pedaleando hacia atrás, con el consiguiente peligro de caerse. De ahí viene el nombre de «Sendero Repack», porque debías rellenar los bujes del freno para que el proceso fuese lo más suave posible. Claro que la cosa se calentaba tanto que hervía, y aquellos locos iban dejando tras de sí una estela de humo negro...

Ah, después hubo Mundiales, y pruebas de la Copa del Mundo, y Pidcock domina, y es deporte olímpico, y tal, y pascual. Pero es que a mí me gusta más todo este historión sobre el comienzo...

Y es que, como dijo Sean Coffey, la bici de carretera es tu amante, pero la *mountain bike* es tu colega de parranda. Y, joder, vaya si es así...

CICLOCRÓS, LA VUELTA AL ORIGEN

Barro, cuestas imposibles, obstáculos, bajadas que te ponen los testis en la epiglotis, escaleras y muchos paisanos trasegando birra. Parecen las fiestas de mi pueblo, oiga, pero en realidad hablamos del ciclocrós (o Cx), disciplina tan antigua como la mismísima bici (hubo un tiempo en que cualquier paseo era ciclocrós, por el estado de los caminos), que tuvo popularidad grande en el pasado, que se conservó en ciertos lugares de Europa y que ha visto un renacer, hoy, a través de algunos genios de los que llenan portadas...

Las bicis de ciclocrós son ligeramente distintas a las utilizadas en carretera. Los cuadros suelen ser más gruesos y robustos, las cubiertas tienen más sección y poseen relieve para mejorar adherencia. El manillar va un poco más elevado, lo que favorece el manejo de la máquina. Y los desarrollos también varían, con un rango muy amplio que permite a la vez rodar en las partes llanas y ascender los repechos de pendientes imposibles. Sumen, a todo esto, que las carreras de ciclocrós suelen llevarse a cabo en circuitos a los que debes dar un número variable de vueltas, de tal forma que resulta frecuente llevar más de una bicicleta, para cambiar la embarrada (con el sobrepeso y el peligro de avería que eso conlleva) por otra reluciente y presta para correr... mientras tu mecánico se afana en meter manguerazo y grasita a la que dejaste hecha unos zorros, no vayas a repetir ese cambio dos giros más allá.

Cuentan que la primera competición de esta disciplina llega en 1902 (añuco antes que el Tour), y que fue todo un Campeonato de Francia. Cosa de Daniel Gousseau, soldado de *la patrie* y auténtico padre de este asunto. Ah, allí se impuso un tal François de Bader. Un año más tarde y ya anda Géo Lefèvre organizando sus cositas, porque *l'Équipe* está siempre en vanguardia. Desde entonces... campeonato de Bélgica en 1910, de Suiza dos años más tarde, de Luxemburgo y España ya en los veinte, de Italia en 1930. Una curiosidad... campeón de Italia fue dos veces, década de los cincuenta, Luigi Malabrocca. Sí, la eterna *maglia nera*. Si es que no era tan malo, el tío...

Y eso, que ciclocrós. Primera carrera realmente cosmopolita en 1924. Critérium Internacional, le dijeron, y fue por el *bois* de Bolonia, con toda la peña concentrada alrededor de un descenso que llamaban *trou du diable* (morbosos). Para entonces ya tenía fama la disciplina, porque todos los grandes se pasaban inviernos corre que te corre por el barro. Octave Lapize declaró que debía su victoria en el Tour de 1910 al entrenamiento ciclocrosero de meses fríos. Y Eugène Christophe, el Viejo Galo, fue toda una estrella también con las ruedas gordas. Seguro que le sirvió para echarse la bici al hombro y

Ciclocrós de San Sebastián, año 1950.

bajar, horquilla hecha cisco, hasta la famosa fragua de Sainte Marie de Campan, cuando tuvo que arreglarse él mismo una avería...

Por aquel entonces nace otra de las carreras más míticas, al menos por pintoresquismo, de todo este rollo..., el Ciclocrós de Montmartre. Circuito de nueve kilómetros, con cuatro por el interior de un bosque y 1408 escalones por superar. Porque, como sabe cualquier turista que haya visitado París, en Montmartre hay escaleras de sobra. Digamos que era divertimento para las clases populares de la capital, y tuvo tal tirón mediático que se celebra, incluso, durante la ocupación nazi.

Ah, el primer Campeonato del Mundo fue en Francia, a orillas del Sena. Es el año 1950, y ganó Jean Robic, que también había ganado el Tour tres temporadas antes. Ejemplo perfecto de una convivencia entre «el ciclismo de invierno y el ciclismo de verano» que se mantiene durante décadas, y que arroja ases del barro que también dominaron la ruta. Wolfshohl, sí, o Pascal Richard, o Adrie van der Poel, o el recordman de mundiales ganados, un tal Eric de Vlaeminck. Hasta su hermano Roger llegó a vestir el arcoíris de ciclocrós, algo que nunca consiguió en ruta. Y eso que Roger arrastra palmarés como para forrar carpetillas, ¿eh?, ganador de los cinco monumentos, por citar dato, que solo lo hicieron él, Rik van Looy y Eddy Merckx. Y cuatro victorias en el velódromo que llega tras adoquines. Un mito.

Hoy en ciclocrós vive una nueva edad de oro, porque grandes estrellas de carretera compaginan con la disciplina invernal (o viceversa, ojo, que van Aert y Van der Poel empezaron sobre légamo). Atrás queda la prohibición de preparadores y técnicos sobre lanzarte al campo en diciembre y enero...

Cada vez más ciclistas lo son durante todo el año.

Y ahí disfrutamos quienes tenemos chifladura con estas cosas...

LA CARRERA MÁS PECULIAR DE CICLOCRÓS

Kevin Watson, chaval de Skipton, año 1959. Oye, mira, que voy a cumplir los quince, y se me antojó celebrarlo a lo grande. Ni fiestas ni gorritos ni gaitas... Que me voy a escalar los Tres Picos. Sí, sí, los Tres Picos. En bici.

Escribe a un amiguete del padre, un montañero, y recibe *feedback*... en fin, *feedback* como para no tener muchas esperanzas en el asunto:

> Tengo la certeza de que los Tres Picos no se podrán escalar jamás en una bicicleta. Blackburn Holden, de Branoldswick, solamente pudo conseguirlo al tercer intento sobre su moto. El Ejército Británico ha hecho ese recorrido que propone en jeeps y el Equipo de Rescate de Montaña de la RAF asentado en Topcliffe consiguió poner un Land Rover en la cima de Ingleborough. (...) Admito que el terreno es lo suficientemente seco como para rodar por él, pero sigo creyendo que lo que propone es casi sobrehumano.

Pero Kevin es terco. Cabeza dura. Y que tiene quince años, que a esas edades es difícil desanimar. Así que sigue con su planificación. Días antes hace parte caminando, tomando notas de dónde se podría pedalear y dónde no. Al final se lanza... Cubre el asunto en seis horas y cuarenta y cinco minutos. Ese camino que todos decían imposible de hacer. «Dediqué a descansar una hora y diecisiete minutos en total, porque me paraba en la cima de los picos para ver el paisaje».

Una vez Kevin ha roto el hielo, la primera edición de esta particular carrera no tarda en llegar, y tiene lugar el uno de octubre de 1961. El vencedor es también su organizador, un inglés barbudo y con pintas de jipi llamado John Rawnsley. Su nombre es uno de los que inevitablemente se asocian a los Tres Picos. Una prueba británica, con un único vencedor foráneo en todo este tiempo, el suizo Arthur Manz, en el año 1981. El propio Rawnsley tiene una explicación para este desapego que tiene Three Peaks con los extranjeros:

> ellos vienen con sus máquinas ultraligeras, con su ropa bien ajustada, con su preparación milimétrica. En el ascenso al primer pico las bicicletas están llenas de barro, sus poco pesadas cubiertas se muestran incapaces de hacer frente a las afiladas lascas del camino, y su entrenamiento se revela como radicalmente distinto a lo que aquí intentan llevar a cabo. Por eso los ingleses tenemos ventaja...

La carrera de los Tres Picos, que se celebra cada septiembre en los páramos de Yorkshire Dales, al norte de Inglaterra, puede presumir de ser la prueba de ciclocrós más dura del mundo. Al menos la más diferente. Y la más encantadora. Miren, si no, el nombre de los tres picos, esas tres cimas que surgen entre muros de piedra. Ingleborough, Whernside y Pen-y-ghent. Los Peninos, mezcla de abandono y antigüedad. Altitud bien modesta (el Whernside alcanza los 724 metros), desnivel, pendiente abrupta y terreno como para mandar a los comandos de *Depredador*...

Datos: distancia total de sesenta y un kilómetros, unos veintiocho en carreteras o caminos de asfalto. El resto sendas, veredas o, directamente, por mitad del campo en lugares que nadie en su sano juicio intentaría superar sobre su bici. Los propios organizadores advierten que entre seis y ocho kilómetros (dependiendo de lo hábil que seas) son completamente imposibles de hacer tirando de manillar. Incluyan allí, un tramito con el cuarenta por ciento de pendiente...

El ciclocrós de los Tres Picos.

Antes de popularizarse por toda Europa el ciclocrós de los Tres Picos tuvo que hacer frente a la oposición local, que criticaba lo que ellos consideraban como una invasión en el sacrosanto principio de propiedad privada (tan liberal ello, tan inglés, tan de capitalismo decimonónico) al atravesar campos que no eran comunales. En 1962 un tal W. H. Paul envía una carta al periódico *Cycling* que, bajo el rimbombante título «¿Ciclocrós ilegal?», expone su indiferencia ante los premios que pueda repartir la carrera, aduciendo que a él lo que le interesa es saber qué compensaciones económicas tendrán los granjeros por cuyas tierras pasa la ruta. No importa, la maquinaria había echado a andar y ya nadie podía detenerla. Su mezcla de aventura, deporte y, por qué no decirlo, su *cool* estilo *british* (que ya existía cuando aún nadie llamaba *cool* a estas cosas a lo *cool*) lleva al ciclocrós de los Tres Picos hasta el éxito. Dice Rob Jebb, nueve veces ganador en las montañas de Yorkshire:

> Cada año programo mis vacaciones para poder acudir a esta carrera. Cada día del invierno salgo a entrenar justo al terminar el trabajo y llego a casa cuando ya está oscuro allí afuera. Llueve y hace frío. Es mejor no pensar en ello, porque entonces te darías cuenta de que no tiene sentido. Pero lo hago para volver aquí cada septiembre,.

Así que si usted gusta de emociones fuertes, dureza y sentir cómo se le sale el corazón por la boca entre piedras tan afiladas que podrían cortar carne…, en fin, el próximo septiembre está ahí cerquita.

Esa Grande Boucle, ese Giro de Italia, esa Vuelta a España

Son las carreras más conocidas, las que todos ustedes esperan. Si caen en tópicos como lo de «siesta frente a la tele mientras hay bicis»..., pues eso, eso es el Tour, o la Vuelta a España.

Son, también, las que más leyendas arrastran, porque cumplieron el siglo (bueno, a la Vuelta le quedan algunos años, pero me entienden), porque recorren países durante veintiún días, porque ninguna jornada es igual a la anterior. Y por su origen. Vender periódicos, sobre todo, tema crematístico, exaltación nacional. O, directamente, construcción nacional, como en el Giro, que nació casi a la vez que la misma Italia.

Pasen entonces, y vean nuestra galería de monstruos. Contemplarán al director que hizo un récord de la hora y odia a los alemanes. Verán organizadores que se abren paso a latigazos entre los fans, les contaremos de dónde viene el término «tifosi». Conocerán, también, el origen de la Vuelta, las paradojas del asunto, los primeros ciclistas, los maillots olvidados. Y saldrá por aquí, cómo no, ese periodista perdido por mitad de los Pirineos, el que estuvo a punto de morir, el que tenía más cuento que frío...

Menuda época, amigos.

HACIENDO EL TOUR PARA QUE NO NOS LLAMEN ANTISEMITAS

A ver, no te digo yo que no sea inocente, el tal Dreyfus..., pero es que tenía una pinta de culpable..., pero de culpable, culpable, de culpable de toda culpabilidad..., vamos, que era judío, ju-dí-o, en nuestras fuerzas armadas, y eso un noble francés no lo puede permitir.

Eso pensaba, al menos, Jules Philippe Félix Albert de Dion Wandonne de Malfiance, al que todos llamaban «Julito» o, más frecuentemente, conde de Dion. Así que tifó todo lo fuerte que pudo para que mandasen al pobre diablo hasta la isla del Diablo (éste no muy pobre), y luego pasó lo de Émile Zola, y toda Francia en plan «es inocente, Dreyfus es inocente», y el conde, escondido, y luego el conde que entra en la cárcel, solo que como es conde no va al Diablo, sino a La Santé, que suena mucho mejor.

Ay.

Digamos que allí Julito recibe visitas, y una de esas visitas es la de Pierre Giffard, amigo, compañero de parrandas y socio en aventuras empresarioeditoriales. Estaban los dos arribísima en esto de las organizaciones ciclistas, y de las organizaciones automovilísticas, y de las organizaciones de complots antisemitas (esto solo Jules), y Dion ponía pasta y Giffard ponía letras (los pobres siempre ponen solo letras) allá por sitios como *Le Petit Journal* u, ojo, *Le Vélo*. Sí, amigos, *Le Vélo*, un periódico sobre deportes que ponía mirares, sobre todo, en el ciclismo…

Bueno, Giffard ha ido allí para exponer pareceres, porque ha *publicao* cierta pieza condenando los excesos del conde, y a los condes estas cosas se les dicen a la cara. Así que Dion dijo que vale, que guay, que somos caballeros de honor, y se la tuvo guardada, como es menester en estos casos.

Y así nació el Tour de Francia.

Solo que… esperen, esperen, que estoy adelantándome.

Porque Jules argumentó que eran todo negocios, que la popularidad de *Le Vélo* atentaba contra sus coches De Dion-Bouton (preciosos, sus coches De Dion-Bouton), que cuestión de pasta. Pero nadie se lo cree. Escocido, estaba escocido, porque los nobles de cuna no soportan ofensas desde *plebeyolandia*. Así que, para joder a *Le Vélo*… bueno, pues montó otro *Le Vélo*. Ya ven, original, el tipo. Y para joder a Giffard le robó a uno de sus colaboradores, que es como un caso Figo, pero hace siglo y cuarto…

Uno se llamaba *L'Auto-Vélo*. Otro, Henri Desgrange.

Algo llega.

Henri Desgrange era niño pijo de treinta y tantos. Su padre poseía una maderera, tenía un hermano gemelo y había trabajado de cosas bien raras. Pasante de notario, *abogao*, periodista. Ah, y le chiflaba la bici, le chiflaba mucho. Empezó a escribir en magazines sobre velocípedos (que es como si hoy escribes en foros o en el Twitter, no se me vuelvan locos), entrenaba mucho, se metió durante una hora en el velódromo Buffalo para recorrer treinta y cinco kilómetros y ser el primer *recordman* de siempre en eso que luego lograrán Merckx, Anquetil, Moser, Indurain… La bici pesaba trece kilos, los neumáticos tenían un perfil de cuarenta y cinco milímetros y no estaban hinchados correctamente. Ah, aquel día salió con una botella de leche en el manillar, recuerden…

El Tour de Francia y su magnificencia. Esto es 1936, el Izoard.

Pero destacaba, sobre todo, en el escribir y organizar, porque treinta y cinco kilómetros en sesenta minutos los hacemos mucha gente, pero inventarse un Tour de Francia ya… Primero le dio al lápiz, y editó una guía de entrenamiento ciclista titulada *La tête et les jambes* (maravilloso título). Luego entró en la Federación Francesa de Ciclismo. Si hasta se metió a empresario, construyendo junto a su socio Victor Goddet (igual les suena el apellido) un óvalo a las afueras de París. Parque de los Príncipes, le dijeron, y aquello era reunión de cayetanos durante *la belle époque*. Contribuciones aquí y allá. También, claro, en *Le Vélo*.

Hasta que le llamó Dion.

Dion tenía su despacho en la Avenue de la Grande Armée (ojo), que era conocida popularmente como Avenida de la Bicicleta, porque allí había un montón de tiendas para comprar, arreglar o alquilar bicis. Es el año 1900, y Dion lanza idea. Oigan, ustedes dos, Desgrange y Goddet, ustedes, que han hecho el Parque de los Príncipes…, ¿qué les parece si sacamos un nuevo periódico especializado en deportes?

Aceptan, claro, porque así se escribe la historia. Acaba de nacer *L'Auto-Vélo*, que terminará siendo *L'Auto* tras un litigio en los tribunales (Giffard decía que ese nombre sonaba muy parecido a su *Le Vélo*, ya ven, era un paranoico), y que tras la Segunda Guerra Mundial pasará a llamarse *L'Équipe* por un quítame allá esos colaboracionismos…

Henri Desgrange fue… bueno, pues un enigma. O un jeta supremo. O un hipócrita de la peor clase. O todo eso a la vez. Un tipo colérico, malhumorado, con más nocilla en sus artículos que una merienda en 1987. Alguien que buscaba siempre el más difícil, el más duro, el más dolor. Serio, recto, parco en expresiones, cejas como para depilar con desbrozadora. La última vez que pilló un chiste, este empezaba con «Van Napoleón III y Bismarck en un coche y…», seguro que entienden. Rectitud moral para rectitud física, y no me toquen los cojones. Eso sí, para los otros, que yo gozo cantidad con las bailarinas de los cancanes, y hasta tengo relaciones poco o muy poco discretas con una especialmente, que está París *alborotao*, que todos saben y ninguno habla, que es moneda común. Ah, y pelín belicoso. Desgrange compartía ese pensamiento de Coubertin, el de preparar soldados a través del deporte. Vamos, que se debe potenciar la (algo decadente, miren ustedes Gravelotte) juventud gala. Cuando lo del archiduque Franz Ferdinand no dudó en animar a las armas y la sangre desde su periódico:

> Mis pequeños colegas, mis queridos pequeños colegas, mis pequeños colegas franceses, escuchadme con atención. En los catorce años que llevamos editando *L'Auto,* cada día, nunca os he dicho nada falso, ¿verdad? Así que escuchadme. Los prusianos son bastardos. Uso esta palabra no en su significado de «suertudos», sino en su sentido original. Y hablo de prusianos, no les confundáis con alemanes. No creo que todos los cerebros alemanes estén metidos en moldes alemanes. Mirad por vosotros mismos a esos cabezas-cuadradas: ovejas estúpidas, sin iniciativa, solo buenos como carne de cañón. (...) Mis pequeños colegas, mis queridos pequeños colegas, mis pequeños colegas franceses, tenéis que ir contra esos bastardos, creedme. (...) Cuando vuestro rifle esté sobre su pecho, pedirán clemencia. No os dejéis engañar. Apretad el gatillo sin culpabilidad, y solo después, cuando hayáis eliminado a todos los que deben ser eliminados, veremos si hay clemencia. Pero cuando hayáis sacado cuatro litros de sangre de los cinco que hay dentro de sus cuerpos, cuando solo les quede uno... ellos entenderán que Alsacia y Lorena son territorios franceses.

Ya ven, calmadísimo. No pasa nada si se dice, oigan...

Y eso, que guerra entre *L'Vélo* y *L'Auto* por las ventas. Unos 25 000 ejemplares diarios. Y que ambos intentan atraer a más y más lectores organizando asuntos. Asuntos. Carreras de bicis. Así surge la Marsella-París, en un solo día. Sí, entre la Canebière y el Parque de los Príncipes. Ganó François Monachon, tras casi mil kilómetros. Junto con lo de Brest... bueno, ya no es posible ir más lejos del tirón. Así que alguien piensa.

(Lo de Marsella fue un éxito, y *L'Auto* vendió más de dos millones de ejemplares aquella semana).

Veinte de noviembre, año 1902. Discusión en el despacho de *monsieur* Desgrange, número 10, Rue du Faubourg-Montmartre. Está Henri, está Georges Prade (un periodista que cubre deportes de motor) y está Géo Lefèvre, que tiene ideas graciosísimas: «Organicemos una carrera de muchos días. Como lo que hacen en pista, pero sobre las carreteras, comunicando las ciudades más importantes del país». Desgrange eleva sus cejas (debía costar, con lo gordas que siempre fueron), carraspea un poco, habla con voz profunda.

«Si entiendo bien su propuesta, Géo, estás hablando de un Tour de Francia». Y Lefèvre, astuto, sonríe. «¿Y por qué no?».

Después continúan los preparativos en el restaurante Zimmer, que más tarde será el Café de Madrid, allí cerquita. Todo ha echado a andar.

Todo empieza, sí, en el Tour.

(*Le Vélo* hubo de echar cierre en 1904, tras el éxito increíble de aquel invento).

Eh, dos últimas historias… el Tour se iba a correr entre finales de mayo y principios de junio, pero estábamos en abril y apenas había quince ciclistas apuntados. Así que Desgrange recortó la longitud de las etapas (quedaron con solo cuatrocientos kilómetros de media) y bajó el coste para inscribirse, dejándolo en diez francos, que son unos cien euros de hoy (con eso no vas a algunas cicloturistas famosas, macho). Y, como tenía fechas encima, optó por retrasar el asunto. Una Grande Boucle en julio…

Sí, puede funcionar.

La primera etapa, primer día de julio, año 1903, salió desde el bar Reveil-Matin de Montgeron (no lo busquen hoy, porque en su lugar hay un antro que vende comida tex-mex… ay, ay). Había obras, así que muchos currelas se acercaron, cubiertos de polvo y sudor, a ver a esos sesenta *chiflaos* que salían en dirección a Lion. Ganó Maurice Garin. Géo Lefèvre, periodista de *L'Auto*, se pierde la entrada triunfal de Garin en Lion porque el ciclista acaba haciendo los últimos kilómetros a mayor velocidad que el tren en el que viaja traqueteado el escritor… Así que ganó Garin.

Ganamos todos. Bueno, sobre todo Garin, que se ventiló el Tour y entró en la leyenda. Pero todos. Igual los últimos menos. El último.

Oh, el primer último de la Grande Boucle. Qué pedazo de historia.

Porque los últimos siempre tienen algo de especial. Las últimas palabras, el último beso. Lo que piensas hoy antes de irte a dormir, lo que pensaste aquel sábado antes de…, en fin, antes de olvidar pensar.

Con los ciclistas pasa algo similar. El discreto encanto del farolillo rojo, ese que iba cerrando la caravana, el que toma su nombre, dicen del farol *encarnao* que llevaba el vagón final de los trenes. Encanto, digo. Y de entre todos los últimos él, Arsène Millocheau, fue primero. Tour de Francia de 1903, retraso de sesenta y cuatro horas y cincuenta y siete minutos sobre Maurice Garin.

Vuelvan a leerlo, que igual les puede la impresión…, sesenta y cinco horas más tarde que Garin.

Arsène Millocheau nace en Champseru, pueblito cercano a Chartres. Loco con esto de las bicis, *sportsman* vocacional. Participa en la primera Paris-Roubaix, en eventos como la Marsella-París, la Burdeos-París y la Bol d´Or. Resultados discretos, pero es que era cabezota. Si hasta probó suerte en la Burdeos-París de 1922… con cincuenta y cinco años cumplidos.

Y el Tour. Salida y Millocheau pilla pronto sitio en retaguardia. Por Lion, primera etapa de siempre, llega en el puesto 33 de 38 que acaban. De Millocheau apunta: «En Orleans, a 155 kilómetros de París, a las 9:50 horas, pasa Millocheau, muy fresco. Se detiene a comer». Nada más…

En la segunda etapa, camino de Marsella, nuestro protagonista ya entra el último, destacado, y será al término de la tercera, que rinde final en Toulouse, cuando caiga a la plaza final de la clasificación.

Maurice Garin, primer ganador.

Tiempos en los que los ciclistas debían arreglarse su bicicleta, proveerse de avituallamiento y, cuando llegaban al final de su jornada, buscar un hostal barato donde le dejaran dormir por unas pocas monedas, obtenidas la mayoría de las veces tras hacer algunas demostraciones circenses sobre la bici. «¿El Tour de hoy en día?», se pregunta Millocheau en las páginas de *Miroir Sprint* el año 1947, «es un paseo por el campo, una simple salida dominical. Piense que mi bicicleta en aquella carrera pesaba treinta y tres kilos, iba preparado para cualquier eventualidad, y llevaba una pieza de repuesto de casi todo». Sigue perdiendo minutos a cada kilómetro, termina a casi tres días de Maurice Garin. Ni siquiera dio la vuelta de honor en el Parque de los Príncipes de París, ante multitud bulliciosa que saludaba a los supervivientes. Él, sencillamente, no llegó a tiempo.

Si eso no es la mejor metáfora de lo que representa el farolillo rojo…

Y LOS PIRINEOS… ¿QUÉ?

Porque, vale… todo eso está guay, pero a nosotros nos gustan las montañas, y por eso te acuerdas más de Laguía que de Germán Nieto. Así que… vamos a subir montes. Y muy altos. Y muy duros.

Bien, antes de nada, advertencia… Aquí se van a desmontar mitos. Mogollón de mitos, y mogollón de *desmontaos.* Ni los nombres, oigan, ni los nombres. Durante muchos años (durante casi una centuria) el ciclismo fue deporte de narraciones, relatos e historias, porque lo de meterse entre pecho y espalda toda la etapita del Tour por la tele… imposible. Así que… a confiar en el periodista, organizador, atleta o curioso de turno. Imaginen el cuento.

(Pero es tan hermoso).

A ver, ni el Tourmalet era monstruo imposible de franquear, ni el periodista fue a la mismísima aventura, y ni siquiera Steinès se llamaba Steinès, que su verdadero nombre reza Johann Stenges. Ah, era de Luxemburgo. Ya ven, todo sorpresas…

Cuando pasó el «affaire Pirineos», Steinès es ya veterano en lides «raras». Colaborador de Pierre Giffard (sí, el *Le Vélo*), mano oculta tras la primera Roubaix. Experiencia, seriedad y un toque genialoide que le va muy bien al Tour. Especialmente cuando lo recluta Desgrange, tras el fiasco de 1904, con los primeros de aquella carrera descalificados tras fruslerías y minucias como coger el tren para llegar antes.

Pasa que todo fue mucho más allá. Digamos que Steinès no temía a Desgrange como algunos acólitos, así que hablaba con libertad. Fue él quien dijo de cambiar rutas del Tour año tras año, para no caer en la molicie. Y fue él quien, cuenta el mito, incorporó montaña a la Grande Boucle.

Lo del mito es porque..., bueno, a ver, en fin..., que hubo puertos desde el mismo primer día. Como los franceses son de esa forma (tan francesa) pues debut con el Col de la République, cerca de Saint-Étienne. Hoy le dicen Grand Bois, porque los valores jacobinos no venden *na*, pero antes... Y eso, que segunda etapa de siempre, entre Lion y Marsella. Diecisiete kilómetros con siete centrales por encima del seis. Vamos, cosa seria. Pero nadie se lo tomó demasiado por la epicidad, vaya usted a saber razones, así que, para siempre tendremos al Ballon d´Alsace como puerto inicial de todo este asunto. Claro, era límite con Alemania, y eso siempre mola, ya se vio. Primero en su cima fue René Pottier, año 1905. Aquel mismo julio subieron los ciclistas Bayard y la Côte de Laffrey, en plena ruta de retorno bonapartista hasta París...

Historias.

Pero los ciclistas ya se habían hecho al asunto, y aquello eran tachuelas para ellos, así que Steinès sugiere vueltas de tuerca. Enero de 1910, *L'Auto* anuncia el recorrido del próximo Tour. Y dos etapas. Perpiñán-Luchon, Luchon-Bayona. Nada más. Sin detalles sobre rutas, puertos y demás... Por si acaso.

Pero nuestro luxemburgués preferido lo tiene claro... debe haber puertos. Conocía percal en primera persona, porque un lustro atrás había currado como testador de unos frenos hidráulicos de la marca Martini. Vamos, que se papó en coche cuarenta y ocho *cols* alpinos... todos los que se consideraban existentes en aquel tiempo. Que sabe lo que pergeña, Steinès.

O igual no. Seamos claros..., ya hubo carreras de bicis mucho antes por Tourmalet o Galibier. Ya hubo, incluso, viajes cicloturistas cerrados para tipos con bien de pasta y ganas por machacarse los muslos. Hasta profesores de escuela, que mira que son blanditos, los profesores de escuela. Observen el caso de Briault.

Estamos en 1895, y la Imprimiere Industrielle et Commerciale, sita en Chartres, publica un curioso libro titulado *Les Pyrénées et l'Auvergne à bicyclette*. El autor es un tal Briault, que se presenta a sí mismo como humilde maestro en Chartres. Además debía de tener unas piernas de acero, porque lo que allí aparece es, básicamente, el muy inocente relato de un monstruoso viaje con pesada bici por la Francia de su tiempo. Uno que incluye nada menos que el ascenso al gigante.

«El miércoles siete de agosto me levanté a las cinco de la mañana». Así empieza el primer relato, que conozcamos, sobre una subida al Tourmalet en bicicleta. Accidentado, además, porque aquella lejana madrugada estaba lloviendo, y nuestro intrépido Briault se pensó lo de lanzarse. Pero luego sale el sol, y ya saben cómo son los cicloturistas... en cuanto asoma el solete se echan a entrenar... Briault tendría su epopeya, y nosotros un relato bien bizarro.

> Imaginen un inmenso caos de picachos cubiertos de nieve, de grietas apenas entrevistas, de bloques enormes; no podemos menos que admirar esta gigantesca protuberancia rugosa, desigual, astillada, que la tierra ha elevado de su superficie en uno de sus numerosos paroxismos.

Recargao de narices en la prosa, pero pillamos la idea.

¿Y el Tourmalet? Pues Briault lo coronará a media tarde, en ningún momento nos dice que haya tenido que echar pie a tierra, cara oeste del mito. En la cima se muere de frío, porque hay un viento que congela poco a poco. Y está acojonado. Acojonado de narices. Porque aquello es enorme, salvaje, solitario. Examina cuidadosamente su máquina, mira bien los frenos, pone cerquita de la mano el revólver con el que viaja. Por si acaso. Descenso, lento, hasta Bagnères. Pendiente pronunciada, pero camino en mejor estado, todo el trayecto puede hacerse en bici. Aunque con cuidado. «El menor error difícilmente podría ser controlado, y sería fatal». Nos cuenta que muchos quitan la cadena en descensos de muchos kilómetros, para evitar averías. Pero él no lo hace, y va dando pedales para tener mayor dominio. Tarda tres cuartos de hora en bajar los primeros diez kilómetros del puerto...

Vamos, que aquello no era Mordor (aunque pareciese, a ratos), por mucho que nos mole la leyenda. Pero meter allí a los mejores ciclistas del mundo…, bueno, a Steinès se le ponían dos bolitas aquí, a la altura de la epiglotis, de vez en cuando mientras lo pensaba. Tanto que mandó a dos colaboradores para que viesen el asunto. Charles Ravaud y otro del que solo sabemos que mencionan como «inspector general Abran» (nombre acojonante para una novela policiaca, también les digo). Fueron en un imperio con neumáticos Dunlop. Portet d'Aspet…, guay, sube solo, esto va a estar *chupao*. Pero luego llegan hasta Arreau, y allí les dicen que el Aspin, nanay, que está cerradete. Preguntan por Tourmalet y Aubisque, se les ríen en la cara. Finales de mayo. Pinta jodido el tema, sí, y Desgrange se lo toma regular, porque tiene pelín de miedo. Suspender el Tour, aguantar diecisiete muertos, caer en el ridículo…, todo eso guay, pero es que igual venden menos periódicos, y ahí ya no. Bronca gordísima a Steinès, y Steinès dice que va él mismo, que Ravaud no tiene ni idea de conducir, que ahora mismo me bajo hasta la ruta termal y me hago los puertos tranquilamente, Henri, tranquilamente, ya verás, coño, Henri, que eres un angustias…

Ay.

Junio y para allá que tira Steinès. El Tour pasa por allí mes y medio más tarde, así que no andamos *sobraos*, no andamos *sobraos*. Y, para hacer el asunto pelín más gonzo… pues en bicicleta. Sí, sí, eso no suele contarse, pero Steinès iba con su bici. Perpiñán-Luchon y… perfecto. Aspin y… perfecto. Qué patas traigo, madre, qué patas traigo. Pero allá por Sainte Marie de Campan… le dicen que ni se le ocurra, que el Tourmalet trae nieve como para llenar lagos, que arriba es imposible dar cuatro pedaladas. Así que Steinès hace lo mismo que cualquier periodista especializado en ciclismo tres o cuatro veces cada año… echa la máquina al coche (al coche de un vecino de Campan, marca Dietrich) y sube el puerto a fuerza motor, porque sudar es de pobres. Y, bueno, que anochece, que el Dietrich dice *stop* dos kilómetros antes de la cima (donde empiezan esas horquillas tan chulas), que Steinès ya se ve en París, aguantando la regañina de Desgrange y su «te lo dije» (con lo que joden los «te lo dije»), así que tira, píllame por la otra vertiente, esto lo hago a pie, tampoco será para tanto.

Y, bueno… pues sí.

De creernos a Steinès, hizo aquello a gatas, entre la oscuridad, cayó en un arroyo, le castañeteaban hasta las tarjetas de visita, tenía manucas color *azzurri*. Franquea el alto, baja a trompicones, llega a Barèges, todos están acojonados por si se les mató el parisino arriba del puerto. Tres de la mañana. Cuentan que, antes de cualquier otra cosa (antes de calentarse el culo, comer sopa, volver a vivir) dictó un telegrama. Para *monsieur* Desgrange. Allí: que el Tourmalet está «parfaitement praticable». Toma ya. Pena que medio siglo después dijese que no fue un telegrama, sino una llamada de teléfono. No sé. Huele raro todo…

Lo gracioso es que esto del Tourmalet luce mogollón, pero nuestro verdadero monstruito era el Aubisque. Peor carretera, camino como para mandar al grandote aquel que te hacía *bulling* en el insti. Lo subió con su velocípedo, pero tirando de manos, pies y muelas. Es usted afortunado, le comentaron en un puebluco, hace unos días hubo un desprendimiento, cayeron piedras desde cuatrocientos metros de altura, y sepultaron un Mercedes que pasaba por sin *cuidao*. Los cuatro pasajeros murieron, claro. Ya ve, suerte. Steinès sonríe, pide entrevistarse con el ingeniero de Puentes y Caminos de Pau, el ingeniero de Puentes y Caminos de Pau se descojona, luego se preocupa, después intenta persuadir. Está usted *chalao*, hay que arreglar esa senda… denme cinco mil francos y el Tour pasará por

Lapize sube el Tourmalet arrastrando la bici.

el Aubisque. Steinès llamó a Desgrange, Desgrange dijo que ofreciera quinientos, como si fuese un programa de esos de la tele donde empeñas el cuadro del abuelo Sebastián. Steinès ofreció quinientos, luego mil, cerró el trato en mil quinientos, acabó pagando tres mil francos, porque siempre hay sobrecostes en las obras públicas, ya saben ustedes, guiño, guiño.

Ah, el Tour pasó por Tourmalet y Aubisque. Octave Lapize, que era puto amo de la bici entonces (y que estaba algo sordo, así que hablaba a gritos, lo que hace más llamativa esta conversación), paró en la cima del primero. «Asesinos, todos sois unos asesinos», cuentan que gritó a Victor Breyer, el contable de Desgrange, que andaba por allí para echar una mano y casi se la encuentra en el morro (eso te pasa por tener buenas intenciones). Después, en el Aubisque, Lapize continuó con el monólogo (poco original, sí). «Os lo dije antes, que sois unos criminales, me escucháis, ¿no? Díselo a Desgrange de mi parte…, no puedes pedir a un hombre que haga esfuerzos como este. Es suficiente». Luego ganó la etapa y dio una entrevista supersuperoriginal. «Desgrange es un asesino».

Ya ven, ideas fijas.

Ah, los grandes puertos habían llegado al Tour. Bienvenidos fuesen.

COGIENDO TIEMPOS A OJO POR ITALIA

Lo de Italia es distinto, porque Italia casi ni nació cuando tenía ya su gran *corsa*, y era apenas bebé, apenas balbuceos. En fin, la historia del XIX, que es intensita. Pero es que esto es Italia, amigos, y las cosas suceden como suceden. Su pelín de ópera, su mucho de histrionismo calculado (aunque parezca oxímoron), su más allá de apasionamiento extremo, su pizca de ironía ante lo que cada mañana habría de surgir. Y su picaresca, claro.Que viene genial a la bici, lo de la picaresca. Ya lo vimos, antes. Ya lo veremos, con el Giro.

Primero, la partede heráldica. Porque lleva este país siendo país menos de cuarenta años, menos de medio siglo, menos edad que ese cuñado suyo que aún lleva gorra para esconder alopecia incipiente. Pues eso había vivido Italia antes del Giro. Que, oye, Italia existió, miren, si hasta tuvo su Renacimiento y sus Médici, pero Italia, lo que se dice Italia-Italia... Cuando salga el primer Giro desde Milán, año 1909, muchos de los allí presentes han conocido proceso, condados, marquesados, reinos, estados, ciudades semiindependientes, ducados y etcéteras diversos hasta ver a un Saboya en el trono. En 1861 Víctor Manuel II se dice rey de Italia, aunque dejándose cachucos atrás. El Véneto aún sigue en manos austriacas, Niza (contentísimo Garibaldi), Saboya (ya es mala leche) y Córcega van para gabacholandia. Ah, y los Estados Pontificios, que continúa gobernando el papa. No será hasta 1870 cuando Italia quede dibujada como (más o menos, aún queda la Primera Guerra Mundial) es ahora en su mapamundi.

Treinta y nueve años antes del primer Giro. Qué locura. Qué maravilla.

Pero... el Giro. Que cómo fue, lo del Giro. Esperen, que ya llego.

Hay, como siempre, golfadas. Engaños, susurros, cosas que no se deberían decir y se dicen. *Aprovechaos* y gente que comete errores para la eternidad.

Todo empieza con un telegrama, cinco de agosto de 1908, Venecia. Lo recibe Armando Cougnet, y tiene dos frases. «La necesidad obliga a la *Gazzetta* a lanzar un Giro de Italia sin demora. Vuelve a Milán. Tullo». Algo parecido llega a Emilio Camillo Costamagna mientras estaba en Mondovi. Era dueño del periódico, Tullo Morgagni ejercía como director, Cougnet venía a ser redactor jefe para cosas de bicis.

Así que todos vuelven a Milán, y Mogagni explica. Que se ha enterado por Angelo Gatti, antiguo empleado de la Bianchi, actual dueño de Atala. Que se ha enterado de que entre el *Corriere della Sera*, la marca Bianchi y el Touring Club Italia van a hacer una vuelta..., una vuelta al país.

Un Giro.

Y, bueno... creo que nosotros deberíamos hacerlo antes.

Cougnet reflexiona. La *Gazzetta* ya sacó Milán-San Remo y el Giro de Lombardía, y aquello fue un éxito, y ahora andan jodidos de monedas, así que mejor jugarse el todo por el todo. Así que lo anuncian el siete de agosto. Solo tres días después. Si lo piensas más igual...

¿Problemas? De dinero. Que no tienen dinero, vaya. Así que buscan ayudas, sablazos, apoyos. Primo Bongrani, aficionado a la bici, contable del banco Cassa di Risparmio. Yo me ocupo de estos asuntos. Y lo logra. Lo logra tan bien que incluso saca cuartos al *Corriere della Sera*, que vio cómo le robaban el Giro pero, mira, todo sea por la pasta, entremos a patrocinar. Buen perder, mejor sentido comercial.

En lo atlético... pues buena pinta. Hay 166 inscritos, de países como Italia, Francia, Alemania o Bélgica. Finalmente salen 127 tíos, porque algunas marcas comerciales obligan a sus patrocinados para que corran el Tour de Bélgica. Los ciclistas intetaron hacer apañuco cutre (vamos, que tíos como hicieron preinscripción bajo seudónimos como Gingdt o Caliste) pero aquello no funcionó...

Luigi Ganna, el primer ganador.

Y… gran salida. Jueves, Milán, frente a las oficinas de *La Gazzetta dello Sport*, Piazzale Loreto, 2:53 horas. Primera etapa en la historia del Giro. Un sueño que nace. De Milán a Bolonia, apenas trescientos noventa y siete kilómetros, salida dominical. Hay tifosi que aplauden enfebrecidos, como si tuviesen la enfermedad de la bici en sus venas, porque tifosi viene dl tifus, que es cosa con la que te puedes morir y, en los últimos estertores, provoca delirios y espasmos parecidos a los que aun hoy puede ver usted en cada cuneta o estadio de calcio…

El Giro tenía ocho etapas en total. Para 2448 kilómetros, lo que da una media por encima de los trescientos diarios. Con subiditas, eh. Por Lombardía ya van por el lago di Garda, que es zona de puñetas. Y, además, sigue siendo de noche, y no vemos nada. Así que hay caídas. Petit-Breton piensa que se ha hecho pupita de la buena, que debe retirarse, pero no. Nada, tranquis, que solo tengo el hombro fuera. Espera, me lo recoloco con la otra mano.

Otros tiempos.

Pasadas las cinco de la tarde llegan a Bolonia. Y hay tormenta. Pero tormenta apocalíptica. Vamos, que los jueces ven entrar al primero, un tal Dario Beni, pero después… los puestos van un poco al tuntún. Otros tiempos, dije.

De ahí en adelante… historias. Giovanni Gerbi parando en una granja y pidiendo permiso para echarse un rato sobre la hierba. «Es que esto es muy duro, no se hace usted cargo». A un tal Andrea Provinciali lo descalifican por subirse a un tren y coincidir con los jueces en el vagón-restaurante. Cuniolo partiéndose un tendón de la rodilla mientras ascendía el *valico* del Macerone (cuatro kilómetros al ocho por ciento) después de haber hecho lo propio con el *piano* delle Cinque Miglia (quince kilómetros al cinco por ciento). Ya ven, fruslerías. Ah, ese día la etapa terminaba en Nápoles, y los seguidores estaban tan enfervorizados que Armando Cougnet (sí, *ese* Cougnet) tuvo que abrir paso a los ciclistas utilizando un látigo, como si fuera un auriga…

Pero es que se ha salido todo de madre. En Turín, penúltima etapa, ponen la meta en un lugar secreto, uno que solo conocen los ciclistas, para que no se enteren los tifosi y nos llenen aquello de pasión y golpes. Y la última, en Milán, fue aun peor, porque nadie sabía dónde terminaba exactamente, tampoco los ciclistas, y hubo caídas, y cerraron pasos a nivel, y se desbocó un caballo, y aquello es el caos, el caos.

Muy Italia todo, eso sí.

Ganó aquel primer Giro de Italia un tal Luigi Ganna. Un paisano que dejó las mejores declaraciones que jamás nadie haya hecho sobre el sano oficio de la bici. A ver, signore Ganna, ¿qué se siente al ganar una carrera como esta? «Me brüsa tanto el cü». Sí, amigos. «Me arde el culo». Mejor que Dante, este Ganna.

NARICES, NAZIS Y VUELTAS A ESPAÑA

Y España ¿qué?

Pues no es respuesta fácil. Dos intentonas para ver la Vuelta a toda España. Primera en 1913, con impulso de periódico *El Mundo Deportivo* (epicentro en Barcelona, y eso no gustaba a muchas personalidades centralistas, así que...) y otra en 1924, promovida por el *Heraldo de Madrid*. Agua. Y es que... menudas carreteras. Calla, calla, mejor a lo nuestro.

Hasta que llegó él.

Clemente López-Dóriga. ¿Recuerdan cuando a la bici solo podían los pijos? Pues este López-Dóriga... pijo, pijérrimo. Cachorro supremo de una saga importantísima en Santander. Porque López-Dóriga era cántabro, cántabro de pro. De su familia... alcaldes de la ciudad, tipos en Diputación, negocios, gentilhombres de Su Majestad, capitanes de fragata, alcaldes de Santander, diputados en Cortes, fundadores del Banco Santander, representantes de los Rothschild por acá. Vamos, que pasta. Y cierto gusto por la sofisticación que los llevaba a ser los pioneros en todo. ¿El primer coche de Cantabria? Un López-Dóriga. ¿Qué es eso de la aviación? Lo prueba otro López-Dóriga. ¿Regatas con veleros futuristas? Se le ocurrió a un tal López-Dóriga.

Así que lo de la bici... pues hasta lógico.

Todos los hermanos López-Dóriga. Incluso, desgracia, uno de ellos, Alfredo, fue primera víctima mortal de este vehículo en Cantabria. Fue por La Pajosa, apenas repecho cerquita de Santander. Ese mismo puerto fue después puntuable en la primera Vuelta a España, curiosamente (o en homenaje). Los padres, claro, horrorizados. Don Victoriano y doña Matilde regando lágrimas por el

Sardinero. Y el joven Clemente que se ve obligado a competir bajo seudónimo. Porque le puede la afición. Porque no quiere contrariar al patriarca de la dinastía. «Lapize» se hace llamar, como aquel ciclista francés. Pero es inútil, uno no puede formar parte de la élite santanderina y pretender que no lo reconozcan en las carreras. Pero prefería organizar a competir. Dicen que fue tras coincidir en una carrera con Victorino Otero. Adios moral, él es mucho mejor. Así que... a otra cosa. Patrocinios, pruebas. Incluso logró que admitieran al diminuto Vicente Trueba (y a su hermano José) en el Tour de 1930. Sí, la Pulga le debe su reinado de la montaña, el que logró tres años más tarde, a estos primitivos auxilios de Clemente.

Hasta que da un paso más. La Vuelta, la Vuelta a España. Joder, podría funcionar esto. Y empieza a moverse, pero todos le dan con la puerta en las narices, qué hace, qué se piensa. Hasta que contacta con Manuel González Domingo (un periodista que firma como *Rienzi*) y Juan Pujol. El periódico donde escribe el primero y ejerce como director el segundo se llama *Informaciones* y es... bueno, es tirando a nazi... Esto pasa en tiempos de la República española, y este *Informaciones* cobra entre tres mil y cuatro mil pesetas mensuales, bien calentitas, salidas directamente del Reich. Ya ven, prensa libre. Por ahí estaba también, poniendo sus buenos dineros, Juan March. Sí, el de «si la República no acaba con Juan March, Juan March acabará con la República».

Ay.

Así se escribe la historia. Cuando el lunes veintinueve de abril de 1935, a las ocho menos cuarto de la mañana, un pelotón de cincuenta ciclistas se ponga en marcha por Madrid seguramente sean pocos quienes lo tengan en cuenta. La Vuelta a España, esa carrera creada a mayor gloria de la República por un burgués santanderino y un periodista filonazi, ha empezado a andar.

Los primeros años... pues no fueron fáciles. Qué va. Dos ediciones iniciales dominadas por los belgas (dobletes de Gustaaf Deloor), y luego... lo de 1941. Que hubo Vuelta a España en 1941, y no vean ustedes cómo fue aquella Vuelta a España de 1941.

Ocho de la mañana del día doce de junio de 1941. Treinta dos ciclistas en Madrid, y va a comenzar la Vuelta a España. Pero todo, todo, revela el tiempo que les tocó. En primer lugar, las bicis se agolpaban frente a la Delegación Nacional de Sindicatos y Obra

Nacional de Educación y Descanso, institución dirigida por Enrique Uzquiano, que era presidente de la Unión Velocipédica Española pero, sobre todo, general de brigada, y como tal había participado en la recién terminada, apenas un par de años antes, guerra civil española. Tres cuartos de hora después, justo antes de producirse la salida oficial, todos los corredores tienen que cantar, brazo en alto, el *Cara al Sol*. Corredores, además, con imagen anómala. Tan solo había dos equipos como tales, y defendían los colores blanquiazules y azulgranas del Real Club Deportivo Español y el Fútbol Club Barcelona. Aunque equipos es mucho decir…, mismas camisolas, pero nada más, ni táctica, ni ayuda, ni apoyo. Hay otros dos maillots aquel día…, uno gris, con un escudo en el pecho, proporcionado por la Delegación Nacional de Sindicatos y Obra Nacional de Educación y Descanso, y otro maillot rojo, con cruz blanca, de la selección de Suiza. Cuatro suizos habían sido los únicos extranjeros en acudir a la prueba, que para eso son neutrales. Solo uno pudo terminar la Vuelta… Emile Waucher, penúltimo a seis horas del ganador.

O no. Porque la clasificación tenida como oficial hoy y la que publicó la prensa de la época poco tienen que ver. Sí, se parecen en los primeros puestos, pero a partir del décimo… Martín Santos,

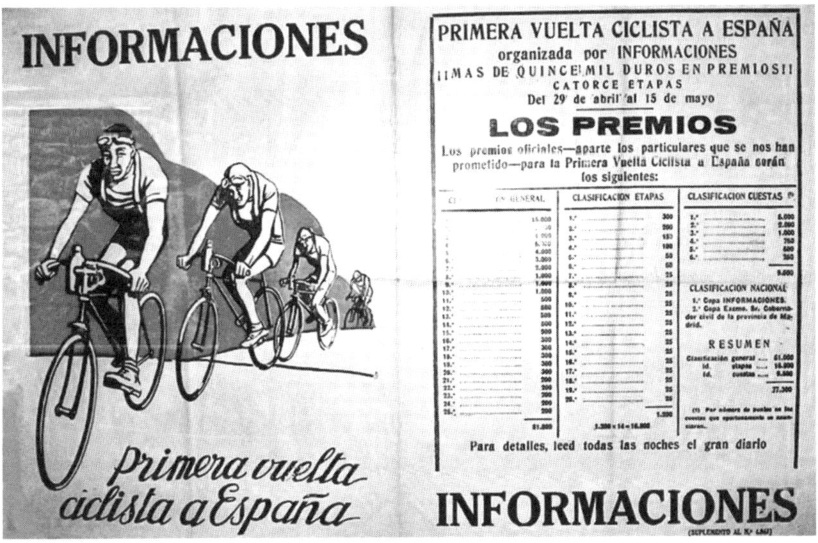

Anuncio de la primera Vuelta a España.

decimoséptimo y último, figura hoy en los libros oficiales con un retraso de tres horas y quince minutos. En 1941 constaba que había tardado 7 horas más que el ganador. Misterio sobre qué es la verdad y qué no.

Pero es que como para preocuparse por ello, siendo 1941. Todos, todos tenían historias detrás. Unas u otras, pero... Miren a Julián Berrendero, ganador de la primera etapa, ganador después en Madrid. El dieciocho de julio de 1936, mientras en España se producía el alzamiento militar, Berrendero está en Francia disputando el Tour con una selección española que defendía los colores de la bandera republicana (rojo, amarillo y morado), y lo hace bien, y es rey de la Montaña. Pero es que, además, habla. Día de descanso, 24 de julio de 1936, rueda de prensa. Condeno el «ataque fascista contra el Gobierno republicano español». Por el Parque de los Príncipes, acabado el Tour, los espectadores envuelven a Berrendero con ovación cerrada. Al deportista, vale, pero también al hombre. Durante la guerra civil Berrendero se mantuvo en Francia, compitiendo con bastante éxito. Se estableció en Pau, abriendo una exitosa tienda de bicicletas. Pero la nostalgia le pudo, y acabó regresando a su país en 1939. Evidentemente fue tomado como un traidor a la Patria, un desleal al nuevo régimen franquista. Estuvo internado un año en un campo de prisioneros. Primero por Espinosa de los Monteros. Después en Rota, Cádiz. Cuentan que si salvó fuerzas porque un gerifalte militar que había por allí había corrido con él, que lo reconoció, que estuvo con lágrimas en los ojos hablando con él de los viejos tiempos. Apenas tres meses antes de empezar la Vuelta de 1941 le fue concedido «graciosamente» el permiso para competir.

Aquello fue un duelo entre Julián y Fermín Trueba, el Mini, hermano pequeño de Vicente, escalador de raza y clase, el que siempre subía con la boca cerrada, porque «abrir la boca en un puerto es indigno para un *grimpeur*». Pasó la Guerra Fermín conduciendo una ambulancia y perdió, también él, sus mejores años de bicis. Jamás debutó en el Tour, por ejemplo. Pero estuvo a punto de ganar esto de 1941.

La etapa decisiva fue entre Bilbao y Santander a través de los puertos de Collado de Asón, La Sía, Estacas de Trueba y la Braguía. Más de docientos kilómetros de recorrido durísimo que, incluso, debió de serlo más, pues estaba previsto ascender en primer lugar el alto de Alisas. Un *argayo* hizo imposible ese paso. Duele pensar en cómo estarían esos caminos...

Trueba y Berrendero se escapan ya subiendo Asón, alucinante carretera que remonta hasta el nacimiento de un río en cascada, docenas de metros, cabellera de anjana. Herraduras, brañas, jatos de tudanca y ambos *grimpeurs* que destacan sin remedio. Luego, cais seguido, la Sía, la de Gerardo Diego, «Niebla, niebla en la Sía / clara nitidez del valle idílico», la que sube hasta ese sitio donde puedes tocar nubes. Allí ataca Fermín, se marcha solo, va hacia la victoria. Estacas de Trueba, la Braguía, y el *Mini* avanza como si no costase, como si fuese aire. En La Braguía ganó su hermano Vicente su primera prueba, mucho tiempo antes, el mismo día en que a uno de sus rivales, José Sierra, le revienta el corazón al intentar seguirle y queda inerte, destrozado, sobre el polvoriento camino. Y allí triunfa el Mini, que le lleva ocho minutos a Berrendero. Pero luego, hasta Santander... el Valle de Carriedo, el viento del norte, los llanos, las rectas. Finalmente serán solo ciento veinte segundos a Julián. Al día siguiente, primera crono de siempre en la Vuelta... pierde todo. Las distancias nos asombran, nos estremecen. Sobre cincuenta y tres kilómetros el ganador de la etapa, Delio saca una hora y trece minutos al decimoséptimo y último clasificado, el cántabro Isidro Bejerano. Al día siguiente Bejerano tiene que abandonar, víctima de los calambres.

Desde allí hasta Madrid... nada. Asturias, Galicia y Castilla, nadie se mueve. Los ciclistas están agotados, rotos por el esfuerzo inhumano, por las averías que provocaban aquellas carreteras infernales, por el enorme calor que ya hacía en esos primeros días de julio. Sestean camino de Verín, tanto que los jueces deciden anular todos los premios de la etapa. Al día siguiente, más de lo mismo, por encima de las trece horas sobre la bicicleta, atravesando páramos, calderas de temperaturas infernales, llanadas de vientos inmisericordes. Dicen las crónicas que aquel día los dieciséis ciclistas que aún seguían en carrera pincharon en total cerca de cien veces. Más que una carrera sobre bicicletas aquello empezaba a parecerse a un *rally* de resistencia, con hombres jugando a ser mecánicos y después volviendo a montar sobre sus máquinas para pedalear unas horas más. Un ciclismo distinto. Otro deporte.

El domingo seis de julio de 1941 los ciclistas llegaban a Madrid, a la última meta de la Vuelta a España, en el estadio Metropolitano, unos terrenos que habían sido adquiridos por el Ejército del Aire para el Patronato de Huérfanos de la Guerra, y que estaban siendo remodelados a expensas de la Administración Militar. Una vez más, la omnipresencia de los uniformes... Aquel mismo día cientos de voluntarios españoles de Falange partían en dirección a la Unión Soviética para apoyar a los ejércitos de Hitler en su «lucha contra el comunismo internacional». Epílogo simbólico para una Vuelta a España que, paradojas, ganó Julián Berrendero.

Ah, le llamaban «El negro de los ojos azules». Busquen fotografías si no me creen...

Mujeres sobre ruedas, igualdad a pedales

La señorita Charlotte Smith, presidenta de la Liga de Rescate de Mujeres, dice que el uso de la bicicleta por parte de las mujeres «las lleva de cabeza al diablo», y propone que se detenga mediante una ley del Congreso.

Noticia del *The Nebraska State Journal* (Lincoln, Nebraska), aparecida en 1896. Cita de *Dos ruedas bueno*, escrito por Jody Rosen.

Durante mucho tiempo, durante demasiado tiempo, la bicicleta era cosa de hombres. O, al menos, lo pareció. Visión interesada por parte de muchos, mitad gazmoñería y mitad machismo de la peor calaña...

Pero no era realmente así. La bici fue elemento liberador para las féminas desde casi el principio, y pronto se la tomó a modo de símbolo de todo lo que debía cambiar, desde el sufragio hasta las libertades. Ver una mujer montando sobre su bici era, en el siglo XIX, algo más que una mujer montando sobre su bici. Reivindicación, ganas de volar libres, ganas de ser lo que quisieran en cada momento.

Pero es que, además, competían. A veces de forma casi simbólica, entre las miradas paternalistas de reporteros y curiosos. Pero otras no, otras hablamos de carreras gordísimas, de mujeres aguantando a los hombres con igualdad de medios, de paisanas que probaron incluso en los retos más difíciles, en los desafíos que asustan con solo pensarlos...

Así que veremos todas esas cosas. Veremos a mujeres que se cambian el nombre por imposiciones publicitarias, a pioneras del periodismo más gonzo. Veremos sufragistas, veremos a las madres del movimiento feminista hablando de la bici, y hablando bien. Veremos señoras con pasta disfrutando de los pedales, y obreras disfrutando de los pedales. Veremos el primer Tour de Francia femenino, con malos resultados y peor organizador. O aquella campeona que negó el saludo a su hija por…, bueno, esperen, se lo cuento después. Y Alfonsina Strada, claro… Alfonsina Strada. Y la actualidad con las carreras femeninas cada vez más mediáticas, cada vez más seguidas, cada más apreciadas por todos y todas.

Ah, y les hablaré, también, de los peligros que encierra esta máquina maléfica para el bello sexo. No pensarían que esto era inocuo, ¿verdad?

PIONERAS DE LOS VELOCÍPEDOS

La primera carrera femenina llegó pronto, muy pronto. Dicen que fue en Burdeos, cuentan que fue un primero de noviembre, año de 1868. Ya ven, recién pasada la Gloriosa. Mogollón de antiguo. El desarrollo tampoco es que fuera para tirar cohetes. A ver, sabemos poco del asunto, oigan, pero sí la distancia… mastodónticos quinientos metros. Hasta un escritor especializado en ciclismo podría completarlo…

Pero bueno, que para fines de siglo ya tenemos la primera campeona mundial en pista. Fue Hélène Dutrieu, imponiéndose en el velódromo de Ostende. Era ciclista profesional, defendía los colores del Simpson Lever Chain y obtuvo, también, el récord de la hora. Después trabajó en espectáculos, se convirtió en piloto de aviones, batió marcas también allí, abandonó los aires, entró como enfermera y llevó, antes que ninguna mujer, los mandos de un hidroavión. Vamos, que completo currículum.

Y luego… pues cositas. Prohibiciones, incluso, carreras clandestinas. El debut en Juegos Olímpicos. París, año 1900, primera vez que podían competir mujeres. En bici únicamente seis. No se consideró esa prueba, de hecho, como oficial, así que debieron esperar hasta Los Ángeles, ya por 1984, para comienzo «de verdad de la buena».

Ah, y obreras. Vean, vean la primera película de siempre, esa de los hermanos Lumière. Allí hay mujeres, muchas. Y bicis… menos, pero hay. Pronto ambos caminos, el de las proletarias y el de las bicicletas, habrían de encontrarse.

Pero también estaban otras... pioneras, pijas, farándula... Ciclistas. Espejo de su tiempo y su lugar.

Rosario Pino, por ejemplo, que fue una mujer libre. Actriz a finales del XIX y principios del XX. Y pionera, pionera de la bici, algo casi revolucionario para su época. Así aparece en ilustracuones y caricaturas. Morena, bucles que se escapan más allá de la pequeña gorra que cubre su cabeza. Ojos grandes, nariz marcada, carnosos los labios. Va vestida con un traje que ciñe talle, mano izquierda sobre una bicicleta de paseo. Este dibujo aparece en una revista que lleva por nombre *El Deporte Velocipédico*. Número cincuenta, cinco de febrero de 1896. Periódico de, básicamente, experiencias, excursiones y chascarrillos relacionados con la *petite reine*, que de aquellas se está poniendo de moda entre clases altas y burgueses que pueden pagarse el capricho. Ah, y a veces se habla de las féminas y la bici, con ese tono que ustedes sospechan, con ese «vale, pero luego a fregar». En fin. Justo debajo de esta caricatura, por cierto, constan los ripios más espantosos que yo haya escuchado: *Es ciclista y actriz Rosario Pino / y en todo es superior. / Parece que al nacer dijo el destino: / tú serás, de lo bueno, lo mejor...*

Te los firma Jason Voorhees.

De Rosario dicen que si tenía un don para la comedia, que con sus ojos contaba cuentos de los de recordar más tarde en casa. Estrella que brilla con fuerza. Es la intérprete más cotizada en el cambio de siglo, junto con María Guerrero. Popular y alabada por la crítica y los escritores. Musa de Jacinto Benavente, Azorín la escogió para poner sobre las tablas sus cosas. Éxito y prestigio, asunto de no creerse.

Y luego estaba lo de la bici. Pionera ahí. Mujeres con pantalones montadas sobre esa máquina infernal, provocando sicalipsis mentales a quienes tienen la sicalipsis en la mente. En esa revista que citamos antes se recogió también extracto de cierto artículo, publicado en Francia por un tal doctor Lèon Petit, abogando por el uso femenino de la bici. Plantea los antecedentes del tema con base en un discurso que el mismísimo diablo dio a todas las mujeres del mundo en 1892, exhortándolas al descoque supremo que suponía montar en bici (lo juro). Petit desacredita las afirmaciones de Lucifer e incluso sale al paso de otras leyendas que relacionan la extensión de la práctica ciclista con infertilidad femenina, falta de deseo sexual, fiereza en las formas, hirsutismo, ausencia de docilidad y otros vicios absolutamente nefandos que las mujeres han ido desarrollando desde hacía unos años. Más aún, el tal Petit dice que si las mujeres lucen sobre dos ruedas tendrán una vida más saludable, y de ello se derivará, naturalmente, un aumento en el número de bebés que llegan felizmente al mundo, labor esta que, es bien sabido, representa la máxima aspiración femenina. Miren al doctor Codina Castellví, que iba más allá. Durante la niñez vale que monten en bici, pero más tarde… más tarde no, que su labor primordial, quizá la única, es traer vigorosos y robustos españoles al mundo, y eso se puede trastocar con tan demoniaco sillín. Y, ufano, añadía que «sin necesidad de acudir al empleo del velocípedo, tiene en su marido, en sus hijos y en su casa bastantes ocupaciones que atender, parte de las cuales le servirán de inmejorable ejercicio físico».

(Sobre todos estos asuntos de salud y bicis les hablo más tarde).

Caricatura de Rosario Pino.

Así que Rosario Pino lo que hacía es dar paseos en bici. Ya ven qué cosa más modesta. Pues bien... visión revolucionaria, oigan. La bici permitía llegar más lejos, permitía ir sola donde se quisiera. Escándalo. Unos pocos que si mira qué curioso, que si mira qué excéntrica la muchacha. Pero los otros..., los otros se llevaban las manos a la cabeza. Marimachos. Perdidas para la moral. Arriesgan su salud, ¿ustedes saben lo duro que es la bici? Que paseen acompañadas del marido está bien, pero solo eso. Rosario Pino falleció en 1933. Dicen que en sus giras siempre llevaba encima un hábito de monja. Por si le pillaba la parca, para que tuviesen con qué vestirla elegantemente.

Telón.

Hay otras fotos. De mujeres y bicis aquí, por las Españas, digo. De pioneras. Rosario lo fue paseando, Faustina hizo por competir.

Faustina es Faustina Valladolid.

Primero otra foto. Tres mujeres en primer plano, bajo unos árboles. Algunos hombres al fondo y al lado derecho, apenas rostros. Las chicas visten culote corto (la más bajita ni eso, se notan tijeretazos a un pantalón), las tres llevan maillot de color pardusco con banda en centro. Dos color púrpura, azul la tercera. Esta, además, trae cruzada una cinta con tres tonos. Rojo, amarillo, morado. Son Angelita Torres, Faustina Valladolid y Mercedes Moreno. Madrid, el once de agosto de 1935.

A Faustina le dijo *Semanario As* que era «obrerita deportiva». Y, bueno..., pues cierto. Pulidora en una fábrica, una que cae lejos de Antonio López, la calle madrileña donde vive. Así que usa el velocípedo para ir al currelo. Oye, Faustina... ¿y quién te inició en esto? Pues mi novio, mire usted. Y, Faustina, ¿ha sido fácil? Uy, no, eso no, eso sí que no. Al principio la gente me insultaba, pero ya se han ido acostumbrando. Ahora me piropean.

(En otra ocasión Faustina fue más sincera sobre qué provocaba su imagen sobre la bici en quienes la vieron pasar. «Yo cuando paso por un pueblo meto la cabeza en el manillar y fuerzo los pedales para salir rápido otra vez a la carretera abierta. Si supiera usted las cosas que nos dicen», continuaba. Que a zurcir calceta. Que qué piernas más bonitas. Que si guarras. Que si en la cocina debíamos estar. Ay).

Es todo naif, es todo vergonzante. Así se trataba al deporte femenino hace cien años (y hemos cambiado regular). La importancia del novio, por ejemplo. O los piropillos. Y mira que a Faustina no le hacían falta todas esas mierdas. Vale, empieza a salir con el mozuco, pero es que pronto se mete entre pecho y espalda sus buenos ciento cincuenta kilómetros, que es cosa de asombrar. Así que... ¿por qué no competir, Faustina, que ruedas bien? Pues mira, porque no hay pruebas, colega, que te lo tengo que explicar todo. Pero de no haber... no hay. Ni una. Pero estamos en la República, Faustina, y es época de cambios, y de igualdades (o menos desigualdades), y hasta surge esto que dicen Campeonato Femenino de Castilla, organizado por el Club Ciclista de Chamartín de la Rosa. Sobre la carretera del Pardo. Agosto del 35. Prueba de catorce kilómetros en un circuito de dos (Faustina saca, eso sí, más de treinta kilómetros por hora de media, que con aquellas máquinas no era poco asunto), nueve participantes. Faustina Valladolid, Angelita Torres, Mercedes Moreno (el pódium), las hermanas Carmona (Carmen, Luisa y Esperanza), Carmen Piqueras, Angelita Cano y Ana Sánchez. A esta le decían Anita, porque tenía solo nueve años. Nueve años, tú... Salida con accidentes, caídas por culpa de los curiosos que invaden la carretera, primera vuelta neutralizada (como ahora cuando hay lluvia, son pioneras). Faustina gana fácil, luego hay un esprint por el segundo puesto entre Torres y Moreno. Esta tercera se empotra contra un autobús que pasaba por allí y al que le importaba bastante poco todo aquel asunto. La ciclista no tiene heridas de gravedad, pero el público decide que, oye, incendiar el autobús es lo suyo, ¿no?, porque estas cosas hay que hacerlas en caliente. El chófer, aguafiestas, acelera, y no hay hogueras que lamentar.

Faustina Valladolid es primera campeona de Castilla, pero está insatisfecha. «Más adelante correré contra hombres, esto ha sido muy corto. A mí me gustan las distancias largas».

Era casi invencible, solo perdió una carrera en toda su vida, contra Angelita Torres. Veintidós kilómetros, por la zona de Canillejas y Barajas. Treinta y seis por hora de media sacó Torres, que entró catorce segunditos antes que ella. Nuestra protagonista había sido, además, fundadora del Club Ciclista Femenino As, y era rostro frecuente en periódicos y revistas, cuando España comenzaba a mirarse las cosas del deporte en féminas. Todo eso se lo lleva el franquismo, y la Sección Femenina, que ojea al «bello sexo» con mirada de madre y esposa...

Para abril de 1936 Faustina se convierte en lo segundo. ¿Regalo de bodas? Pues una salida conjunta con Demetrio. Cien kilómetros, tres horas y pico. Bien, para bajar el banquete. Ese mismo año está a punto de cumplir su sueño. Logra inscribirse en la VIII Vuelta a Madrid, carrera masculina, pero finalmente no la dejan participar, porque la Unión Velocipédica Española deniega la licencia. «No hay derecho a esto, temen que una mujer les zumbe», dijo Faustina, con una miaja de mala hostia. «Esto hay que arreglarlo por las buenas o por las malas, yo soy tan corredor como cualquiera».

Tras la guerra Valladolid siguió andando en bici, aunque la cosa ya no... Bueno, tuvo sus momentos. En 1945. Organizado por el Velo Club Portillo. Hasta cerró el Ayuntamiento de Madrid la carretera del Retiro, oigan, por mayor comodidad. Cien kilómetros. Récord oficial femenino de la distancia en España. Recibió un diploma a cambio. Luego emigró a Buenos Aires, donde fallece en 2005. Desde entonces...

Desde entonces..., miren, el primer Campeonato de España de Ciclismo femenino no se celebró hasta el cinco de agosto de 1979. Por Zaragoza, ganó la cántabra Mercedes Ateca. Se daban dieciséis vueltas a un circuito, se escapó en la primera. Logró otros dos títulos. En 1980 y 1981.

Miren si tardamos.

LA VUELTA AL MUNDO CON BOMBACHOS

El comienzo es como con Phileas Fogg (o Willy Fogg, si estudiaron ustedes en la EGB). Solo que Phileas, aquí, lleva faldas, enaguas y sombrero de mujer. Dos miembros de un club de Boston que se burlan de una muchacha y su propuesta ridícula: dar la vuelta al mundo en bicicleta, nada menos. Vale que Thomas Stevens lo había logrado ocho años antes, pero él era un hombre, un hombre, no una apocada damisela. Así que, ufanos, lanzan la apuesta. Si usted logra dar la vuelta al mundo sobre esa máquina, señorita, nosotros le pagaremos cinco mil dólares. Ha leído bien..., cinco mil dólares. Pero, eso sí, tiene que hacerlo en menos de quince meses. Y volvieron a reír.

Ella, Annie Cohen, aceptó. Es el año 1894 y tiene veintuatro primaveras.

Annie era rusa (hoy sería letona), porque nació en Riga por 1870, hija de padres judíos. Toda la familia emigró a Estados Unidos, donde fallecen los progenitores. Así que Annie... señora de la casa, con lo que eso le aburre. Así que casó tarde con un

La genial Annie Londonderry.

vendedor ambulante de nombre Max Kopchovsky. Una mujer de su tiempo. Le gustaba leer, le gustaba discutir, defendía ideas totalmente contrarias a lo que en la época se conocía como «una correcta damisela victoriana». Afortunadamente, vaya. Tenía inteligencia, imaginación, agudo sentido del humor y un toque irónico que más tarde iba a encandilar a miles de personas. Y así, claro, puso ojos sobre la bicicleta, y se aficionó a aquel *hobby* tan extraño. «No quiero pasarme toda mi vida en casa con un bebé bajo mis faldas cada año», dijo en una ocasión. De ahí hasta la apuesta del principio... solo un paso. Vale, Nellie Bly había intentado algo parecido un lustro antes, pero hubo de abandonar. Annie Cohen aceptó el reto.

Tardará más de un año, pero lo logra. Con más mentiras que verdades, pero lo logra. Veamos, hechos probados. El 25 de junio de 1894, frente al histórico Massachusetts State House, comenzó el viaje. Unos quinientos curiosos se habían reunido allí para despedirla entre aplausos (pocos) y burlas (muchas). Annie llevaba un bonito vestido que la cubría hasta los pies y una bicicleta Columbia que pesaba más de veinte kilos. Sobre su rueda trasera, un cartelito que ponía «Londonderry». Era su primer sponsor, la New Hampshire's Londonderry Lithia Spring Water. Por cien dólares haría publicidad de agua mineral por todo el mundo. Y, como tenía olfato para los negocios, Annie se cambió también el apellido por otro más eufónico. Sí, el de esa compañía. No más Annie Cohen, den todos la bienvenida a Annie Londonderry. La verdad es que al principio el viaje de Annie fue bastante errático. Con sus enaguas y su carraca de hierro partió para Nueva York, luego giró al oeste y fue a Chicago, solo para darse cuenta de que allí refrescaba de narices. Así que vuelta a Nueva York. Eso sí, ya no llevaba la bicicleta Columbia de veintitantos kilos sino otra, marca Sterling, que pesaba unos diez (era de hombre, escándalo sobre escándalo). Y tampoco iba con faldas, que cambió por unos *bloomers*, pantalones bombachos *atintinaos*. A partir de entonces solo viajó con una pequeña maleta. Dentro había una muda de ropa y un revólver con perlas incrustadas en la culata (siempre hay que tener estilo). Y así salta el Atlántico. Al pisar Francia, en Le Havre, Annie ya era una pequeña celebridad. Pedaleando llegó hasta Marsella, donde una multitud recibió a la «valiente viajera» que anunciaban los periódicos. En enero de 1895 cruzó hasta Egipto a bordo del barco Sidney... y aquí empiezan las historias maravillosas (seguramente falsas, pero qué delicia). Recorre Egipto, va a Jerusalén, cruza Arabia hasta Yemen, desde donde otro barco la deja en Sri Lanka, antes de pasar a la India, Singapur, China, Japón, Vietnam... Vuelta al mar y entrada triunfal en los Estados Unidos. Este último tramo lo hizo parando en casi cada ciudad, impartiendo conferencias, contando sus aventuras, los peligros, los momentos excitantes. Y aquí sonreía, maliciosa. Y empezaba a narrar. Que estuvo encarcelada en Shanghái, acusada de escándalo público. Que viajó al frente de la guerra chino-japonesa, recibió un balazo en el hombro, se arrojó a un río de aguas heladas y estuvo a punto de morir. Que la rescataron los japoneses solo para mandarla a prisión, y allí un alto gerifalte del ejército se enamoriscó de ella y amenazaba con matarse si no le correspondía. Que en la India estuvo cazando tigres de bengala con miembros de la casa real alemana (el personaje en concreto varía de unas veces a otras). O aquella vez en que, también en la India, fue confundida con un espíritu maligno, y hubo de huir a toda velocidad bajo una lluvia de piedras. Hasta sobre su vida se permitía fantasear. Fue abogada, familiar de un congresista estadounidense, aristócrata, huérfana, estudiante de Medicina en Harvard o inventora. Qué más da, su encanto y carisma era arrollador. Annie Londonderry, que era Annie Cohen al salir, volvió a Boston el 24 de septiembre de 1895. Fue su última provocación, el último hito en su afán por el espectáculo. Llegó a la ciudad solo 24 horas antes de que se cumpliera la fecha límite para vencer su apuesta (igual les suena cierta referencia literaria). Para ello tuvo que demorarse por semanas en el interior de los Estados Unidos, qué fantasía. Suyo fue «el más extraordinario viaje jamás hecho por una mujer», según dijera el periódico *New York World*.

Con los bolsillos llenos (dinero apostado, charlas, escritos) Annie y su familia se mudaron a Nueva York, y ella entró a trabajar como periodista en, precisamente, el *New York World*. El nombre de su columna era toda una declaración de intenciones: *The New Woman*. Uno de sus descendientes publicó una extensa biografía sobre ella (no especialmente amable, por cierto) e incluso a partir de ese libro se hizo un musical en Broadway.

Su título es *Spin* (Girar).

EL BELLO SEXO EN PELIGRO POR LAS BICIS

Nos pasa a todos. Es verla y... ufff, escalofríos recorriendo la espalda. Esa sonrisa tontorrona que se te pone, ese querer rozar con las yemas de tus dedos, ese embolingarse con las palabritas, ese qué ganas de quedarnos los dos solitos...

Sí, amigos, es que la bici provoca deseos de lo más primarios. Yo he visto de todo con el tema, desde antiguos crápulas que abandonan para siempre el ejercicio del canalleo «para no estar cansado mañana, tío, que hay salida con la grupeta», hasta parejas de mediana edad que han cesado temporalmente su convivencia porque una de las dos partes pasaba olímpicamente de la otra, reservando todo el fin de semana para esa amante con ruedas.

Lo juro.

Pero hay una historia más cañera. Una que transita entre consoladores, sinónimos de la palabra «vagina» a cuál más casposo o recorridos cuchufleteros sobre la profilaxis ciclista. Porque bicis y similares siempre tuvieron papel potente en asuntos de paridad, y fueron, quizá por eso, tomados como ejemplo de todo lo malo que el deporte (que la modernidad, que la igualdad) puede traer a las mozucas. Con la excusa, oigan, en el tema del sillín, la zona perianal, apoyos y etcéteras. Cuando la bicicleta comienza a popularizarse a fines del siglo XIX se desata un debate médico al respecto. Sumen al asunto que quienes antes pudieron disfrutar del suave y sicalíptico roce velocipédico fueron las clases más acomodadas (por aquello del coste), lo que resultaba un más aquelárrico, pues comprensible puede ser que arrieras y buhoneras disfruten de la vil carne, pero se nos complica el asunto cuando hablamos de finas *ladies* con apellido compuesto.

Fines del XIX, decíamos, y se multiplican las ciclistas mujeres. Y, con ello, el pecado. El pecado potencial, incluso el pecado lleno de involuntareidad, si quieren, pero el pecado. Vamos, que hay doctores (a quienes debemos imaginar con gafas muy gordas, o con monóculo, siempre carraspeando, gesto de sorpresa y constricción al ver cómo es una muchacha desnuda, no, qué he hecho, iré al Hades) preocupadetes por el tema este del sillín. El roce del sillín, el efecto de los baches sobre el sillín (había un montón de baches entonces..., incluso adoquines, que es aun peor), la fina estimulación que puede nacer en el sillín. No solo por el tema del placer (que ya de por sí es inicuo, porque gozar con la coyunda y similar solo es propio de bestias salvajes, y debe ser objeto de discurso censor) sino, incluso, por el interior de las damas. Que son los hombres seres bien dotados por natura para aguantar meneos (pese a apoyarse, en el acto ciclista, sobre sendas partes muy delicadas de su anatomía), pero las mujeres pueden acabar descoyuntadas en su interior. Y, ¿qué nos preocupa de las damas en aquellos años sino su interior? Su interior reproductivo, se entiende, que sentimientos y pe(n)sares son cosas de rojos, seguramente... Ya lo dijo el periódico *South Wales Echo* en 1897: «La bicicleta fue inventada por los hombres y sigue siendo un vehículo masculino», las mujeres «deberían tener cuidado con los peligros del ciclismo».

Pero ¿qué peligros? Pues todos. Todos, porque quien pecados sueña, potencialmente pecaminoso ve el mundo. Se decía que entre la bici y el no llevar corsé (habrase visto..., no llevar corsé) las muchachas podían sufrir sacudidas en sus partes reproductoras hasta, en casos extremos, soltarse. En Norteamérica se contempla con preocupación ese demonio con manillar que ataca a los «órganos matrimoniales» de las jóvenes incautas. Observen la, poco sutil, expresión de «órganos matrimoniales», y saquen conclusiones sobre importancias y prioridad... El *St. Louis Medical Review* señala, año 1895, que esa ocupación «extremadamente poco elegante e indecorosa» (y dicen esto sin haberme visto a mí con maillot) podía provocar «inflamación ovárica, sangrado del riñón o el útero, desplazamiento y aborto». El *Iowa State Register* va más allá, afirmando que la bici lograba «suprimir o volver irregular y terriblemente dolorosa la menstruación, y quizá sembrar la semilla de futuras dolencias». Ese «quizá» es tranquilizador, al menos. Y *The Cincinnati Lancet-Clinic* se mostraba a favor del ciclismo, pero expresa dudas sobre el sillín, al que denomina, muy feamente, «agente friccional».

Y es que aquí está el meollo, colegas. Lo otro, lo de la salud... bueno, pues asumible. Llevamos medio siglo ciscándonos las costillas de núbiles y damas, así que no vamos a ir ahora de paladines físicos. Pero el agente friccional..., ay, el agente friccional, eso sí que no. Fricciones las justas, y siempre dentro del matrimonio, no vaya usted, joven súcubo, a pasarse un rato agradable sin mi consentimiento...

Porque, en fin... todos esos problemas... las hinchazones, los desprendimientos, las enfermedades por venir... todos... absolutamente todos eran provocados por ansiedad sublimada en materia erótica. Vamos, que otra vez los sillines. Que te dan cosquillas, los sillines, y ya pierdes el oremus. Una revista canadiense, la *Dominion Medical Monthly*, llega a afirmar muy ufana, allá por 1896, que «el consenso está aumentando masivamente día a día: montar en bicicleta provoca en la mujer un orgasmo diferente». Al menos hablan de orgasmo, oiga, pero es que se busca lo que se busca. Y eso acarrea problemas. Problemas gordísimos, porque, decíamos, el pecadillo de Onán tiene connotaciones maléficas, satánicas, antinatura. Ese mismo año el *Canadian Medical Practioner* afirmaba que «comparadas con Canadá, o al menos con Toronto, Sodoma y Gomorra serían puras como los refugios del Ejército de Salvación. Parece ser que el ciclismo, que tanto aporta a la salud, la belleza y el encanto de nuestras mujeres, es en Canadá, o por lo menos en Toronto, un medio para gratificar un deseo impío y bestial».

En fin, si ustedes no están deseando salir a dar una vueltita en bici, yo ya no sé...

Ah, que les parece poco. Poco peligro, pocos perjuicios, poco «mira, tú verás, pero la bici es mala, malísima». Pues, oigan... que se les queda cara de tonto. De tonta, en este caso. Sí, sí, como lo oyen, cara de tonta. Hay algunos (y algunas) que la traen de serie, pero es que el ciclismo te va deformando faz hasta transformarte en candidato perfecto para *realities* y similares... Lo llamaban «cara de bicicleta», era una enfermedad que afectaba a ambos sexos pero resultaba más enojosa en las mujeres (en fin... ¿qué otra cosa sino un bonito cutis tienen ellas para ofrecer?) y resultaba... estremecedora. En 1897 el doctor Shadwell describía esas caras como «rostros rígidos, ojos fijos hacia delante, una expresión ya sea de angustia o de irascibilidad o, en el mejor de los casos, pétrea». Vamos, lo que he visto yo muchas veces arriba de los puertos, tampoco es para volverse locos. Nadie se tomaba muy en serio estos rolletes (no las caras, sino que dicha expresión quedase fija para siempre en los rasgos de quien andaba en bici), pero, por si acaso, el *Harper's Magazine* recomendaba en 1897 a las mujeres que masticasen chicle mientras pedaleaban, porque eso «mantiene la cara en movimiento y previene esa expresión de ansiedad que los médicos dicen que puede evolucionar hasta ser parte esencial de las características de la dama ciclista». Ay, las damas ciclistas, todo en su contra...

(En los primeros tiempos de la bici se contabilizaron dolencias como «cara de ciclista», «cuello de ciclista», «pie de ciclista», «joroba de ciclista», «ciclomanía», «kyphosis bicylistarum» y algunas más. Vamos, que el asunto era serio. Superserio, ejem).

¿Existe solución para semejante escándalo? Porque a mí, querido escritor golferas, me encanta montar en bici, pero soy casta, pura, pía, no quiero caer en esa espiral de impulsos y provocaciones que solamente conduce a la cárcel, el reformatorio o los retozares sin anillo. Pues bien, querida ficticia, está usted de suerte, porque podemos mitigar los efectos sicalípticos que sobre su cuerpo ejerce el velocípedo. Desde sillines con agujero para aliviar el frotis-frotis, hasta bicis que llevan rejilla externa, hurtando así al obseso la visión de unos tobillos carnosos y apetecibles. O lo que coño fuesen los tobillos a fines del XIX, a mí no me miren…

Ya ven, así estaban las cosas hace un siglo.

LA MUJER QUE CORRIÓ EL GIRO, LA MUJER A LA QUE NO DEJARON CORRER EL TOUR

Marie Marvingt.

El nombre hoy es desconocido para (casi) todos. Pero qué historia, amigos, qué historia.

A Marie Marvingt le decían «la compañera del peligro», porque tenía querencia natural por eso de la adrenalina. Nació en Aurillac, año 1875, y luego su familia se trasladó hasta Metz. Y empezó a hacer cosas. Todas las que pudiera, todas. Alpinismo, atletismo, esquí, tenis, golf, boxeo, natación. Dicen que cruzó París a nado por el Sena, cuentan que ganó una competición de tiro militar. Fue la primera mujer en pilotar un globo sobre el canal de la Mancha, obtuvo la licencia de vuelo y se metió con los aviones. Cuando empieza la Gran Guerra, Marie intenta colarse en el frente varias veces (un poco como Enrico Toti sin la idiotez, ya verán más tarde, sí, sobre Enrico Toti), pero la descubren y acaba conformándose con lo de ser enfermera en la Cruz Roja. Pero eso no la llenaba, así que insiste e insiste…, año 1915, primera mujer en pilotar un vuelo durante misiones militares. Bombardeos sobre Germania, Croix de Guerre. Menuda era Marie…

Y la bici, claro. A Marie le chiflaba lo del velocípedo, y tenía ese punto de competitividad loca que la empujaba a los retos. Así que, año 1904, debut en la Nancy-Burdeos. La organización pone pegas... mire, *mademoiselle*, es que las mujeres no pueden llevar pantalones, lo impide el reglamento, no es culpa nuestra. No importa, cortamos y, hop... unos culotes recién estrenados. Termina aquello, y termina después la Nancy-Milán y la Nancy-Toulouse.

Yo creo que el siguiente paso es lógico, ¿no?

El Tour. El Tour de Francia.

Trece de julio, año 1908. Hay ciento catorce ciclistas en la Île de Jatte, pleno Neuilly-sur-Seine. Por delante catorce etapas y casi cinco mil kilómetros. Todos, más o menos, tiemblan. Banderazo y... zas, allá que se van...

Hasta que pasan dos, tres minutitos, y una figura sale tras ellos. Una figura... oh, dios, denme las sales..., una figura femenina. Sí, es Marie Marvingt. Intentó apuntarse para correr como sus colegas varones, pero *monseiur* Desgrange era tipo chapado a la antigua, así que nanay. Dile tú que nanay a Marie, ojo. Que se monta su propio Tour... recorrer la misma distancia, idéntico recorrido, al de los otros ciclistas. Solo que saliendo en solitario, unos minutos después. Cada día, cada semana. Tiene treinta y tres años, llegará a París. Treinta y seis supervivientes, de Lucien Petit-Breton a Henri Anthoine. Y ella, que también llegó, aunque no salga en las clasificaciones. Completó el Tour.

No le digas que a Marie que no puede...

Y tampoco a Alfonsina.

A ver, de Alfonsin a Alfonsina tampoco hay tanta diferencia, ¿no? Que se le puede pasar a cualquiera, que no hay mala fe. Pasa que ustedes siempre buscan el traspiés al gato. Pues eso... Alfonsina. A mí no me miren, fue un pequeño error.

Pero al final salió una historia chula, ¿eh?

Digamos que para los años veinte el Giro no vive su mujer época. A ver, tampoco es que Italia anduviese boyante, ¿eh?, así que malos tiempos en general (y si te parecen buenos es que estás *tarao*). Así que edición de 1924 y más ausencias que figuras. Ningún vencedor previo de la Corsa, para que se imaginen. Es que un mes dentro del velódromo sacamos mucha más pasta, así que... Los ases pedían pasta a sus equipos para meterse en algo tan fatigoso, y los equipos piden a la *Gazzeta* perras gordas para sus estrellitas. Solo que no cuela. Así que fuera tíos bien conocidos. Giovanni Brunero, con su palmarés alucinante, sus tres Giros, otro triplete de pódiums. San Remo, dos Lombardías. O Gaetano Belloni, que fue dos veces segundo y otra primero en Milán, que tiene pares también en los Monumentos italianos (que aún ni Monumentos eran, porque eso es cosa de modernidad). Y, sobre todo, él. Él. Costante. Costante Girardengo.

El primer *campionissimo*. Breve vistazo al currículum. Dos Giros de Italia, otra vez segundo. Seis San Remo. ¿Asombrados? Entre 1917 y 1928 participó Girardengo once veces en esta carrera. Seis primeros, tres segundos, un tercero. Once añitos (en 1927 no tomó la salida) sin bajarse del pódium. Más. Lombardía, triplete. Plata en el Mundial. Y monstruoso, casi absurdo, récord en el Campeonato Italiano de Ciclismo. Gana las dos últimas ediciones antes de la Primera Guerra Mundial, con veinte y veintiún años. Cuatro temporadas sin celebrarse. A la vuelta, lo imposible. Siete victorias del tirón. El tío conquista todos los *nazionale* entre 1913 y 1925. Después será segundo y tercero. Jamás bajó del pódium en esa prueba. Ya ven.

Cómo no echar de menos a esa gente.

Cómo.

Pues con ella, pensó alguien.

Ella se llamaba Alfonsina Morini, Alfonsina Strada tras casarse en 1915. Y era ciclista. «El diablo con vestido» le decían, con mezcla de admiración y condescendencia, los periódicos de la época. Porque fue particular, algo nunca visto. Ni más ni menos que la única mujer que llegó a competir en el Giro de Italia.

Nacida el año 1891, en una granja de Castelfranco Emilia, muy cerquita de Bolonia, la joven Alfonsina mostró genio desde el principio. Cuentan que robaba la bicicleta de su padre para salir a pasear, que le encantaba la velocidad, que dejaba atrás a los muchachos del pueblo. ¿Cómo podía ser aquello, qué sortilegio escondía? Dicen si es por culpa de un mal de ojo, la chica está endemoniada. No importan las habladurías: siempre será mujer independiente. Con trece años empieza a competir. Mayoría de veces en velódromo, las más frente a colegas masculinos o en solitario. El resto de las chicas, sencillamente, no eran rivales para ella. Y obtiene triunfos. El primero de todos, en Mezzolara, reporta nada menos que un cerdo como trofeo. Vivo, claro (seguro que pensaban en un busto de Mussolini).

También tiene tiempo para batir el récord de la hora femenino, para viajar por toda Europa mostrando su fuerza sobre la bicicleta, para hacer exhibiciones en Montecarlo o San Petersburgo, para ganarse la admiración de la zarina Alexandra Feodorovna, última de su estirpe. Su popularidad es inmensa. Piensa en desafíos mayores. El Giro de Lombardía, año 1917. Va en pantalones cortos, las piernas depiladas, los músculos tensos, la mirada fiera. Mírala, no puedes dejar de mirarla. Escenario propio de Dante. De cincuenta y cuatro participantes que salen aquel día a cubrir los más de doscientos kilómetros de recorrido, solo llegan a la capital lombarda veintinueve. Los tres últimos, que entran juntos a más de hora y media del ganador Thys, se llaman Pietro Sigbaldi, Gino Auge y el dorsal 74, Alfonsina Strada... Al año siguiente repite. Veintitrés minutos con el primero, Gaetano Belloni. Llegó penúltima, adelantando a Carlo Colombo.

Así que el siguiente paso es... el Giro, ¿no?

El Giro de Italia.

Por Ticinese de Milán, dirección Génova, 4:41 horas, diez de mayo, año 1924. Hay noventa participantes en el Giro y el 72 se llama Alfonsín Strada. Alfonsina olvidó, ejem, la «a» del nombre, por si colaba mejor así. No coló. Pero los organizadores dejan que aquello siga..., igual nos sube interés y hace olvidar ausencias... Publicidad segura.

Y desempeño deportivo, ojo.

Primera etapa, septuagésimo cuarto puesto, por la mañana tomaron salida noventa participantes. El segundo día lo hará aun mejor, y entra en Florencia como puesto cincuenta y seis. Se mantiene así, siempre en cola del pelotón, siempre venciendo a varios colegas, hasta la fatídica etapa séptima, entre Foggia y L'Aquila. Son trecienctos cuatro kilómetros a través de Vinchiaturo y Rionero Sannitico. Los Abruzos.

Un puto infierno.

Frío, lluvia, nieve. Carreteras que son caminos de fango, tramos convertidos en cauces, ruedas levantan una pequeña estela (plateada a ratos, marrón más veces). Dolor, dedos hormigueando, gotitas que caen desde la barbilla hasta el metal de tu bici. Strada sufre como jamás antes, apenas puede pedalear. Fuerza demasiado, sus rodillas se resienten. Tendinitis, diríamos hoy. Fuera de carrera, a recuperar en tu casa. Solo que entonces no había médicos, ni prevenciones.

Strada continúa, porque solo continuar sabe. Pero parece maldición. Pinchazos, caidas. En una de esas hasta se cascó su manillar. Qué hago, qué hago. Alfonsina echó imaginación y se hizo uno nuevo con el palo de una escoba.

Pero nada, insuficiente. Alfonsina Strada llega con el control cerrado. Muy cerrado. Cerradísimo. Expulsión, que los jueces son inflexibles. Solo que... tan grande su popularidad... Los organizadores del Giro de Italia proponen un trato. Puede seguir «compitiendo», aunque su nombre no constará en las clasificaciones oficiales. Será, por así decirlo, participante pirata. Jamás aparecerá en la tabla clasificatoria, pero no importa, la aplauden mogollón.

Intentó repetir en 1925, pero aquello ya era demasiado...

Dino Buzzati contaba que la había visto. Una tarde, en un parque milanés. En bicicleta, claro, ella y él. Y que se puso a seguirla, que

Alfonsina Strada, o el diablo con vestido.

aquel a quien aun no le bullían tártaros en las pupilas cogió la rueda de esa mujer que tan deprisa rodaba. Fueron dos vueltas al recinto, nada más que dos vueltas. Después ella sonrió, aceleró, y lo dejó solo, con sus ilusiones de muchacho, con el brillo de haber estado junto a un ídolo de infancia. Iba tan extasiado que ni se fijó en el guardia urbano que lo detenía, que lo multaba con veinte liras. Por exceso de velocidad, contaba mucho más tarde Buzzati.

En 1938 vuelve a batir el récord femenino de la hora. Velódromo de Longchamp, en París. Un total de treinta y dos kilómetros y ochocientos metros. Cuatro años más tarde murió Alfonsina. Volvía de ver los Tres Valles Varesinos sobre su Guzzi de quinientos centímetros cúbicos. Dicen que si fue un ataque al corazón, que la moto se ancabrita, pierde el equilibrio, cae al suelo...

Así se fue Alfonsina Strada.

Una leyenda.

EL PRIMER TOUR DE FRANCIA FEMENINO

Otoño de 1955. Un grupo de cuarenta ciclistas recorre las carreteras normandas a toda velocidad. El primer Tour de Francia. Solo que en este corren únicamente mujeres. Esta es la historia, la olvidada historia, del Tour de Francia femenino. Carrera con solo una edición y que tardó tres décadas en tener continuación...

Su creador fue el polifacético Jean Leulliot, periodista francés, reportero de *L'Auto*, protegido directo de Henri Desgrange, inventor de carreras ciclistas. Un *bon vivant*, un tipo de sonrisa fácil y modales suaves que se movía mejor en las fiestas de magnates y artistas que en las redacciones de los periódicos. Un tipo que siempre acababa renaciendo de su última metedura de pata... Aunque esa metedura sea ser pelín amable con los nazis durante la ocupación. En aquel entonces, encargado de la sección deportiva en el periódico *La France Socialista* (ejem, con el nombrecito), Leulliot se lleva fenómeno con los soldados de Hitler, e incluso colabora en la creación de una cosa llamada Circuit de France que debía sustituir al Tour..., ay. Sea como fuere..., absuelto de todos los cargos en el juicio al que le sometieron tras la liberación, pese a contar con las acusaciones directas de, por ejemplo, Jacques Goddet, quien llegó a decir que Leulliot había cometido «alta traición y merecía su destino».

Pero bueno, pelillos a la mar y Leulliot, como jefe de la revista *Route et Piste*, que se dedica (poco sorpresivamente) al ciclismo de competición. De allí surgen pruebas míticas, como la París-Niza, la Monde Six, París-Londres, Étoile des Spoirs, Tour de Europa o la Route de France...

En ese contexto se planteó Leulliot organizar una prueba ciclista femenina que recorriera, durante varias etapas, la geografía francesa (bueno, parte, porque el asunto no sale de Normandía). El primer Tour de Francia femenino se disputa entre el veintiocho de septiembre y el dos de octubre de 1955. Cinco etapas, última dividida en dos sectores. La primera de todas, entre Rambouillet y Verneuil sur Avre, fue la más larga, con ochenta y dos kilómetros. Total de trescientos setenta y tres kilómetros...

Hasta cuarenta y ocho mujeres se apuntaron a aquello, pero solo parten cuarenta y una. De Holanda, Luxemburgo, Gran Bretaña, Suiza. También francesas, que fueron asignadas a equipos regionales. Solo cuatro abandonos: Janine Lemaire, Daisy Franks, Evelina Guerin y Colette Schnekonig. Porcentaje bajísimo...

¿Quieren un poco de *Rule, Britannia! rule the waves*? Las chicas de las Islas dominaron con puño de hierro. Doblete: Millie Robinson y June Thackeray, con Silvye Whybrow y Beryl French también en el top ten. Tres de las siete primeras (cuatro de las nueve) eran británicas. Éxito... que no sorprende a nadie, la verdad. Las *british* llevaban todo el verano corriendo por Francia, sacándose exhibiciones aquí y allá. Vean, si no, lo de Millie Robinson en el Circuit-Lyonnais-Auvergne, que trincó general y los tres parciales. June Thackeray fue segunda... Las chicas que vienen desde el otro lado del canal están muy por encima de sus compañeras continentales...

Millie Robinson, la campeona, conducía una furgoneta en su vida civil. Había nacido en Douglas, isla de Man, y fue tres veces medalla de oro en el Campeonato Británico de Contrarreloj. Sonrisa fácil, gesto tímido, amable con los medios, feroz sobre la ruta...

Volvamos a Francia. Primera en alzar brazos fue Lily Herse, francesa, así que pilló el maillot amarillo, que en realidad era blanco, porque somos el Tour de Francia, pero tampoco el Tour de Francia. El Tour de Francia, ustedes me entienden. En fin. Ah, en los primeros puestos estaba, también, Elsie Jacobs, quien habría de ser, tres años más tarde, la primera campeona del mundo en ruta, así como *record-woman* de la hora. Luxemburguesa, nacida en un pequeño pueblo llamado Garnich, Jacobs tenía que correr en Francia porque el ducado prohibía las carreras ciclistas femeninas. Mucho después, con los éxitos, y la fama, fue reconocida por las autoridades de su país. Pero no compensa. No compensa.

Pero seguimos. Segunda etapa, y gana Thackeray, tercera etapa, y gana Marie-Jeanne Donabedian hace lo propio en la tercera. Esta Marie-Jeanne, por cierto, no corre con licencia de la Federación Francesa de Ciclismo, sino auspiciada por la Federación Deportiva y Gimnástica del Trabajo (FSGT, entidad de raíces comunistas, nacida durante el Frente Popular francés. ¿Objetivos? Promoción del deporte entre los trabajadores y las trabajadoras del Hexágono, estrechar lazos con los atletas del bloque soviético...

Cuarta etapa, decisiva. Final en Gournay-en-Bray, ataque de Millie Robinson en solitario, victoria y líder. Un día más tarde refrenda en Contrarreloj. Segunda es Thackeray, tercera Gilberte Rocaboy. La clasificación final mostraba las diferencias entre deportistas más o menos preparadas y aventureras que querían ver cómo es eso. La Lanterne Rouge femenina, por ejemplo, se llamaba Marguerite Laval, y perdió dos horas y cuarenta y siete minutos sobre Robinson en los trescientos setenta y tres kilómetros...

Pero qué importa. El Tour de Francia femenino nace, el Tour de Francia femenino ha llegado para marcar el futuro de niñas que quieren ser deportistas. El Tour de Francia ha nacido, y está aquí para quedarse.

El Tour de Francia, el Tour de Francia de féminas, tardará casi treinta años en volver a celebrarse...

Porque fue relativamente popular, claro, pero quizá por las razones equivocadas. Porque se veía (y se vendía) más como rareza y curiosidad que como competición atlética. Porque los gritos de ánimo quedaban reservados para los hombres en julio, y a las mujeres reservan silbidos, piropos y machistadas a cara descubierta. Pero es que tampoco su creador parecía tomarse muy en serio el asunto. Vale, Jean Leulliot escribía sobre el coraje de aquellas chicas, su resistencia, ese maravilloso entusiasmo que planteaban cada vez que salían a rodar. Pero también sacaba defectos. Y defectos..., en fin, juzguen ustedes qué tipo de defectos veía Leulliot. Que si no saben rodar en pelotón, que si no saben acoplarse en la bicicleta, que si no saben hacer cambios bruscos de ritmo, que si no se ven apenas ataques. «Nunca más volveré a organizar esta prueba», llegó a decir, «porque las mujeres ciclistas son diferentes de los hombres. Hablan demasiado en el pelotón, y eso no es normal. Además, cuando termina la carrera no guardan el adecuado reposo, sino que fatigan sus piernas yendo de compras».

Si eso no es tener el enemigo en casa...

Y fuera. «Son los de Europe 1, ellos no guardan el debido respeto», dijo Leulliot sobre los fotógrafos que buscaban siempre imágenes más cercanas a moda y belleza que al evento deportivo. El mismo *L'Équipe*, factótum del Tour, escribe dos años más tarde sobre las mujeres que «se debían conformar con el cicloturismo, más acorde con sus posibilidades musculares», y que negarles el acceso a otro tipo de competiciones significa que «el sentido común ha triunfado».

Cuando tres décadas más tarde Félix Lévitan plantee la creación de un Tour de Francia femenino (olvidando deliberadamente el pionerismo de Leulliot), los términos cambian..., pero no mucho. Lévitan dice que «su esposa y él» pensaban que la mujer no ocupa el lugar que merece en el mundo. La referencia a la esposa es, cuanto menos, sospechosa. Y luego... la caspa. *Diario Méridional*, un redactor bajo el seudónimo de Vivaldi. Que qué horror, eso del Tour de chicas. Que una mujer corriendo o nadando es algo hermoso de ver, de acuerdo, pero otra que pedalea resulta menos atractiva. «El ideal femenino se va a ir directo al infierno con esa imagen».

Era el año 1984. Pueden sacar sus propias conclusiones.

(Sobre Laurent Fignon, Marc Madiot y otros, mejor nos reservamos líneas y opiniones. Por si acaso).

Hubo mujeres en la caravana del Tour, claro que sí. Solo que no compitiendo, porque eso era locura, desmadejo, brujería y mogollón de cosas malísimas más. Las mujeres sirven... para dar besos, felicitar al ciclista en el pódium, tirar ositos de gominola, exhibir silueta envidiable con que venderte agua mineral. Flores y floreros. Bueno, e Ivette Horner, que estaba allí con su acordeón, a veces desde el pódium (durante el segundo Tour de Coppi), y a veces en plena caravana publicitaria, atada con un arnés al techo de algún automóvil, desde las furgonetas Peugeot hasta el mítico Tiburón DS. Era, por así decirlo, un adorno más en la prueba.

Después se fueron incorporando. Primero como masajistas, mecánicas. Robin Morton, pionera entre las direcciones deportivas, dirigió a un equipo estadounidense en el Giro de 1984 (Línea Italia-Motta) y la Vuelta a España de 1985 (Xerox-Filadelfia). En el país transalpino los demás directores votaron sobre si permitir que Robin hiciese su trabajo o no...

Los directores hombres, sí, votaron sobre si dejar que un director mujer desempeñase su cargo laboral...

Y tampoco hemos cambiado tanto hoy, oigan...

DOMINIOS, DOMINADORAS Y PALMARÉS EN SUSPENSO

Sobre las dominadoras, las campeonas, los ases del pedal femenino... pues historia y actualidad. Elsie Jacobs, que vimos más arriba. O Strada, Marvingt, esta gente. Y luego, ya con palmarés de imprimirte y forrar carpetas, Beryl Burton.

Beryl Burton fue, seguramente, la mejor ciclista de siempre que haya nacido en el Reino Unido. «Perdí la cuenta de las medallas ganadas», dejó escrito. «Creo que alrededor de mil», dijo el historiador Peter Whitfield sobre su número de victorias, «pero nadie lo ha calculado correctamente». Maillot perenne de campeona británica. Oye, Beryl, de qué disciplina es exactamente ese jersey... Pues mire, ni idea, es que tengo tantos... Si gané el primero en 1957, con solo diecinueve añitos. Sí, como lo oye, contrarreloj sobre cien millas.

Son muchas millas, cien millas.

Nacida en 1937 por Halton, cerquita de Leeds, Beryl tenía una salud frágil cuando niña. Fiebres reumáticas que nunca curaron del todo, una larga estancia en el hospital, carencias de posguerra. Cuentan que si fue su primer novio, un tal Charlie, quien la animó para probar con la bici. Este Charlie también era ciclista, pero malo... malísimo. Eso sí, mentalidad avanzada para su época, porque, cuando vio que Beryl podía volar, se hizo mánager, masajista, *soigneur* y todos esos asuntos. De ella, claro. Ah, terminaron casándose...

A Beryl, cuentan, no le gusta mucho eso del pelotón. Demasiada gente, demasiado estrés, demasiadas opciones para perder trabajo solo por un error ajeno o una táctica que equivoqué. Así que decide centrarse en otra disciplina. Solitaria. La contrarreloj, muy popular en Inglaterra. Y destaca. Destaca hasta epatar. Fue setenta y dos veces campeona británica de contrarreloj, dominando distancias entre las cuatro y las cien millas. Doce entorchados en fondo, otros doce sobre la pista. Un total de noventa y seis. Léanlo de nuevo. Hasta noventa y seis veces subió a lo más alto del pódium. En el concierto internacional su dominio no fue tan llamativo, pero también dejó impronta. Dos veces logró el maillot arcoíris, otras cinco hizo lo propio por los óvalos, total de quince medallas. Primera en 1959, en 1973 la última. Una leyenda… casi anónima: «No quería que me adulasen, pero un pequeño reconocimiento no hubiese estado de más. Y tampoco necesito que me digan que puedo ganar a muchos hombres. Sencillamente lo sé, porque les gano habitualmente».

No era perogrullada. Beryl competía con hombres a menudo, Beryl ganaba a los hombres a menudo (en crono, especialmente en crono… ya les dije que el pelotón a Beryl le aterraba).

Pero la historia más conocida de Beryl sucede en septiembre, año 1967. Otley, muy cerquita de su casa, Allí se celebra una prueba contra

La gran Beryl Burton.

el reloj. Resistencia, doce horas rozando los Yorkshire Dales, gana quien más distancia recorra en ese tiempo, carrera mixta. Primero salen hombres, después mujeres. Entre ellas Beryl, claro.

Y ocurre. Que Burton va tomando ventaja. Inmensa sobre ellas, apreciable sobre ellos. Lentamente, inmisericorde. Adelanta a uno, luego a otro. Al final solo la iguala un tal Mike McNamara, que, dicen, es el mejor ciclista *amateur* de toda Inglaterra. Ambos llevan doscientos treinta y cinco millas, unos trescientos ochenta kilómetros, y lo ve allí, al fondo de una recta, más cerquita, casi, casi. Cuentan que Beryl echó mano al bolsillo del maillot, sacó un regaliz, se lo tendió a Mike cuando estaba adelantándolo. Luego, completamente sola, siguió pedaleando, abriendo distancias, siendo sublime. Los últimos cuarenta y cinco segundos de la prueba no avanzó nada, sentándose al borde de la carretera. «Es que todo el día tuve el estómago revuelto, y solo el brandi que me acabo de tomar pudo calmármelo». Completó un total de 277,25 millas, más de 446 kilómetros. Récord histórico, tanto en categoría masculina como femenina...

(Doce meses antes había logrado el tiempo más bajo en la contrarreloj de cien millas que marcaba el Campeonato Británico de la disciplina. El campeón masculino quedó treinta y ocho segundos por debajo).

Ah, una última anécdota... en 1976 le negó el saludo a la competidora que la había relegado a la medalla de plata en el Campeonato inglés de Ciclismo en Ruta. «Ha estado todo el día chupando rueda y luego se impone al e*sprint,* eso no está bien». La particularidad es que la nueva campeona se llamaba Denise y se apellidaba Burton. Sí, era su hija.

Los campeones tienen mentalidad diferente, sin duda...

Un poco más tarde, por seguir con el Gotha, llegó Jeannie Longo, que es ejemplo de precocidad, y luego de longevidad, y después de resistencia, y siempre de resiliencia, y alguien con final bien feo, por culpa del *doping* (te hace dar una vuelta a todo lo que hizo, ay). Si tiramos únicamente de datos..., cincuenta y ocho veces campeona de Francia en todas las disciplinas, desde el año 1979 hasta el 2011. O, si lo prefieren así, desde que Jeannie tenía veintiuno hasta cumplidos los cincuenta y tres... Ojo. Ah, también ganó tres Tours femeninos, de cuando la carrera vuelve en los años ochenta.

Y no podemos olvidar a Joane Somarriba, ciclista vasca que ganó todo lo ganable en aquel entonces... dos Giros, tres Tours, campeona del mundo contra el crono, medallas aquí y allá.

Mercedes Ateca encontró relevo, amigos.

EL MOMENTO ACTUAL

Hoy en día el ciclismo de féminas tiene una salud excelente. Cada vez hay más pruebas, cada vez hay más conjuntos profesionales (y muchos otros que luchan por serlo, o por parecerlo), cada vez hay más premios, más publicaciones, más reconocimiento. Tenemos un Tour, una Vuelta, un Giro, tenemos Roubaix y Flandes, tenemos carreras en la tele casi a diario. No hay igualación de sueldos, aunque se lucha para que los premios estén cada vez más cerca entre hombres y mujeres. Y tenemos campeonas que atraen, por sí solas, la atención de muchos aficionados..., gente como Marianne Vos, Lotte Kopecky, Annemiek van Vleuten o Demi Vollering. Y, qué coño..., es que es muy divertido.

Pero, claro... es que estamos con la competición élite. Y hay muchas otras cosas. Si hablamos de Susan B. Antohny y la importancia de las bicis para emancipar la mujer... pues hay que pensar en los sitios donde aún no se produjo tal emancipación. Zulekha Dawood, por ejemplo, es una activista pakistaní que intenta combatir el patriarcado a lomo de sus dos ruedas. Ella es la fotógrafa y portavoz de un grupo de mujeres ciclistas que hacen concentraciones y eventos en Karachi. Bajo pedradas en no pocas ocasiones, aclaramos.

Aún queda mucho por recorrer. Aunque sea en bici.

Ciclistas en guerra, bicis con sangre

Dicen que si fue en la segunda guerra de los Bóers, esa con la que se abre el siglo XX. Que fueron los soldados de infantería del Imperio británico. Que llevaban bicis, bicis plegables. Cuentan que los del Estado Libre de Orange se echaron a reír. Qué ridículo. Cuentan, para terminar, que aquellos velocípedos se adaptaron mejor que nadie al terreno, a las tácticas, a los despliegues. Más rápidos que sobre caballos. Y más silenciosos. Cuentan que si los bóers aprendieron lección, y montaron su propia tropa de élite. Los Wielrijders Rapportgangers Corps, bajo mando de Daniel Theron. Torturas, sabotajes, emboscadas. Lord Roberts, comandante en jefe británico, desplegó cuatro mil soldados (a pie) para eliminar a ciento ocho soldados (en bici).

Cuentan que si así entraron las bicis en los campos de batalla.

Dicen que no los han abandonado desde entonces.

(El último país que tuvo un regimiento sobre bici fue Suiza. Hasta 2001 la seguridad del país estaba en manos de unos tipos que iban a pedales y llevaban de impedimenta un kit para reparación de pinchazos y una navaja de esas que tienen cualquier cosa).

CICLISMO EN LA GRAN GUERRA, CICLISTAS SIN MEMORIA

Cuenta la leyenda que Freud brindó con champán cuando supo la noticia. Que estamos en guerra, Sigmund, que los imperios centrales se van a cepillar esas decadentes democracias de poniente. Y él, confiado, puso una copita de espumoso. Por la batalla más breve y fructífera de todas... No es tan raro, porque en Europa pilló por sorpresa aquella masacre tan larga y tan... en fin, tan masacre.

De hecho... si ni siquiera nadie sabía exactamente qué pasaba. Tampoco dentro de las bicis. Un reportaje aparecido en prensa anglosajona (Gran Bretaña y Australia) durante los primeros días de la Gran Guerra hablaba de los caídos ciclistas. Philippe Thys, Marcel y Lucien Buysse, François Faber, Louis Trousselier... Ninguno era cierto, porque Thys ganará otros dos Tours, Buysse (Lucien) triunfa en 1926, Buysse (Marcel) se dedicará a la pista, Trousselier abandona la bici pero continúa la vida. La cuota trágica se cubre con François Faber, que remueve despachos para enrolarse en la Legión Extranjera (nació en Luxemburgo), que acude al frente, que está comiendo légamo y mierda en una trinchera de Carency. Allí recibe un telegrama, de su mujer. Está encinta, va a ser padre. François Faber grita, da un salto de alegría. En la trinchera de enfrente alguien aprovecha el momento. Tenía veintiséis años.

El pelotón ciclista quedó demediado, como Medardo de Terralba, con la Gran Guerra. Marcel Kerff, por ejemplo, había sido sexto en el primer Tour de Francia (sus cinco predecesores eran miembros del equipo La Française). Años después, durante la llamada «violación de Bélgica», fue asesinado junto con otros once paisanos, acusado de espionaje, de ser poco alemán y de cosas así. Emile Engel, otro superviviente de los tiempos heroicos en el Tour, cayó muerto en la primera batalla del Marne, muy cerquita de Maurupt-le-Montois, formando parte del Septuagésimo Segundo Régimen de Infantería, ejército galo. El mismo día mataron a Marceau Narcy (dos Grandes Boucles concluidas), y un par de días después Victor Fastre, que había ganado la Lieja en 1909, murió en ese mismo Marne. O Lucien Georges Mazan, a quien todos decían Lucien Petit-Breton, que era argentino, pero de Bretaña, y ganó dos Tours de Francia, y una San Remo, y fue *recordman* de la hora, y lo expulsaron del Giro por casi matar a su director... este Petit-Breton muere en un accidente de coche, mientras iba a visitar a su esposa en día de permiso. Llevaba tres años combatiendo con el ejército francés.

Otros optaron por los aires, porque eso era cosa de caballeros, casi cruzados surcando nubes. Octave Lapize será el más conocido, por aquello de tener palmarés asombroso y una frase («asesinos») que se recordará siempre. Decimonoveno Escuadrón de la Armada, base cerca de París, movilizado más tarde a Bar-le-Duc, en Lorena. Murió un catorce de julio, año 1917, tras ser abatido su Nieuport XXIII. Sobre la carcasa del avión Lapize hizo pintar un número cuatro, que era el que llevaba en los riñones cuando ganó la Grande Boucle...

No fue el único en fallecer de ese modo, porque el tema aviones parecía atraer mucho a los ciclistas de aquel tiempo. Lafourcade (que subió primero aquel primer Aubisque, el de los asesinos, todo está *relacionao*) combustionó con su aeroplano cerca de Eu, junto a la costa. También Marie Marvingt, la mujer que quiso correr el Tour (se lo conté antes), pilotó durante el conflicto, sirviendo en el Cuadragésimo Segundo Batallón de Infantería, aunque ella tuvo más suerte y salió con vida. Léon Hourlier y Léon Comès, dos belgas con palmarés lustroso, encontraron muerte en el mismo accidente aéreo, fuera de combate, cuando iban a visitar a Georges Carpentier, otro *sportsman* (este boxeador). Hourlier había sido condecorado con la Cruz de Guerra... Ah, y Henri Alavoine, que también era ciclista como su (mucho más exitoso) hermano Jean. Murió en julio de 1916, cuando el avión se estrella cerca de Pau. Hay más, claro, y los que se nos escapan... Emile Guyon, Albert Delrieu, Émil Friole, Emile Quaissard, Franz Gregl, el italiano Carlo Oriani, que formaba parte de los Bersaglieri en Caporetto...

Se calculan en torno a las 35 000 víctimas relacionadas con batallas aéreas y adyacentes durante la Primera Guerra Mundial.

Si hasta los Pirineos llegó la Gran Guerra. Hasta el *col* d´Aubisque. O, algo parecido. Allí, en uno de los lugares más sacros del ciclismo mundial, hay un monumento extraño. Una pirámide de piedra, pequeña estela de metal que reproduce el perfil de un hombre (calvo, gafas, nariz aguileña) y debajo una inscripción. Que empieza así: «André Bach 1888-1945. Officier de la Légion d´Honneur. Grand mutilé. Président du C.C.B. Mort en Déportation».

André Bach fue soldado francés en la Gran Guerra, y perdió un brazo en acto de servicio. El izquierdo, por más señas. Al acabar el conflicto, deprimido y físicamente destrozado, acude a ver a su médico, el doctor Ruffier. Este es claro... André, amigo, la vida sigue, deberías salir, hacer deporte..., ¿qué tal si probases con la bici?

Uy, las palabras mágicas.

Bach se mudó en 1930 a Pau, para estar más cerca de sus amados Pirineos, dicen algunos, y trabajó durante muchos años como periodista *freelance* (vamos, que pasaba hambre..., que estaba sin un duro). Entre 1937 y 1940 llegó a ser presidente del Club Ciclista Bearnés. Pero, sobro todo, era admirador, conocedor, apasionado entusiasta, del *col* d´Aubisque. Lo subía casi cada semana, cronometrándose para ver su estado de forma, tomando referencias aquí y allá, en Eaux-Bonnes, en Gourette, en la curva de herradura a tres kilómetros de la cima..., cuentan quienes lo vieron que contemplar su silueta de un solo brazo ascender por las ásperas pendientes del Aubisque resultaba casi mágico.

Hasta que todo se truncó.

Año 1943, y los periodistas *freelance* caen regular a los nazis. Ya saben, ellos son más de tener gente en nómina. Así que André es detenido, y lo deportan a Buchenwald. Como le pasa a Sandrino Carrea, del que hablaremos más tarde. Como ocurre a un cuarto de millón de seres humanos.

Idéntico destino.

Liberado el campo, Bach emprende camino a casa. Pero está agotado, roto, sus últimas fuerzas quedaron cerquita de Weimar. Último acto simbólico para este adorador de los actos simbólicos: logra entrar en suelo francés. Día dieciséis de mayo, año 1945... André Bach muere en Boulay-Moselle (casi) primera aldea gala según vienes del Sarre. Allí quedó. Tres años después se erige en la cima del Aubisque estela para su recuerdo.

Menos de cien kilómetros al norte de Pau, en Mont-de-Marsan, vivía Pierre Cescutti. Antiguo ciclista *amateur*, Cescutti entiende durante la Segunda Guerra Mundial que su labor es luchar contra la opresión, y entra a formar parte de la *résistance*. Tiempo de entrenamientos. Ocho meses en Marruecos, cuatro en Inglaterra. Algo grande se prepara, algo que puede cambiar el curso de la contienda. El uno de agosto de 1944 Cescutti desembarca en la playa de Utah formando parte de la Segunda División Blindada. Toma parte activa en la llamada bolsa de Falaise. Y, una vez barrida la zona de nazis, emprende el camino hacia Berlín.

Nos va a contar la historia que este antiguo ciclista, este futuro mentor de grandes campeones como Luis Ocaña (siempre lo reconoció como su maestro en la bicicleta, casi figura paterna, y le obsequió un maillot amarillo que vistió en su exitoso Tour de 1973) fue uno de los primeros soldados que entró en el llamado chalé de Hitler, el Berghof, cerca de Berchtesgaden. «Tomé vino de su bodega privada», decía, «a morro, directamente de la botella. Fue la primera vez que me emborraché en toda mi vida».

Y se echaba a reír.

ALLÁ POR EL KEMMELBERG, DONDE CAMILLE FILY

Camille Fily es el adolescente más maduro en la historia del ciclismo. O lo fue en 1904, cuando salió en el Tour de Francia. Ninguno más joven antes (claro), ninguno más joven después, porque empezó el asunto con diecisiete años recién cumpliditos.

(Curiosamente aquel 1904 las rutas galas verán también al participante más longevo de siempre, Henri Paret, un ciclista de Saint-Étienne que se planta en París con media centuria cumplida).

Pero hablábamos de Fily.

Ciclistas subiendo el Kemmelberg.

Que fue superando etapas y adversidades en mitad de un clima extraño. Apasionado, enrarecido. Todos hablan. Se dice que muchos corredores hacen trampas. Tachuelas, trenes. Algunos, dicen, llevan revólver entre los pliegues del jersey. Por Nantes la policía abre fuego en medio de una trifulca entre público y deportistas, por razones que no quedan del todo claras. Hay, sí, miedo en algunos, la organización está superada. Pero Fily sigue. Llega a París el noveno, que es algo bien destacable. Acabará, después, el quinto, por aquello de que descalifican a Maurice Garin (sí, ese), Lucien Pothier, César Garin e Hippolyte Aucouturier. Nada, cosas. De Maurice dicen que cogió avituallamiento fuera de la zona permitida. Ya ven, qué cosa tonta. Otros echan susurros. Es que pilló ferrocarriles. Ah, entonces...

Y Fily, diecisiete añucos... quinto. Joder, quinto. Qué éxito.

(Paret, ¿recuerdan a Paret?, será undécimo al final. Pierde sobre Cornet, vencedor desde el anonimato, unas respetables treinta y dos horas).

Al año siguiente Camille Fily vuelve al Tour con ánimo de revancha. Maillot del Guerin Cycles, una apreciable decimocuarta plaza. Es uno de los mejores corredores del mundo, tiene solo dieciocho añitos. Futuro por vivir.

A partir de ahí... nada. Se retira, abandona la bicicleta, no sabemos la razón. Las siguientes noticias de Fily son menos alegres...

Es 1915, y anda Camille enrolado en el Octavo Regimiento de Infantería francés. Champagne y Verdún, nada menos. Más tarde, Ypres. El horror, el horror. Fily sigue pedaleando, pero ahora es de trinchera a trinchera, llevando mensajes, cartas, órdenes. Aguanta casi todo, aguanta casi hasta el final. Porque en 1918 los germanos preparan el fin, preparan una victoria para todas las victorias. Resuelto ya el frente oriental con lo de Brest-Litovsk, Alemania quiere atacar con todo Bélgica y Francia, arrastrando tropas inglesas hasta el canal. El resto será cosa de días. Le dicen *Kaiserschlacht*, batalla del Káiser, la que será definitiva.

Hay multitud de operaciones más pequeñas. Espacios que tomar, pueblos para invadir. Y cotas que tomar. Una, una pequeña colina flamenca, apenas ciento cincuenta y seis metros de altitud, es reconocida en esto de las bicis. Kemmelberg, adoquines, ásperos, pendientes de hasta el veinte por ciento, decisiva cada año en la Gante-Wevelgen. Y Erich Ludendorff, comandante germano, priorizó su conquista. Así que un diecisiete de abril de 1918 el Cuarto Ejército de Alemania ataca con todas sus fuerzas ese monte que defienden soldados portugueses, ingleses, franceses. Soldados como Camille Fily.

Choque sangriento. Hasta finales de julio el Kemmelberg irá cambiando de manos, y sumando muertes a su cuenta. Pero, para entonces, Fily ya no está.

Fue un once de mayo, y Camille, el ciclista Camille, el soldado Camille, está transportando un mensaje en dirección a Millekruis, un poco al norte del Kemmelberg. En bicicleta, claro, como siempre. Mala fortuna, prisas, falta de sueño. Disparo en la cabeza, limpio, certero. Dos días antes había cumplido treinta y un años, eran catorce desde que corrió su primer Tour.

Hoy en el Kemmelberg hay un cementerio en el que reposan casi seis mil cuerpos de soldados que jamás se pudieron identificar. Fily no es uno de ellos, puesto que el cadáver fue enviado a su familia, que le dio sepultura en Loches. Pero su vida quedó por el Kemmelberg, donde aún hoy un enorme ángel de piedra recuerda a los 5294 franceses muertos. Solo a cincuenta y siete se les pudo poner nombre.

En ese muro de bicis y muerte...

ENRICO TOTI, O CUANDO NO NECESITAS DOS PIERNAS PARA SER CICLISTA Y SOLDADO

Que Enrico Toti naciera el mismo año en que moría Giuseppe Garibaldi puede ser casualidad, pero, creo yo, fue realmente causalidad. En Toma, familia pobre, todos currando en mantenimiento de trenes, trabajo de sol a sol, peligro, pocas satisfacciones. Dieciséis años, 1908, y el drama, porque Toti sufre accidente allí, entre rieles y asbestos, pierde la pierna, queda tullido para siempre. Postrado, en un primer instante, sobre la cama, hasta que encuentra una forma de recuperar aire sobre su rostro, libertades, acción... La bici, la bici que era de su padre.

Jamás se separará del velocípedo, nuestro Toti, porque un ciclista cojo (pierna amputada a la altura de cadera) resulta llamativa, así que igual... Bien, está decidido... recorrerá Europa sobre dos ruedas, convirtiéndose en un espectáculo ambulante. Francia, Bélgica,

Alemania, Dinamaca, incluso Austria. Cuentan que si en Viena unos desconocidos le arrancan el brazalete con la bandera italiana que siempre lleva puesto. Realidad o ficción, pero Toti comienza a construir su mitología...

Porque Toti era patriotismo, patriotismo puro. También algo de fantaseo, que si creemos a Enrico no hay nadie en el continente (nadie realmente famoso) con el que no haya tomado café. Pero, sobre todo... el amor por la patria, oh, el amor por la patria. Amaba Italia, odiaba Austria. En fin. Así que el veintitrés de mayo de 1915, cuando el Reino de Italia declare la guerra al Imperio austrohúngaro, Enrico Toti siente hervir la sangre. Irá allí, oh, claro que irá allí. Y matará austríacos. Matará austríacos a montones.

Así que, animado, coge su bicicleta y se pira al noreste del país, zona alpina, frente durísimo. Pero allí... cruda realidad. Nadie le necesita, nadie le quiere cerca. ¿Tú te has visto? Para qué querríamos un ciclista cojo, aquí nos hacen falta hombres completos, los lisiados salen del frente, no llegan a él. No, Enrico, vuelve a Roma, aquí no pintas nada.

Pero Toti, pequeño Toti, ciclista de una sola pierna Toti, no se rinde. Demasiado celo patriótico, que es una cosa fatal. Así que se queda por la zona, paseando con su bici entre tropas, intenta demostrar que sería útil como enlace, como combatiente. Pero nadie lo invitó. Un par de veces hay arresto, acusado de espía, porque de qué otra forma puedes explicar esa insistencia para estar cerca de ese sitio donde todos quieren estar lejos... Le ponen en libertad y vuelve a las andadas, pero ahora son los propios soldados italianos los que le increpan, le tiran piedras, le golpean. Su fiebre bélica les hace quedar mal a ellos, que están allí obligados, que intentan pasar la guerra sin que los maten

¿Quieren un secreto? Enrico Toti no debía ser el lapiz más afilado del estuche, por decirlo suavemente.

Eso, o que estaba *chiflao*.

No importa, el caso es que el cinco de julio de 1915 va un poco más allá y se cuela en una trinchera en la zona de Cormons, en primera línea de fuego, esperando ser aceptado por el Ejército a las bravas. No hay suerte, de forma inesperada alguien descubre que solo tiene una pierna y llama al general, que llama a los carabineros, que, según sus propias palabras, le envían empaquetado lejos de allí, a su

Roma natal. Cuatro meses y allí está de nuevo, porque es cortuco para las indirectas, Enrico. Entre que lo llaman a combatir y no se gana sustento recogiendo escombros y vendiendo el metal que balas y bombas van dejando aquí y allá. Chatarrero en bicicleta. Pero chatarrero en bicicleta a unos metros de la más horrenda guerra que jamás nadie hubiese visto.

Y con una sola pierna.

En fin.

Al fin, se alista como voluntario en el Regimiento de Bersaglieri, sección de soldados-ciclistas en el Ejército italiano. Allí también combate, entre otros, Ottavio Bottecchia, futuro campeón del Tour de Francia. Nadie le quiere muy cerca, pero nadie puede arrojarlo demasiado lejos. Así que solo queda una opción…, aceptarlo. Hasta que muera, el menos. Que morirá pronto, dicen…

Y sucede.

LA DOMENICA DEL CORRIERE

Si pubblica a Milano ogni Domenica

Supplemento illustrato del "Corriere della Sera"

MILANO

L'eroica fine del mutilato Enrico Toti: ferito per la terza volta, si alza e scaglia la sua gruccia contro il nemico in fuga.

Reinterpretación heroica de la muerte, menos heroica, de Toti.

El seis de agosto de 1916 los Bersaglieri intentan tomar cota en Montefalcone, al norte de Trieste. Primera línea de guerra, fragor de batalla, lo que Toti siempre deseó. Nada más empezar la escaramuza carga contra las trincheras enemigas, pedaleando con toda la fuerza de su única pierna. Dura apenas segundines, ráfaga de ametralladora, moribundo en suelo arrasado. Si creemos lo que nos dice el *Boletín del Ejército* italiano Toti muere «besando la pluma de su casco (el símbolo de los Bersaglieri), demostrando un alma de auténtico orgullo italiano...».

La inútil muerte de Toti tornó en símbolo dentro de su país. Olviden imbecilidades... esto es martirio, gloria, épica. Construcción interesada, sí, por el periódico ilustrado *La Domenica del Corriere*, que dedica página completa, todo color, día dos de septiembre, año 1916, a la «heroica muerte del mutilado Enrico Toti». Allí aparece dibujado con su flamante uniforme, ese que nunca pudo llegar a vestir porque nunca pasó de voluntario. Unos dicen que sus últimas palabras fueron *«Nun moro io»*, que se convertirán en signo de orgullo nacional en el futuro. Porque Toti fue figura fundamental dentro del imaginario fascista que iba a nacer tras el final de la Gran Guerra. El propio Mussolini escribe en 1920: «La Italia del mañana no será la de Misano (Francesco Misano era un parlamentario socialista que defendía un pacifismo furibundo), sino que será la de Toti».

Nadie recordó que aquello era un suicidio.

Que aquel era un muchacho perdido.

Uno que murió.

LA ZONA ROJA

El once de noviembre de 1918 hay un vagón detenido en pleno bosque de Compiégne, muy cerca de donde hoy da comienzo la París-Roubaix año tras año. Es el CIWL número 2419. Seguirá apareciendo en la historia, porque en él, en 1940..., pero no, ese es otro relato. El caso es que aquel día de noviembre (frío, ventoso) se firma allí el armisticio de esa Primera Guerra Mundial que por aquel entonces, de forma muy optimista, se llamaba solo Gran Guerra...

No han pasado ni seis meses. Abril de 1919, día veintiocho, ni seis meses desde el vagón en Compiègne, ese CIWL, número 2419, donde se firma el armisticio de la Primera Guerra Mundial. Y ahora estamos en Estrasburgo, nada menos, la ciudad de los cruces. De culturas, de civilizaciones, de formas para mirar el mundo. De ejércitos, hasta hace poco, tan poco. Allí da comienzo la carrera más dura que jamás se haya disputado. Por recorrido, sí, pero sobre todo por condiciones. Y por simbolismo. Pasar por los campos de batalla, por los senderos de sangre. Polvo y ruinas. Árboles que son solo esqueletos de madera quemada, muerta. Carreteras con baches enormes, perfectamente redondos. Al fondo, muros que no sostienen casas, paredes sin ventanas, esquirlas del recuerdo. El silencio, todo ese silencio. Si aguzas el oído aun se pueden escuchar los gritos de tantos...

Es el Circuit Cycliste de Champs de Bataille. Estremece solo leerlo...

¿Quieren resumen? Siete etapas, casi dos mil kilómetros en total (saquen la media, acojona). Salida en Estrasburgo, después Bruselas, París y volver. Recorriendo los puntos más crueles de lo que acaba de terminar, pero no terminará nunca. Trincheras, ruinas, trozos de carne semienterrados por entre las cunetas.

El horror.

Un horizonte liso, despejado. Donde había pueblos..., no hay. Donde hubo bosques..., no quedan. Carreteras como dunas por el desierto. Agujeros, cráteres, obstáculos. El primer día, camino de Metz, empezó a nevar. Quién podría soportar aquello. Y, además, estaba lo otro. Lo otro. Ciclistas recibiendo instrucciones básicas sobre el camino que seguir. Porque no hay camino, no hay cruces (salvo las cruces que recuerdan), no hay cartel que inspire. Por el Somme, por Verdún. Corredores revolviendo entre cascotes. Un total de ochenta y siete salieron de Estrasburgo, diecinueve llegarán otra vez a esa ciudad. Ganó Charles Deruyter, dorsal cuatro, un flamenco duro y áspero, sacó casi dos horas y media al segundo, Urbain Anseeuw, y cerca de tres al tercero, Henri van Lerberghe. Todos de Flandes, por si quieren sacar conclusiones.

Entre medias... cuantas penurias ustedes puedan imaginar. Primera etapa, la nieve, el hielo, vendavales. Cuentan que Charles Deruyter terminó la segunda etapa vistiendo un abrigo largo. De mujer, se lo dio una espectadora. Me congelaba, me congelaba. «Han dado lecciones de vigor», escribían en *Le Petit Journal*, la publicación que tuvo la irracional idea de poner en marcha este purgatorio sobre ruedas... Muchas horas de pedaleo se hacen de noche, y así es mejor, porque huele menos. Huele menos a putrefacción, a cuerpos que se descomponen, a campos que alguien abonó con caballos y hombres...

Pero ellos siguen, porque eso hacen, siempre, los ciclistas.

Seguir.

Cuando los ciclistas entren en Estrasburgo el once de mayo de 1919 (cuatro años y dos días después de la segunda batalla de Artois) el vencedor habrá empleado casi noventa horas sobre su bicicleta (le sobraron tres minutos y trece segundos), a una media ligeramente superior a los veintidós kilómetros por hora. El último, Arsène Pain (qué oportuno apellido) tarda cincuenta y dos horas más. Dos días y pico. La media no llega a los catorce kilómetros por hora.

Y sin embargo héroe. Porque terminó la carrera más dura jamás celebrada.

El horror, el horror.

LA GUERRA CIVIL Y LOS HUIDOS

Los ciclistas frente a la playa del Sardinero, cuatro de septiembre de 1925, algunos lugareños aprovechan para pasear y darse un baño, porque en septiembre está el agua muy caliente por Cantabria. Pero ellos no, claro, porque ellos tienen por delante más de doscientos kilómetros entre Santander y Reinosa, pasando por Potes y Cervera de Pisuerga. Primera etapa de la primera Vuelta a Cantabria.

Horas más tarde. Pasado Pesaguero, último tramo de Piedrasluengas, casi bajo una pancarta donde pone «Viva Cantabria». Aceleran dos tipos. Uno se llama Juan de Juan. El otro... bueno, el otro no se sabe muy bien. Miguel Musó, dicen las crónicas de su época. Miquel Mució, ha pasado a la historia. Muç Miquel Serret le decían en su casa. Ciclista. De los buenos, palmarés destacado. Acelera, digo, por la Venta Pepín, y pasa solo a través del poblado que hay casi en la cima, pero luego lo pillan en el llano, y hace solo tercero en Reinosa. Cuando acabe la segunda y última etapa (de

Reinosa a Santander pasando por Espinosa de los Monteros, Los Tornos o las Encartaciones) repite posición de la general. Casi veinte horas encima de la bicicleta y solo once segundos lo separaron de Teodoro Monteys, el ganador.

Qué injusto, tú.

Muç Miquel Serret, ese que en todos sitios aparece como Miquel Mució, vino al mundo el tres de diciembre de 1902. Barrio de Les Corts, plena Ciudad Condal. Su padre era el sereno de la zona, pero murió cuando el chiquillo contaba apenas cinco meses. Vida dura, pues, desde el principio. Empieza el éxodo. Primero a Vila-seca, entre Tarragona y Cambrils. Viñedos donde trabaja Muç hasta que tiene dieciséis años. Otra mudanza, hasta Perpiñán. Entra como mecánico en una tienda de bicicletas, empieza a montar, le gusta el asunto. Doce meses y el adolescente Miquel empieza a competir. Destaca, sí. Quedará quinto en 1923, con diecisiete añitos, lo hará mejor al año siguiente. Y al otro. Sendas victorias, nada menos. Doble vencedor de la Volta a Catalunya, la primera vez que alguien repite título. Una estrella, reconocido allá por donde va. Lleva los maillots de la Unió Esportiva Sants, blanco y franjas verde oliva. Después vestirá otros colores aún más reconocibles. Azul y grana, sección ciclista del Fútbol Club Barcelona. También éxito en la Vuelta a Asturias. Etapas y premios. Campeón de España en ruta, año 1927. El Gran Premio de Bilbao, el Gran Premio de Álava. Qué no podría hacer con los métodos de entrenamiento más avanzados. Y aparece la tentación. Francia.

Probemos.

Ficha por el Dilecta-Wolber, que es uno de los mejores equipos del mundo. Maillot amarillo en el pecho, azul por el vientre. O viceversa, depende de la carrera. Años 1928 y 1929. Sendas victorias en Ordizia. Casi triplete en Catalunya, solo por detrás de Mariano Cañardo (primera de siete que ganó). Era el año 1928 y aún no había cumplido los veintiséis, pero estaba agotadísimo. Aguanta otra temporada, deja la bici en 1930. O la bici lo deja a él, que es lo que pasa normalmente en estos casos. Remembrares, batallitas, risas con antiguos compañeros. Vive en Perpiñán junto a su esposa, Marie Gubert, tiene un hijo que se llama Robert Miquel. La vida sonríe a Muç. También en lo político. Va bien, España, piensa. República, la Segunda. Yo es que soy de izquierdas, dice. De izquierdas. Terminará militando en el

Partido Socialista Unificado de Catalunya y en el Partido Comunista de España.

¿Conocen el Rick's Cafe Americain? Bueno, pues Muç tenía una especie de Rick's Café en Perpiñán. Daba el tipo. El doble tipo. Porque tenía planta. Y porque tenía... lo otro. Miquel actúa como contacto exterior del Partido Comunista. Se lleva bien con los gendarmes, sabe todo de exiliados españoles, conoce a estos y aquellos. Cada vez que un huido llegaba al sudeste francés tenía un primer paso ineludible por el café de Muç.

El problema es que... Estaba jodido el asunto en España, se puso fatal por Francia. Clandestinidad sobre la clandestinidad. Sigue con su bar, continúan los contactos. Y ahora suma otra cosa. Porque es miembro de los Franc-Tireurs et Partisans Français. O, dicho de otra forma, los partisanos que el Partido Comunista galo está formando por todo el Hexágono. Uno de los grupos más activos en la *résistance* interna. Enlace, de nuevo, aprovechar que conoce a todos y todos parecen apreciarlo. Extremar precauciones.

Hasta que sucede.

Diez de abril de 1944, plena madrugada. Golpes fuera, miedo dentro. Venga con nosotros, dice la Gestapo. Venga con nosotros. Palizas,

Miquel Mució.

juicio sin juez. Un tren que parte al norte. A la Hansa, Hamburgo, antigua fabrica de ladrillos en el distrito de Neuengamme. Campo de concentración, pasaron por allí unas 100 000 personas. Más o menos la mitad mueren.

De Muç Miquel sabemos fue recluso número 30257, en un campo donde había, sobre todo, presos políticos. Estará más del año, hasta que el dos de mayo de 1945 las SS abandonen Neuengamme. Ni dos días desde que Hitler se voló cabeza en su búnker.

Miquel era libre. Pero no pudo aguantar. Epílogo cruel incluso en aquel tiempo de historia crueles. Sin fuerzas, al borde de la inanición, Miquel no tiene fuerzas para repatriarse, lo envían a un hospital en Lübtheen, cien kilómetros al este. El problema es que los británicos, que habían liberado Neuengamme, siguen con su avance, así que el centro queda en manos germanas. Solo veintitrés días después de abandonar el campo Miquel muere. Han envenenado su comida. Muchos otros fallecen de la misma forma.

Venganzas tras la guerra cuando la guerra apenas terminó.

En Perpiñán hay un palacio de los Reyes de Mallorca, que se terminó de construir a principios del siglo XIV. Arquitectura sobria, muros fuertes. Al lado, justo al lado, existe una calle pequeñita, muy modesta.

Esa calle se llama Rue Miquel Mucio.

Héroe de la resistencia.

DE BUCHENWALD AL *JAUNE*

Tres de julio de 1952. El Tour de Francia visita Lausana un día antes de subir por primera vez en la historia el Alpe d´Huez. Así que los grandes sestean. Escapada, más de diez minutos. Victoria para el zuizo Walter Diggelmann.

Echan cuentas, suman, restan. Es Andrea, sí, es Andrea, el que ha hecho séptimo. Andrea, dicen, Andrea, vas a vestir el maillot amarillo. Y Andrea, Andrea Carrea sorprende a todos.

Se echa a llorar. Es uno de los gregarios fieles de Fausto Coppi, y Fausto Coppi exige fidelidad casi feudal. Así que, mitad por respeto, mitad con algo de miedo… teme la reacción de su líder. Cuando entra Coppi, Carrea va donde él. Lo siento, Fausto. Si quieres, Fausto, me retiraré, no soy digno del maillot. Y Coppi lo mira, sonríe, lo abraza con fuerza. Los dos, hombre y mito, se funden en uno solo. Al día siguiente, ya de amarillo, Carrea se arrodilla delante de su líder para limpiarle las zapatillas. Respeto, casi de humillación. Al final de la etapa Fausto Coppi ha puesto las cosas en su sitio. Parcial y *jaune*, luego se lo cuento todo. Carrea termina noveno en París. Digno, destacable.

Secundario comparado con...

Carrea nació en 1924, por Gavi. Ciclista casi desde mozuco, carreras golfas, trabajo de albañil. Y allí que aprende ideas diferentes. Políticas. Se hace socialista porque quiere que los suyos salgan adelante. La unión entre bici e ideología estaba siempre ahí.

(Una de las primeras decisiones de Adolf Hitler tras tomar el poder fue eliminar la Bund Deutscher Radfahrer, el sindicato alemán de ciclistas. Estuvo, siempre, asociado a partidos de izquierdas, y podía reunir en sus convocatorias a miles de paisanucos con sus bicis. A miles de paisanucos potencialmente disidentes con sus bicis, añadimos. Así que... fuera. Después la Wehrmatch confiscarán bicis por Bélgica, por Dinamarca, por Países Bajos, por Francia. Era algo de disidentes, era un instrumento presto para la rebelión).

Pero... Italia. Año 1943, República de Saló, los ciento veinte días de Sodoma. Las SS campan a sus anchas por el septentrión transalpino, los trenes en dirección a campos alemanes van cada vez más cargados. Y en uno de ellos viaja Sandrino Carrea... A Buchenwald, espacio de muerte a las afueras de Weimar. Dicen que allí inyectan tifus a presos gitanos para comprobar su resistencia, que esterilizan por sistema a miles de personas, que cierto doctor dice que puede curar la homosexualidad mediante un sencillo trasplante. Ilse Koch, esposa de un comandante de las SS, colecciona las pieles de quienes fueron condenados a morir. La curte, cuida y mima, Isla Koch, aprecia especialmente las que llevan tatuajes. Allí sobrevive Carrea durante dos años, entre 1943 y el final de la Segunda Guerra Mundial. Allí están, también, Daladier, o Jorge Semprún, o Léon Blum, o Imre Kertész.

Tantos.

Se calcula que más de 50 000 personas murieron en Buchenwald.

El once de abril de 1945 soldados del Tercer Ejército Estadounidense entraban en Buchenwald. Empezaba para los supervivientes otra odisea. Volver a casa. Intentar olvidar aquello. Sandrino Carrea cruza media Europa en bicicleta. Nunca querrá extenderse en el relato de esos tiempos. El campo, los compañeros. Tampoco el viaje de vuelta. Vi tantas cosas, dicen que decía, había tanto horror en las cunetas.

No, no lo cuento.

En Italia volvió a la bici, la bici volvió a él. Y encontró a Fausto. Empezaba otra época de su existencia...

El propio Coppi sabía perfectamente lo que callaba Carrea. Cómo no, si lo había vivido en sus carnes. El nueve de junio de 1940 un jovencísimo Fausto Coppi vence en su primer Giro. Una gran estrella ha nacido. El diez de junio Mussolini anuncia la entrada de Italia en la Segunda Guerra Mundial. El once de junio, dos días después de la victoria ciclista, Fausto Coppi es movilizado, se convierte en el soldado número 7375 del Cuerpo de Infantería. La historia se mueve histérica, caprichosa.

Al principio todo es tranquilo. Cuarteles cerca de su casa, labores de intendencia. Hasta la hora, en Vigorelli. Pero después... guerra. Por marzo de 1943 Fausto Coppi es enviado a Túnez, a defender la línea Mareth. Esfuerzo inútil..., el trece de abril es capturado por las tropas inglesas en Cabo Bon y comienza así su odisea. Primero los transalpinos son trasladados a la localidad argelina de Blida, al campo de prisioneros de Megez-el-Babm, más de diez mil compatriotas que luchan por sobrevivir en condiciones infrahumanas. No vuelve a suelo italiano hasta el tres de febrero de 1945, cuando caiga en otro campo, por Salerno. Abril y Fausto sale, es libre, quiere volver al norte, a su hogar.

Para qué hablar de aquello...

En 1946 corrió el Giro, Fausto, y casi lo gana (segundo, tras Gino). Allí estaba, también, Jospeh Magnani, el primer yanqui que hizo la Corsa Rosa. Y otro que conocía horrores de campos...

Magnani nació en 1911 en LaSalle, un pequeño pueblo del interior de Illinois, situado a ciento cincuenta kilómetros de Chicago. Con dieciséis años se lanza a la aventura europea, y se traslada, junto a su hermana mayor, Angelina, al sureste de Francia. Vivirá en Cap-d'Ail, muy cerca de Niza. Allí empieza a montar en bicicleta, y lo hace bien, consigue resultados. Alto, metro ochenta de estatura, y muy fuerte. Pronto pasa a profesionales y se labra un hueco entre las grandes locomotoras de su época. Hasta que las bicis dejan de importar lo más mínimo. Febrero de 1943, a Magnani lo detienen las tropas nazis. Por yanqui, solo por yanqui. Lo envían a un campo de concentración en el norte de Francia. Sale de su hogar pesando setenta y siete kilos. Cuando las tropas angloamericanas lo liberaron, año y medio después, estaba solamente en cuarenta y tres...

Volvió a correr, claro, eso nunca se abandona. Buenas actuaciones, además. De la guerra...

No, de la guerra no se habla, no.

LOS NAZIS QUIEREN ORGANIZAR UN TOUR, PERO A MÍ NO ME HACE MUCHA GRACIA

Cuando los nazis invaden Francia, en primavera de 1940, el ciclismo se detiene (casi) por completo. Y el Tour del todo, como es lógico y normal. Desgrange huye a la Provenza y fallece ese mismo año, en agosto... Jacques Goddet queda como director de *L'Auto*. Menuda responsabilidad, menudas presiones de los hijos de Hitler, que querían ver la Grande Boucle por carreteras ocupadas, para que todos vean lo tranquilo que está el asunto. Primera intentona en 1941 y Jacques que se niega. Segunda, un año más tarde, con ayuda, impuesta, de *La France Socialiste*, ese periódico donde escribe Jean Leulliot. ¿Recuerdan a Leulliot? Sí, hombre, el de la Grande Boucle femenina...

Ahora empiezan a atar cabos, ¿verdad?

Los dos años siguientes, *L'Auto* hace una especie de clasificación por puntos entre las carreras más importantes del país. Gran Premio Tour de Francia, le dicen, pero Goddet quiere dejarlo claro desde el principio... que esto no es un Tour, que no es un Tour de Francia, que el Tour solo podrá volver cuando Francia sea Francia, y entonces ya sí, entoces el Tour será el Tour.

El primer año aquel invento cubre cosas como la París-Roubaix, Provence, París-Dijon, París-Reims, París-Tours, Course à Paris, Auvernia, Alpes y Grand Prix de l'Industrie du Cycle, con Jo Goutorbe como ganador. La segunda edición, en 1944, ni siquiera pudo completarse, porque andaba la *résistance* a cosas mucho más importantes...

QUÉ MAJOS, LA GESTAPO: EL CIRCUIT DE FRANCE

Pero hablamos, también, de Jean Leulliot. Lo recuerdan, ¿verdad? Buen golfo, menos escrúpulos que Luca Brasi. Sonrisa profidén, siempre buenas palabras, siempre pisando a quien haga falta. Si no le gustan mis principios aquí tengo otros. El *show* debe continuar. Ese tono.

Periodista, claro.

Antiguo redactor en *L'Auto*, Leulliot pasó la guerra escribiendo para *La France Socialiste* (*La France au Travail* al principio). Vamos, colaboracionismo del bueno, nada de tibiezas, loquísimo. Tanto como para que los nazis le digan de presionar a Goddet para hacer un Tour. Será bueno para todos Para todos, guiño, guiño. Pero Goddet, vimos, se niega, porque tiene dignidad, y dice que jamás de los jamases, que Desgrange nunca lo hubiese permitido, que él no será menos. Así que Leulliot empieza a darle vueltas al magín, porque quiere seguir pillando tajada de los boches. Y se inventa otra cosa.

A Émile Idée lo llamaron de madrugada y no era el lechero.

Otra que le dice Circuit de France.

Pintaba chulo, no vayan a pensarse. A ver, pintaba chulo si le quitan todo el componente extremadamente nazi. Seis días, ocho etapas en total, mil quinientos kilómetros. De París a París, pasando por Le Mans, Poitiers, Limoges, Clermont-Ferrand, Saint-Éttienne, Lion y Dijon. Las dos regiones... Francia ocupada y Francia Libre, que es un eufemismo acojonante. Y sesenta y ocho participantes, oigan, que no está nada mal. Bueno, a ver, no está mal..., digamos que algunos iban bien aleccionados. Vamos, que obligación. Émile Idée, por ejemplo, que era campeón de Francia y pasaba un huevo de estas cosas, que no quería ir por nada del mundo. Hasta que llama la Gestapo a su casita, y le explica, amablemente, que estaría guay lo de participar en el Circuit de France. Y, claro, pues pilló la bici...

(Hizo noveno, porque pasó de pedalear a lo loco).

Pero es que aquello era imposible.

Casi un tercio de los ciclistas abandonan ya en la primera etapa, que gana Guy Lapébie. Y gana la general un belga, François Neuville, que tampoco es para pasarse el día llorando, pero luciría más un tricolor. Veintisiete tíos acabaron aquel invento. El último, Maurice van Herzele (otro belga) lo hizo a casi cuatro horas.

No habrá ningún otro Circuit de France. Tampoco merecía más esa carrera organizada por hijos de puta.

EL PEOR RECUERDO DEL VELÓDROMO

Y nos queda hablar, perdonen, del *vel d'Hiv*. El velódromo de Invierno. La historia más triste, la más cruel. Hubo un tiempo en que el mundo fue París y París fue sus velódromos. Pícaros, descarados, con un punto de sofisticada vanguardia; también señoriales, luminosos, animados, elegantes. Y esto. La historia que se quiere olvidar, la que no luce...

El dieciséis de julio de 1942 las autoridades nazis organizan la mayor redada que hubo en la Francia ocupada. En París, claro. Un total de 12 884 judíos y un número indeterminado de opositores, miembros de la resistencia, gitanos, homosexuales o, sencillamente, ciudadanos «molestos» fueron sacados de sus casas de madrugada.

Muchos son arrastrados hasta el *vel d'Hiv*, dentro de la operación Viento Primaveral (ya ven, un sutil trazo de ironía cruel). Más de siete mil personas confinadas durante cinco largos días sin comida ni agua, en espera de un traslado a destino aún peor. Cientos de ellas se suicidan, otros tantos son abatidos por las SS mientras intentan huir. La pista se cubre de sangre, la Shoah llega a la capital francesa…

La llamada *rafle du vel d'Hiv* ha golpeado durante décadas la memoria común francesa, principalmente debido a la participación de la gendarmería de la capital en labores de localización y arresto…

Tras la guerra el velódromo de Invierno retomó su actividad, e incluso fue lugar escogido por el gran Henri Cartier-Bresson para legarnos la, seguramente, más bella serie fotográfica de temática ciclista que jamás se haya realizado. Allí estuvieron Anquetil, y Gem, y tantos otros.

Pero quedaba lo anterior, las asociaciones, el rubor, la vergüenza. Recuerdos indeseables. La fama del *vel d'Hiv* decae, hasta que termina cerrando a finales de los cincuenta…

Uno para todos, todos en equipo

El ciclismo es un deporte peculiar. Uno que entrega victorias individuales (salvo en aquel Giro tan lejano), pero que se corre por equipos. Vamos, que triunfa Pepe, pero en realidad Pepe va con ocho gregarios, y esos ocho gregarios también triunfan un poco, salvo que sea un caso de esos de peleas entre compañeros, que siempre dan mucha salsilla, los casos esos...

Así que los equipos forman parte de este rollo casi desde el principio. Los equipos y las selecciones nacionales, que fueron ensoñación de Desgrange, que aún arrojan fotos icónicas, reconocibles. Otra vez los maillots legendarios. Otra vez los diseños inolvidables. Y algunos otros bien olvidados.

(Qué bonitos eran los maillots antes, colega).

Ah, y controlando todo este asunto... pues directores. Generales, jefes, paisanos a los que nadie chista ni tose. Nombres que han quedado en la memoria para siempre. Pequeños napoleones, vizcondes, abogados, grandes fusiles. Coristas y golfainas. Relatos, relatos.

Y, también, esos equipos raretes, esos que venden imagen distinta, los que resultan peculiares.

Pasen y vean, amigos...

LOS COMIENZOS Y SUS CAMBIOS DE MODELO, COOPERATIVAS POSBÉLICAS Y SUPERESCUADRAS

Cuando Henri Desgrange imaginó el Tour de Francia lo concibió como carrera individual, una lucha de poder a poder entre superatletas con fuerte componente épico, donde la educación y la deportividad fueran razones suficientes para mantener la pureza de la competición. En suma, una especie de torneo caballeresco modernizado a lomos de bicicletas.

Con esa idea en la mente prohíbe la existencia de equipos comerciales en las primeras ediciones del Tour de Francia, entre 1903 y 1908. Pero ya en la primera edición se da cuenta de que sus deseos son solamente fantasías frente a las evidencias. Así que Desgrange reflexiona, que es cosa que hacía bastante (o bastante poco, depende del tema), y permite la concurrencia de equipos comerciales entre los años 1909 y 1913. Equipos patrocinados por fabricantes de bicicletas que han encontrado en el Tour de Francia filón publicitario. Así, gracias a la popularidad de la carrera la firma Alcyon pasará de vender 9772 bicicletas en 1906 a facturar en 1910 un total de 31 813. Precisamente Alcyon y Peugeot dominan la Grande Boucle en esas ediciones.

Tras el paréntesis bélico el Tour buscará cierta sensación de vuelta a la normalidad y exaltación patriótica, volviendo a las carreteras cuanto antes (solo que ni carreteras había, pero ustedes me

Gustave Garrigou ganó la Milán-San Remo de 1911 con el equipo Alcyon.

entienden). Para los equipos..., bueno, para los equipos era más difícil, porque la mayoría de las empresas que fabricaban bicis están en ruinas o se dedicaron durante la Gran Guerra a la producción de armas. Solución sencilla: las fábricas de neumáticos y bicicletas más importantes de Francia se unen formando una cooperativa denominada La Sportive, que será el nombre comercial que defenderán sus ciclistas por las carreteras de media Europa. De esta forma La Sportive podrá aglutinar bajo sus colores a todos los grandes ases de la época, sometiendo, para disgusto de Desgrange, la Grande Boucle. Y Desgrange no era tipo así como de tomarse las cosas en plan bromita. Así que los conjuntos patrocinados por casas comerciales «ortodoxas» vuelven en 1925 y se mantendrán así hasta 1929.

Cuando llegan los maillots nacionales, oigan.

SELECCIONES, PUÑALADAS Y CICLISTAS QUE NO SE QUIEREN HABLAR

El sueño de Desgrange, la odisea que satisface su visión megalómana. Maillots que son banderas, ciclistas que son embajadores. Oh, sí, no puede molarme más. Y todo se lo debemos a un tal Maurice De Waele.

Porque el veintiocho de julio de 1929 Maurice De Waele gana el Tour de Francia, y a Desgrange no le gusta ni un pelo ese *resultao*. Así que se pone en plan diplomático, y empieza su artículo sobre la Grande Boucle con estas palabras tan suaves y poco polémicas: «Hemos dejado ganar a un cadáver». Desgrange hace referencia a la labor de los compañeros de equipo de Dewaele en Alcyon, que hacían inútil cualquier intento de asaltar el primer puesto. Por ello en su cabeza empieza a fermentar la idea de introducir un gran cambio en «su» Tour de Francia, seguramente el mayor desde la inclusión de los Pirineos en 1910.

Que se dispute con selecciones nacionales.

Esta revolución aparecerá anunciada en *L'Auto*, el veinticinco de septiembre de 1929. Que el siguiente Tour comenzaría el dos de julio de 1930, y su pelotón irá compuesto por ocho ciclistas italianos vistiendo los colores de Italia, ocho belgas, ocho españoles, ocho alemanes, ocho franceses, cuarenta ciclistas independientes de entre los que hubieran corrido el Tour de 1929 y veinte independientes nuevos. La idea era, según dejó escrito el propio Desgrange, «ver ganar al mejor dentro de los límites del reglamento».

Dentro de los límites, no se me vengan arriba.

«¿Por qué cinco equipos?», se preguntaba el patrón del Tour:

> Porque solamente son cinco las naciones que pueden formar un equipo: Bélgica, Italia, España, Alemania y Francia. Luxemburgo no tiene más que a un hombre, Suiza nada más que a tres, Austria solo uno. Los otros países no tienen a nadie.

Más sarcástico se mostraba para justificar el hecho de que las selecciones fueran de ocho hombres: «Se lo diré en voz baja, confidencialmente. Si usted tiene unos cuantos cientos de miles de francos, envíenoslos y podremos traer equipos de doce hombres». Los sueldos de las estrellas serían abonados por el Tour, y la carrera no podía permitirse en aquellos primeros años un pelotón demasiado nutrido.

Porque, oigan... hablamos de mil asuntos, pero también es cuestión de pasta. Abundar sobre los acontecimientos del año 1929 en el ámbito industrial es innecesario. Y las fábricas de bicis también sufren, claro. Tanto que apenas podían hacer frente a los gastos ocasionados por sus equipos comerciales, algunos con sobreabundancia de grandes estrellas. Y aquí vio Desgrange la doble posibilidad.

De un lado, dispuso que el sueldo de los ases sería abonado por el Tour de Francia durante el mes en el que transcurriera la prueba, lo que supuso un considerable ahorro para esas marcas comerciales. Asimismo, y para garantizar la igualdad de condiciones entre todos los participantes, sería el propio Tour de Francia el que iba a proporcionar las bicicletas (idénticas para todos los participantes) y el resto del material a los ciclistas (salvo culotes, sillines y manillares), además de asistencia de mecánicos, masajistas y médicos. Todo ello ayudó a que las marcas comerciales vieran con buenos ojos una idea que, en principio, atentaba contra sus intereses, pero que dentro del contexto temporal concreto en el cual fue planteada les resultaba muy beneficiosa a corto plazo. Además, esta situación tuvo otro efecto secundario, como fue la reducción de los efectivos en los grandes conjuntos ciclistas, volviendo a la contratación de hombres para meses concretos, quienes además cobraban un sueldo considerablemente más bajo que los estilados hasta aquel momento, algo muy del gusto de los patrocinadores y del propio Desgrange, que nunca había ocultado su preocupación por la inflación salarial en los corredores modestos.

Paralelamente a esto Desgrange comienza a construir una idea ya añeja que acabará por convertirse en una de las más exitosas de su vida: la caravana publicitaria. Y es que, para poder hacer frente a los nuevos gastos que el Tour de Francia tenía (sueldos, bicicletas, mantenimiento, masajistas, etcétera), Desgrange creó esta colorida procesión de vehículos que, mediante un precio fijado de antemano,

Georges Antenen, en 1931, con el maillot de Suiza, evidentemente.

aprovechan la repercusión que tiene la Grande Boucle para pasear sus productos por todo el Hexágono. La primera compañía que acepta el reto será la chocolatera Menier, cuyo director de publicidad, Paul Thèvenin, ayudó al patrón del Tour de Francia a modelar esa idea. En aquella primera ocasión cada anunciante debía pagar a la organización de la carrera 50 000 francos por vehículo. Muy pronto, tal y como había planeado Desgrange, se vio que los ingresos de la caravana superaban en mucho a los gastos que el Tour por selecciones nacionales acarreaba.

El cambio económico fue instantáneo. En 1931 el Tour ofrecía 733 000 francos en premios, por los 150 000 de 1929, y llegará a superar el millón en 1935. Ese mismo 1931, en la caravana publicitaria se anunciaban 46 *sponsors*, que pagaban entre 5000 y 40 000 francos cada uno. Entre ellos había empresas del sector alimentario, de bebidas alcohólicas y no alcohólicas, productos relacionados con la bicicleta, marcas de ropa, constructores de motocicletas e incluso el velódromo del Parque de los Príncipes, donde el Tour terminaba su recorrido. En unos pocos años el mundo del *marketing* se había introducido por completo en la carrera francesa y la convertía en parte importante de su estrategia anual, cambiando para siempre la imagen de la prueba, que ahora crecía en bullicio y colorido.

Pero claro, eso es polémico. Lo de las selecciones nacionales, digo. Lo dejó clarísimo Roger Rivière décadas más tarde, al hablar sobre Jacques Anquetil: «Mire, durante todo el año él y yo somos adversarios. Hoy nos piden que seamos compañeros. Los organizadores y el seleccionador me imponen su voluntad, pero yo correré de cualquier forma contra él».

Pero, pese a todo, la fórmula fue un éxito desde el principio. Aquella Francia de los años treinta, aquella selección invencible («La Belle Équipe», le dijeron) ayudaba, claro. Allí estaban Magne, o Leducq, o Vietto, Bidot, Pelissier o Speicher. Sumen el chovinismo, sumen la idea de una «confrontación entre países» y... hop... exitazo. En los años treinta participan en el Tour selecciones clásicas como Francia, Bélgica, Italia, Alemania, España, Suiza, Luxemburgo y los Países Bajos, pero también otras exóticas como Australia, Yugoslavia, Rumanía, Austria o Gran Bretaña. Todo ello crea una iconografía propia de los equipos nacionales, con los aficionados identificándose con banderas y ciclistas. Lo que es más difícil de lograr si hay marcas comerciales, claro (salvo si es usted periodista o tuitero a sueldo de los grandes equipos del Pro Tour, que hay casos a montones). Ah, y surgen los tópicos, que siempre venden mucho, los tópicos. Así, tenemos a los esforzados flamencos, los españoles anárquicos y geniales, los italianos siempre en perfecta formación de equipo o incluso el espíritu fraternal y algo chovinista de la selección francesa.

Ah, también estaban los equipos regionales franceses (lo que era seguimiento del público al cubo, por aquello del paisanaje), y algunas mixturas provocadas por conveniencia del organizador. Vamos, que encontrabas equipos combinando a Suiza y España, o a Luxemburgo y Holanda, o a quien hiciese falta con quien necesitásemos. Todo sea por el espectáculo.

Al menos hasta que ese modelo... se agotó. A fines de los cincuenta. Era bonito, era sentimental, era sencillo y tenía su punto de nostalgia, pero...

La fórmula empieza a fallar por las continuas injerencias que patrones y directores de equipos comerciales cometían con sus pupilos cuando estaban seleccionados durante la disputa de la ronda francesa. Además, la llegada al ciclismo de *sponsors* muy potentes, ajenos por completo al mundo de la bicicleta y con nuevas ideas sobre el *marketing*, fue muy importante, al introducir una mentalidad puramente mercantilista que no acababa de comprender la existencia de selecciones nacionales en el mayor escenario publicitario de cada año. Sumen a eso que ha aparecido la tele, y que las marcas exigen salir por la tele durante el Tour, y no quieren conformarse con coches o furgonetas en mitad de una caravana festiva y vistosa, sí, pero también algo anónima para cada empresa, de tan grande que es...

Todo ello empieza a arrojar luchas de influencias bastante cruentas entre las marcas comerciales, los seleccionadores de cada país y la propia organización del Tour. Punto culminante fue la amenaza del equipo Liberia-Grammont de no dejar a su estrella Henri Anglade correr con los colores de Francia el Tour de 1961, lo que se unía a la ausencia de Anquetil en 1960, que prefirió correr y ganar el Giro de Italia y a la de Poulidor en 1961, a quien su director de equipo en el Mercier, el mítico Antonin Magne, no permitió acudir a la ronda gala en un rol de *domestique*. La situación se hacía ya incontrolable, pese a la confianza que quiere transmitir el organizador de la carrera: «No son los campeones quienes hacen el Tour de Francia, sino el Tour de Francia el que hace campeones», escribe Goddet. Pero la carrera sin ciclistas es menos carrera, supongo».

Así que para la edición de 1962 el Tour retoma la modalidad de equipos de marcas de forma «experimental, y el retorno a los conjuntos nacionales se producirá, al menos, una vez cada cuatro años en coincidencia con los Juegos Olímpicos». Esto último, ya saben, cayó en el olvido. Volverán en 1967 y 1968, pero será solo un breve interludio.

Las marcas han ganado la partida, y será para siempre.

Y CON LA VUELTA Y EL GIRO... ¿QUÉ?

Porque, a ver, en el Giro y la Vuelta también tendremos equipos, ¿no? Pues sí, pero de aquella manera. Sobre todo por España, que siempre fue muy a su bola con estos asuntos...

El Giro de Italia anduvo a la gresca con lo de incorporar equipos nacionales o regionales a su carrera. Si hasta tuvieron una edición que se corrió por escuadras en 1912, ganando el Atala sobre el Peugeot. Así las cosas, tan solo la segunda posguerra contempló algo similar a los equipos «nacionales» o «regionales» en Italia, especialmente en el llamado Giro del Renacimiento, celebrado en 1946. Allí no solamente participa un equipo auspiciado por el Partido Comunista italiano, sino que uno de los conjuntos más potentes era el Wilier Triestina, *sponsor* de inspiración en la ciudad de Trieste con fuertes lazos con su ciudadanía de habla italiana, cuya intención era defender la italianidad de ese puerto, entonces bajo control internacional como Territorio Libre de Trieste. De hecho, Wilier no era sino el acrónimo de *viva l'Italia, liberata e redenta...* También en aquellos años algunos corredores extranjeros, como los franceses, eran invitados de forma individual y corrían bajo los colores de Francia, aunque sin llegar a ser una selección en sentido estricto.

En cuanto a la Vuelta, aquella primera edición que vimos tuvo solamente dos equipos, con colores de BH y Orbea, empresas armeras con sede en Eibar, que, con el tiempo, se convirtieron en constructores de bicicletas. Pero era apenas ficción, y los «fichajes» por uno u otro equipo se decidieron por sorteo, teniendo más fortuna BH, quien contó con los mejores ases belgas en sus filas. En 1941, también lo vimos, ocurre algo parecido, con los clubes de fútbol más importantes de la ciudad de Barcelona (el Fútbol Club Barcelona y el Espanyol), y al año siguiente sería el Deportivo de La Coruña, otro mítico del balompié, que aglutinará a la mayoría de los grandes contendientes para la victoria. No obstante el grueso del pelotón siguen siendo «independientes», con su maillot gris del Ministerio de Educación y Descanso.

Para los cincuenta sí que hay equipos regionales y nacionales, aunque todo tiende al caos, para qué engañarles a ustedes. Así, por ejemplo, en 1955 los ciclistas españoles estarán encuadrados en ocho equipos regionales y dos nacionales, el A y el B; mientras que un año después acudirá a la prueba una selección nacional española y cuatro equipos regionales representando a Cantabria, y las regiones de Centro-Sur, Pirineos y Mediterráneo. Pero eran los últimos coletazos. En 1958 desaparecen los regionales, y un año después la Vuelta acepta indisimuladamente los equipos de marca que funcionaban durante todo el año.

Y así hasta hoy...

VIZCONDES, CORISTAS, NAPOLEONES Y MUCHA MALA HOSTIA: LOS DIRECTORES LEGENDARIOS

Claro, con todo esto que les venimos diciendo... pues pueden imaginarse a los directores. Sí, sí, a los directores, a quienes deben controlar todos estos lupanares (algunos en sentido estricto), lidiar con genios volcánicos y pelear con quien organiza la prueba por un quítame allá esos segundos de sanción. Vamos, que tíos *bragaos* (y tías). Vamos, que mala baba a raudales. Vamos, que historiones.

Al principio... pues al principio fue el caos, porque en esto de las bicis ya han visto ustedes que al principio es el caos. Directores, lo que se dice directores... Hubo carreras con «ayudantes» que iban también sobre bici, o en moto (como la Burdeos-París), hubo carreras con coches de apoyo, con otros ciclistas contratados exclusivamente para hacer auxilio. Pero lo normal era que eso de «director» no existiera, o que fuese muy distinto a como lo entendemos hoy. O sea, que si hay que liarse a hostias con el míster, como hizo Petit-Breton, pues se lía uno, no me vas a decir lo que debo hacer, sinvergüenza…

Luego ya no. Luego, y podemos fijar ese «luego» en la primera posguerra, existieron equipos más ordenados, y directores más… al uso. Pero esto seguía siendo ciclismo heroico, y si las dos ruedas atraen personalidades peculiares en aquel tiempo más.

¿Comienzo? Pues miren, Eberardo Pavesi. Comienzo y cénit, sí desean, porque hablamos del tío que acumula más victorias en todo este bendito deporte. Estuvo años, eso sí, no vayan a pensarse. Porque Eberardo nació en Colturano, Lombardía, en 1883 (vamos, que vio Italia por los pelos), y muere en 1974, cuando Merckx ya gana su quinto Tour. Casi el siglo. Y ese ratuco… la bici, la bici. Todo el tiempo. La bici.

Eberardo Pavesi, el Abogado.

A Pavesi le llamaban *l'Avocatt* (el Abogado), y así se titula el libro que le dedicó Gianni Brera, que es suficiente mito, oigan. Pero es que de Pavesi escribieron los mejores..., escribió Montanelli, y Buzzati, escribió Chany, Goddet, Malaparte o Vergani. Ya saben cómo son los italianos, sí..., pero con este había para ello.

Pavesi fue ciclista, y de los buenos. En la época más antigua del asunto. Corrió, para que se hagan idea, los siete primeros Giros... a lo largo de once años, por aquello de la Gran Guerra. Y sacó réditos, oigan. Dos segundos, una primera posición en 1912, aquel Giro tan rarísimo que se corrió por equipos, que ganó Atala, que llevan en su palmarés Galetti, Micheletto y Ganna, además de Eberardo. ¿Da para libro? Pues sí, hombre, pero uno breve y con muchas fotos.

Sucede que lo bueno, con Pavesi, llegó después. Director de la escuadra Legnano. Que igual a ustedes no les suena, Legnano, pero... Así, para empezar, marca de bicis. Italianísimas, que lo de Legnano no es casualidad, que te jodes, Barbarroja, te jodes, no haber venido a buscar movida. Legnano nace en 1902, aunque al principio le dicen Lignon. Es el taller de un tal Vittorio Rossi. Luego, en 1908, Emilio Bozzi funda compañía en Milán. Compañía de construir bicis, sede en Corso Génova, número 9. Y se ficha a Rossi, y les cambian el nombre a las máquinas. Ahora aparece allí la palabra Legnano. Que sigue hasta hoy, añadimos...

De ahí al patrocinio... pues un *na*, un pasuco. Natural. Y encargan el tema a Eberardo Pavesi. Debut oficial en 1921, seguirá allí hasta... 1966. Ojo, cuarenta y cinco años, nada menos. Siempre con el maillot verde de mangas rojas, siempre el nombre principal primero. Y siempre, sí, Pavesi al volante.

¿Resultados? Pues fruslerías. Hasta 1940 la marca Legnano se impone en trece ocasiones por la Corsa Rosa. Rossi tiene una visión, y contrata a perpetuidad a un chaval jovencito, uno que gusta de andar pintando y anda fenomenal en bici. Se llama Alfredo Binda, y es *campionissimo* enorme. Tanto que en 1930 la organización del Giro le paga para que no corra. Es que tu dominio aburre, Alfredo, así que mira, te damos una suma superior al premio de quien gane. Perfecto, Alfredo trinca la pasta, se forra haciendo pista. Cero problemas para Pavesi... al Giro lo gana Luigi Marchisio, que también era suyo.

También dirigió Pavesi a los dos grandes del ciclismo allá. Gino Bartali y Fausto Coppi (aunque a este se lo recuerde más por la *maglia biancoceleste*..., cosas de ser un *uomo solo*). Consiguió que se entendieran, domeñó el Giro de 1940. Cuentan que en la cima de un puerto dejó pagados dos cafés al dueño del bar que había allí. Para mis dos chavales... los reconoces fácil, porque llegarán antes que ningún otro. Bartali y Coppi se tomaron un *espresso* riquísimo, sí señor.

(Alfredo Binda aprendió de Pavesi, y también pudo domar las dos personalidades en el Tour cuando era seleccionador italiano. Por los Mundiales no salió igual, también te digo).

Aguantó Pavesi hasta los sesenta, ya les digo, y terminó amasando un palmarés monstruoso (y amansando unas personalidades volcánicas, no sé qué tiene más valor). Por destacar... catorce Giros, con ciento treinta y cinco etapas; nueve San Remo, doce Lombardías. Y el mito, sobre todo el mito...

En los cincuenta y los sesenta penduló el universo ciclista otra vez hacia Francia. Y, como esto se mueve a base de dicotomías, encontraron otra rivalidad legendaria. Anquetil y Poulidor, el aristocrático y el hijo del pueblo. Más disfraz en esa definición que en un Halloween, pero nos conformamos. Y, aquí, hubo también miraditas, estilos diferentes y palabras gruesas desde los coches. Porque vaya dos personalidades, amigos, vaya dos personalidades...

Empezamos con Raphaël Géminiani. Corredor, y de los buenos. Cerquita de ganar un Tour, pero se lo cepilló Charly Gaul en La Chartreuse, un día de lluvia, viento, frío y traiciones. Cuentan que Gem recorría después los pasillos de su hotel clamando venganza. Afortunadamente, la cosa quedó allí. Afortunadamente, digo, porque en el Tour de 1951 Marcel Bidot, seleccionador francés, encontró a Géminiani ahogando a Robic en una bañera. Que no me ha esperado, el cabrón, y está ya acabadísimo. Gem negaba que quisiera matarlo, era solo intercambio de pareceres. Robic, duro como el pedernal, sonreía con su cara de elfo...

Y ese era Gem. Le decían Gran Fusil, porque hablaba disparando salvas (y porque tenía una narizota como para que anidasen grajos). Así que cuando monta equipo y ficha a Jacques Anquetil todos se extrañan... pero si el normando es equilibrio, precisión, delicadeza (si supieran lo que hay detrás..., ay).

Pero es que eran perfectos, se complementaban como nadie. El uno tan hermoso, tan estético..., todo picardía y volcanes el otro. Aquel día de Andorra, cuando Gem llevó a Jacques a comer cordero, jornada de descanso, cuando luego subió Envalira de los últimos, cuando tuvo que gritarle, al coronar, «si mueres que sea como un campeón, y no en el coche escoba», y el otro sonríe, y el otro se lanza. Antes de empezar aquel Tour un autodenominado «Mago Belloni» publicó en un periódico de tirada nacional que Anquetil moriría en el transcurso de aquella misma etapa. No hubo tragedia, y Jacques, incluso, sacó tiempo. O cuando cortó con unas tenazas un cable en la bici de Anquetil para cambiarla por otra más ligera y con desarrollo adecuado. Fue subiendo la Forclaz frente a Bahamontes, y no se podían hacer estos cambios de máquina sin justificación. Así que Raphaël se agachó, espero a que no mirase ningún juez y... chas.

Estuvo en Bic, en Fiat (con el Merckx crepuscular), en Café de Colombia (agua y aceite, imposible), en Ford. Pero a Gem se le recuerda, sobre todo, por aquello del Saint-Raphaël-Géminiani, cuando aprovechó la marca de una mistela con cosas (no sé definirlo mejor) para que su nombre apareciera en el maillot del mejor ciclista. Genio y figura.

Antonin Magne era completamente distinto, y por eso encajaba tan bien con Raymond Poulidor. Seguir con la imagen, con la estética. Ciclista increíble, dos Tours de Francia, otros dos pódiums, campeón del mundo, Itzulia, Gran Premio de las Naciones... y siempre su imagen de campesino esforzado, de sufrir más que nadie. Tonin el Taciturno era su apodo, y no puede haber nada más distinto a Gran Fusil que Tonin el Taciturno. Iba con boina sempiterna, hay una fotografía legendaria de Magne animando a Leducq en el Tourmalet, durante La Grande Boucle de 1932, pantalones bombachos, rebequita, camisa interior, la *txapela* calada, barro por todos *laos*. Olviden el glamur de Jacques, amigos...

Tras la retirada... equipo Mercier. Desde la posguerra hasta el Tour de 1969. Por allí pasan Louison Bobet, Van Steenbergen, Impanis, de Bruyne. Y, sobre todo, Raymond Poulidor, el Poupou querido por los franceses. «No hay gloria si falta la virtud», decía Antonin, y durante años mantuvieron esa máxima. Eran, por así decirlo, los populares, porque la gente admira a los campeones, sí, pero ama realmente a quienes se quedan cerca, a los que muestran fallas, defectos. A los que son como ellos. El mismo Magne, tan seriote, tan recto, tenía defectillos. Que era tacaño, principalmente. Cuentan que si eso ayudaría en la legendaria etapa de Andorra (la del Mago Belloni), cuando Poulidor pincha bajando Envalira, y el mecánico de la Mercier es lento, es torpe, tira a Raymond, este pierde un par de minutos aquel día que debió ganar toda la Grande Boucle. Magne pagaba poco, así que sus mecánicos eran chavalines que empiezan o amateurs sin gracia...

Por ahí andaba también Dalmacio Langarica, que amasó triunfos a paladas con el Kas, pero es recordado, sobre todo, por haber hecho de Federico Martín Bahamontes un ciclista casi lógico, casi sujeto a una cierta disciplina, en aquel Tour de 1959. ¿Saben qué? Eso sí es mérito, así que recuerdo para Langarica...

En aquel tiempo aparece otro personaje difícil de creer... un vizconde, nada menos. Realmente Jean de Gribaldy no tenía título, pero

Jean de Gribaldy, el vizconde más golfo.

como estaba forradísimo pues... Iba a las carreras en su descapotable, tenía avioneta privada y le molaban, sobre todo, los ciclistas desahuciados, los *don nadie*, los que terminaban por adorarlo como a un padre. Joaquim Agostinho (un veterano de las guerras coloniales lusas), o Michel Laurent, o Eric Caritoux. Y, sobre todo, Sean Kelly. Sean Kelly, que trabajaba sobre su tractor en Irlanda cuando llegó hasta la finca un descapotable para ficharlo. Kelly estaba, por aquel entonces, con un asunto feo sobre las espaldas, una sanción por haber competido en Sudáfrica durante las sanciones por el apertheid. Dos anécdotas que nos hablan sobre las maravillas del ciclismo. Primera, a Kelly lo acompañaba un tal Patrick McQuaid, de quien nació toda esta idea. Luego llegará hasta presidente de la Unión Ciclista Internacional, porque nunca hay suficientes golfos en el negocio. Y dos..., ambos fueron para allá confiados en que nadie iba a darse cuenta, porque era una carrera desconocida, amateurismo puro, sin medios europeos... y tuvieron la mala suerte de que Elizabeth Taylor y Richard Burton estuvieran con su luna de miel (con una de sus lunas de miel) en aquel mismo sitio, en aquel preciso instante. Vamos, que todo lleno de paparazzis, y dos muchachos paliduchos al fondo de las fotografías. Cosas veredes... Seguro que el vizconde sonrió con esta historia, porque adoraba lo *freak*...

(Ah, que no se me olvide... Jean de Gribaldy es el autor de la sentencia que mejor define esto de las carreras en bici. «El ciclismo es un deporte, no un juego. Tú juegas al tenis, o al fútbol. Pero no juegas al ciclismo». Nada que añadir, Vizconde).

Guillaume Driessens es otro con palmarés alucinante, porque dirigió durante más de treinta años a escuadras como el Faema, el Flandria o el Kwantum. Pero es que también estuvo en Molteni, y aconsejaba a Merckx desde el coche (como si Merckx necesitase consejos al margen de, no sé, la dirección del hotel y cosas así), y con Merckx ya te haces un palmarés para enseñar a los nietos. Ah, Driessens también recepcionó el «que te jodan» más famoso de la bici... Fue en 1969, cuando ataca Eddy en solitario a más de setenta kilómetros de la meta para ganar su primera Ronde van Vlaanderen. Con fortísimo viento de cara. Su director, Guillaume Driessens, se pone a su altura, le dice que desista, que espere a los otros ases. Merckx ni gira el rostro. Driessens insiste, grita, golpea la puerta del coche, medio cuerpo fuera por la ventanilla. Y entonces Eddy lo mira fijamente. «Que te jodan», escupe. Solo eso. Sigue pedaleando con fuerza, en silencio. Ganará con cinco minutos y medio sobre el segundo, más de ocho sobre el tercero.

Los setenta y los primeros ochenta fueron cosa de Guimard y Peter Post. Grandes el primero, Clásicas Peter, aunque muchas veces cambiasen cotos. Y eso, claro, provoca roces, y luchas, y batallas. A Cyrille le decían Pequeño Napoleón, y tenía un cierto aire al corso. Sobre la bici nunca se rindió ante Merckx, y eso es garantía de raza. Luego, al volante… en fin. Casi atropella a Lucien van Impe para obligarlo a atacar, Tour de 1976. El belga hizo caso (nos ha jodido), y terminó ganando aquella carrera. Luego, como lo veía pusilánime, Guimard expulsa a van Impe…, sí, expulsa al vigente ganador de la Grande Boucle. No importa, tengo más. Y vaya si los tuvo. Bernard Hinault, con quien formó una sociedad imbatible hasta que todo implosiona. O Laurent Fignon, con quien formó una sociedad imbatible hasta que

Siempre es buen momento para poner a Eddy Merckx.

todo implosiona. «Con Guimard siempre acaban mal las cosas», escribió después el parisino. Pero, entre medias…, un revolucionario, una bisagra entre el ciclismo moderno y ese que mamó de chaval, el de ataques en avituallamientos, el de no dejar nunca descanso al otro, el de amasar todo lo que se pueda (que para eso nos pagan).

Peter Post…, pues idéntico, pero al cubo. Más tiránico, más colérico, más «dictador». Rentaba someterse a sus métodos, porque tuvo el mejor equipo del mundo (salvo en altísima montaña) durante (casi) todos sus años. Pero es que terminabas *quemao*, macho, terminabas *quemao*. Zoetemelk, por ejemplo, solo duró allí un añuco. Voy, gano en París, y me vuelvo, que prefiero vivir la vida. Claro que Post prefería el norte a los *cols*, y domeñaba adoquines, paveses y *bergs* sin esfuerzo. Cocinero antes que fraile, que tenía récord de velocidad en Roubaix por aquel entonces.

Como para decirle *na*.

El pequeño Napoleón, Cyrille Guimard.

AÑOS OCHENTA, BERNARD TAPIE Y LOS ALL BLACKS

Los años ochenta… ay, los años ochenta. Con sus *brokers*, su farlopa, sus baladas *heavys*, su ultraliberalismo que resurge de entre las tumbas… Y, en ciclismo, Bernard Tapie.

(Bueno, y Donald Trump, pero de eso hablamos en otro capítulo).

Digamos que el desembarco Tapie fue muy «Tapie». Equipo nuevo, con la gran estrella de entonces (al menos la gran estrella veterana), maillot rompedor, técnicas novedosas. La Vie Claire, le dijeron, y luego irá cambiando de nombre, porque si tienes un *trust* más grande que el currículum de Coppi te puedes permitir estas cosas. La Vie Claire, dije, y al frente puso a un suizo, un tal Paul Köchli.

Köchli fue un ciclista bastante malo, para qué engañarnos. Ah, corrió con el Frimac-Viva-de-Gribaldy…, vamos, para el vizconde, porque esto es un pañuelo. Después dedicó tardes y ratos libres al estudio, y pilló fama de sabio, de profesor, de entrenador basado en ciencia y números. Eso nunca mola demasiao, pero entonces no lo

Ese precioso maillot de La Vie Claire.

sabíamos. Y eso, que Köchli entra a dirigir La Vie Claire con sus pintas de filósofo estructuralista, sus pintas de Foucault con (poco) pelo. Vamos, que daba imagen. Después estaba perdidísimo, el paisano, con esas tácticas de «atacarnos entre nosotros», con esa neutralidad bochornosa en las guerras internas. Igual no fue la mejor idea poner a un suizo, eh…

Realmente a Köchli lo escogen solo por chinchar a Cyrille Guimard. Estrella de La Vie Claire era Bernard Hinault, e Hinault había salido mal con Guimard, así que… Guimard hizo, en los años setenta, un curso universitario impartido por Köchli, y la idea estaba clara: nos llevamos al maestro. Luego, pues… Guimard era Napoleón y Köchli no llegaba a Von Weyrother, pero la publi estaba hecha.

Aunque en realidad allí manejaban cotarro dos Bernardinos… Uno era Tapie, a otro le decían Hinault, o Le Blaireau. Él decide, incluso, los colores del jersey. Inicialmente negros, inspirados en los All Blacks. «En ciclismo no se corre con maillots negros», dijo el bretón, y a alguien se le ocurrió lo de Mondrian. Exitazo.

(Equivocó Hinault su frase, porque sí hubo un maillot negro. O una *maglia nera*, mejor dicho. En 1946 los organizadores del Giro de Italia deciden introducir una nueva *maglia* distintiva. La llevará el último clasificado de la general, y será de color negro. A nadie se le escapa el simbolismo con los antiguos *camicie nere* fascistas…, una forma de exorcizar el pasado tan reciente. Muy pronto el portador de esta prenda se vuelve uno de los rostros más reconocidos del pelotón. El público lo adopta como suyo, enternecido por unas penalidades tan parecidas a las de todos. Y, además, ese puesto tan poco honroso acarrea ciertas prebendas económicas, garantiza contratos en los critériums posteriores a la carrera. Los aficionados quieren ver a la maglia rosa y a la negra, a la estrella y al estrellado. Al verdugo y la víctima. Así que existirá una lucha enconada por terminar rodando tan lento como se pueda. Lo nunca visto en el deporte… No piensen que era fácil, la vida es dura cuando intentas ser pésimo. Tienes que reunir una serie de condiciones básicas. Encanto personal, por ejemplo, ese que te permite entrar en casas ajenas a comer en plena competición, y así perder media horita adicional. Huesos de acero, no romperte nada cuando te tires deliberadamente a la carretera fingiendo una caída. Dotes casi de espía para esconderte detrás de árboles, en una cuneta, agazapado por las lindes de los campos. Ah, y dignidad, eso siempre. El último, si va derrotado, arrastrándose por las sendas, nos produce compasión. Si, en cambio, pasa pavoneándose, exhibiendo sonrisas, diciendo, eh, aquí estoy yo, comienza lo bueno… entonces el sentimiento es muy parecido al orgullo. El mejor fue Luigi Malabrocca, y por eso es leyenda, pese a no reunir palmarés epatante. Una vez hasta se escondió en un pozo para perder más tiempo. El dueño lo descubre, le pregunta qué hace ahí. Y él confiesa. «Estoy corriendo el Giro de Italia». Qué grande, macho. Y termina aquí el inciso, que ya valió).

En los ochenta también termina su andadura el equipo más longevo de la historia, y el que más victorias acumula. Peugeot debutó en esto de las bicis allá por 1901, porque la empresa empezó fabricando velocípedos (en realidad empezó con los molinillos de café, pero pronto llegaron las dos ruedas). Y, oigan, hasta 1989 que aguanta, casi el siglo.

Aquel tiempo también arroja personalidades distintas, diferentes. La primera directora, Robin Morton. El atractivo críptico de José Miguel Echavarri. La personalidad volcánica de Manolo Saiz. Los clásicos, como Martinelli, Mínguez, como Gianni Savio o Gianluigi Stanga.

El fin, si quieren, de una era.

CABARETERAS, EL VATICANO Y EMPRESAS VEGANAS: EQUIPOS PECULIARES

Si ustedes miran la clasificación final en el Tour de 1973 destacan dos cosas. Bueno, destacan las que quieran, pero es que la frase es así. Primero, superioridad absoluta de Luis Ocaña, que fue Merckx sin Merckx, con todo lo que eso significa de bueno y de malo. Y, en segundo lugar…, bueno, que los cinco últimos puestos corresponden a tíos del mismo equipo. Charles Genthon, Noël Geneste, Jean-Claude Baud, Jean-Claude Blocher y Jacques Hochart. ¿Su escuadra? De Kova-Lejeune.

El De Kova-Lejeune es, posiblemente, uno de los equipos más bizarros, espectaculares y rompedores de siempre en esto de las bicis. Llevaban un maillot fucsia que aun hoy te funde las esclerótidas, bicicletas Lejeune (ya veremos que era la única juventud en el asunto) y a Géminiani como director. La peor experiencia de su vida, al menos en lo deportivo, porque lo otro…

Dicen que si fue una noche larga. Cabaret en París, *El Alcázar.* Ya ven, por España teníamos otro *El Alcázar,* yo prefiero al francés, que no llama a golpes de Estado. Dicen que si estaban allí, tomando sus copichuelas, Raphaël Géminiani y el vizconde de Gribaldy (nuestros personajes aparecen de nuevo en circunstancias chiripitifláuticas). Otros cuentan que si estaba también Roger Rivière. Falta Anquetil, pero entre que con Rivière no se lleva y el pifostio que tenía por Les Elfes, pues…

Están eso, con sus cubatas de caciquecola (o lo que se beba en esos sitios, yo no frecuento), y hablando con una de las atracciones del local. Que se llama Myriam de Kova, tiene sus buenos sesenta y pico, y gasta pelo rubio natural (es natural que se te ponga tan rubio con la de tinte que echas, Myriam). De Kova era cantante y bailarina en aquel cabaret. También había sacado un disco titulado *Sobre el amor y el dinero.* Manejaba el tema, porque era viuda reciente. De un multimillonario griego, uno con barcos. Ya ven, si es que hay historias universales. Y eso, que aquellos sinvergüenzas convencieron a la buena señora para que patrocinase un equipo, y para correr el Tour, y para hacer las fotos de pretemporada más *tróspidas* de siempre. ¿Se imaginan una escuadra con maillot con la palabra «Norma Duval» en los *costaos*? Pues algo así. Duró solo una temporada (y sacó menos triunfos que si hubiese corrido con Norma Duval), pero queda guay como dato friki…

Hay otras. Otras escuadras así… rarunas. A ver… el Amore & Vita, por ejemplo, que era un equipo patrocinado por el Vaticano. Ya ven, primero no bendices a Coppi, después sacas equipo de bicis. Corrieron un montón de veces el Giro de Italia, llegaron a trincar etapucas, tuvieron problemas con el *doping,* porque aquí no hay Dios que se libre (literalmente). Luego ficharon a Manzano, pero no salió del todo bien. Al margen del componente simpaticote, también llevaban mensajes antiabortistas y cosas por el estilo en el maillot, así que no nos vengamos arriba…

(Hoy hay una sección ciclista en Athletica Vaticana, y un fornido holandés, de nombre Rein Schuurhuis, que lleva el maillot vaticanense en los Mundiales de ciclismo, porque su mujer curra allí en la embajada de Australia. Qué no pasará más allá de la piazza, amigos, qué no pasará).

El Linda McCartney Racing Team también calza historia curiosísima. Estaba patrocinado por la línea de productos vegetarianos fundada por la esposa del ex-Beatle. Y exigía a sus componentes ser…, en fin, ser vegetarianos. Que hubo ciclistas vegetarianos históricamente, eh (Robert Millar y Urs Zimmermann en los ochenta, por ejemplo), pero la cosa es complicada en cuanto a gestión. Así que, dicen los susurros, muchos se cascaban sus buenos chuletones (no especifiquemos origen) cuando no miraban desde la dirección. Por unos u otros temas el equipo se fue a tomar por saco pronto, entre deudas sin pagar, pufos y mala prensa. Ah, allí corría, cuando todo quebró, un tal Bradley Wiggins…

Lo que es la vida.

Un último ejemplo. El Team Novo Nordisk, que era un equipo formado únicamente por ciclistas con diabetes de tipo 1. Digamos que tenían un mensaje que lanzar al mundo, y, además, trincaron algún resultado interesante. Eso sí, corrían con medidor de glucosa.

Otro armatroste *pa* la bici.

Hay ciclismo en las montañas

Las montañas.

Qué sería del ciclismo sin las montañas.

Vale, a mí me encantan las Clásicas, y disfruto mogollón con el pavé y los *bergs*. Pero, reconozcámoslo, hay más mística en los grandes puertos, hay más historias en las ascensiones kilométricas. De Pottier en adelante, de Lapize en adelante, de Trueba en adelante, de Forero en adelante.

Es otra particularidad de la bici..., te permite visitar los grandes templos, los espacios sacros de este deporte, cuando quieras. Incluso el mismo día de la competición. Es como echar una pachanga en Wembley con tus amigos, o jugar en el Madison Square Garden la mañana de unas finales NBA (situación totalmente ficticia, porque los Knicks no tienen pinta de jugar una final NBA en mucho tiempo). Pues en ciclismo puedes. El Stelvio, el Tourmalet, hasta los Lagos de Covadonga. Todos, todos están ahí, para que disfrutes, para que te deprimas.

Para que sufras.

Para que aprendas, también, porque los puertos tienen historia, y no hay mejor lección de historia que ir fijándote en los paisajes, en las curvas, y Fausto Coppi pudo ganar su quinto Giro de Italia solo porque otro macho alfa, Napoleón Bonaparte, tenía acojonados a los austríacos.

Y todo eso, todo, lo sientes andando en bici.

Cuando vas por las montañas.

MALOS GIROS, RÉCORDS Y LEYENDAS

Es la más legendaria de las subidas del Tour. La que más mística encierra, la que más atracción ejerce. Según la *Bibliographie cycliste* de Wilfried Wilms hay al menos cuatro monografías dedicadas íntegramente a este puerto. Es, claro, el Tourmalet.

Escalado por primera vez en 1910, objeto de veneración y temor desde aquel mismo día, el Tourmalet es el puerto que más veces ha subido la Grande Boucle. Existe un viejo interés por traducir su nombre por algo parecido a «mal rodeo» o «mala vuelta», quizá por imprimir un halo de grandeza amenazadora a este *col*. La realidad es, como casi siempre, aún más inquietante. Tourmalet combina la raíz preindoeuropea «tur» (altura, lugar en alto) con el latín «-malus» (malo). Así, hablaríamos nada menos que de la montaña malvada. En su indispensable obra *Le Tour de France en 300 sommets*, Jean Maillet apunta aún otra posibilidad, emparentando «-malet» con la base preindoeuropea «mal», que hace referencia a una cima escarpada. Así, Tourmalet sería lo mismo que decir la cumbre de las cumbres, la montaña de las montañas, la altura de las alturas. El gigante. El rey. Ríanse ahora, si lo desean, de las etimologías caprichosas.

Este sitio es un mito… Tourmalet.

De una forma u otra, el Tourmalet era paso habitual de pastores, buhoneros y contrabandistas durante la Edad Media. En aquel entonces resultaba una descarnada senda de herradura. Será en el siglo XVII cuando se comience a adecentar la ruta, y en 1730 se abre ya con un trazado idéntico al actual.

Con todo, el definitivo arreglo del Tourmalet y otras carreteras de la zona, así como el alzamiento de puentes, viaductos, casonas señoriales con aspecto decadentemente burgués y unos cuantos de los mejores balnearios del continente, no llegará hasta la segunda mitad del siglo XIX, con una granadina como protagonista. Y es que a la emperatriz Eugenia de Montijo, esposa de Napoleón III, le entraban las fiebres hipocondríacas con cierta frecuencia, y había encontrado en este rincón de la cordillera un lugar ideal para curar todas sus dolencias. Aguas termales, clima saludable y aire puro, qué más puede pedir una lánguida dama decimonónica. Y allí acudía la esposa del emperador, quien andaba más ocupado con asuntillos en Indochina y el tema ese con los prusianos, que llevaba bastante avanzado. Así que, al amparo de la Montijo, unos recónditos valles pirenaicos se convirtieron en sede de la alta sociedad gala, mejorándose las vías y apareciendo aquí y allá establecimientos de lo más exclusivos.

En cuanto a los récords, las marcas, los tops..., pues miren, tenemos cerquita el asunto, porque la carretera más alta de Europa está en España. Eso sí, a su ingeniero lo fusilaron, no fuera a ser que tanta audacia hiciese algún mal al país. La idea fue del duque de San Pedro Galatino, un tipo que nació en Granada con el proletario nombre de Julio María de la Luz Claudio Francisco de Asís Elías Nicolás José Santiago Gaspar de Todos los Santos Quesada Cañaveral y Piédrola Osorio Spínola y Blake. Ya ven, todo esto para que te acaben llamando Julito. Este hombre, senador nato, planteó la posibilidad de unir su ciudad natal con la cima del Pico Veleta. Lo hizo nada menos que en 1910 y las obras, que habrían de ser faraónicas, se encargaron a un tal Juan José Santa Cruz, que como era ingeniero tenía un nombre más corto. En 1935 se inauguró oficialmente la carretera, llegando un automóvil hasta la misma cumbre del Veleta, a casi 3400 metros. Años más tarde, en 1966, se terminó la otra cara del puerto, con lo que se comunicaba de forma directa Granada con las Alpujarras. Esto no lo pudo ver ya Santa Cruz, fusilado por los «nacionales» en el cementerio de la ciudad nazarí en agosto de 1936.

El más conocido de los puertos españoles tiene una historia mucho menos glamurosa. El Angliru era una pista para ganaderos que se asfaltó a principios de los años noventa, supuestamente para aprovechar el agua de un pequeño lago que hay en su cima. Decimos supuestamente porque la primera vez que los bomberos de la zona subieron hasta allí a recargar su cisterna el conductor del camión se negó a bajar por aquella cuesta endiablada. Tenía miedo de que los frenos fallasen en mitad de la Cueña Les Cabres, el punto más empinado. Y no hubo manera de hacerle cambiar de opinión.

Con el tiempo será ese tramo el más conocido de la Vuelta a España. La mediática primera ascensión, en 1999, supuso la consagración de un mito que había nacido incluso antes de subirse en carrera. Y la «sorpresiva» victoria de José María Jiménez, el ciclista español más popular del momento, no hizo sino cimentar una fructífera relación entre aquel antiguo camino ganadero y uno de los eventos deportivos más seguidos de España.

El Angliru. No vayan si no están entrenados de narices...

PASA LOS ALPES, COMO ANÍBAL

La de los pasos alpinos es una crónica fundamentalmente militar (de Aníbal en adelante), que podemos seguir a partir de sus fortificaciones. Pensemos, por ejemplo, en el mítico *col* d'Izoard, una ruta abierta por primera vez en 1710 a iniciativa del mariscal La Blottière, quien buscaba mayor rapidez en los movimientos de las tropas borbónicas durante la guerra de Sucesión. El trazado definitivo vino de la mano de otro general, Henri Berge, que entre 1893 y 1897 se dedicó a optimizar las comunicaciones de aquella zona de Francia. Tenía tiempo libre, porque ese 1893 lo habían degradado al mando de una tropa de segunda línea, el Decimocuarto Cuerpo de Lyon. Idéntico origen tiene el cercano *col* de Vars.

Ambos puertos, en realidad, custodiaban uno de los puntos más estratégicos de los Alpes: la ciudadela de Briançon. De su importancia da buena fe que el encargado de fortificar el lugar fuese el mismísimo marqués de Vauban, ingeniero militar de confianza de Luis XIV y el gran innovador de la disciplina. Se convirtió, así, en una de las doce fortalezas Vauban que protegían las fronteras de Francia en sus cuatro puntos cardinales…

Izoard y Vars tienen otro rasgo común: albergan dos de los seis refugios Napoleón (los otros están en los *cols* de Manse, Noyer, Lacroix y Agnel). Los refugios Napoleón fueron construcciones destinadas a dar cobijo a viajeros que atravesasen los Altos Alpes, y recordaban la buena acogida que tuvo en la zona Bonaparte cuando regresaba de su primer exilio, en la isla de Elba, atravesando valles y montañas en dirección a París, a sus cien días y a su definitivo final. El artífice de estos refugios fue quien más anheló recordar la gloria imperial en la Francia de la segunda mitad del XIX: Napoleón III.

También él estuvo detrás del *col* de la Bonette-Restefond, el que se dice más alto de los Alpes, y que corona nada menos que a 2802 metros sobre el nivel del mar. Aunque tiene truco, porque en realidad aquí hablamos del rizo chovinista más cercano al cielo que uno pueda imaginar.

Antigua ruta de contrabandistas, camino de herradura, La Bonètte empezó a cobrar importancia en el Segundo Imperio francés, cuando Napoleón III pretendió mejorar el camino entre Niza y el interior, en previsión de una guerra contra la naciente monarquía italiana. Nada extraño, puesto que Niza acababa de ser invadida y anexionada por los franceses, tras un plebiscito bastante chusco donde hablar de pucherazo sería tratar las cosas con excesivo tacto. Eso sucede el quince de abril, y el dieciocho de agosto se establece la de La Bonètte como ruta imperial número 205, procediéndose al arreglo y acondicionamiento de dicha carretera, que habría de intensificarse a finales del siglo XIX con la construcción del Camp des Fourches, un entramado de veintiséis almacenes destinados a contener pertrechos y provisiones militares a lo largo de todo el puerto.

Puerto que, por cierto, no coronaba a la misma altitud que hoy, sino en el llamado *col* de la Bonètte, a 2715 metros. No será hasta 1961 cuando alcance su actual elevación, en un alarde de chovinismo de las autoridades locales, que anhelaban tener el *col* asfaltado más alto de los Alpes. Así que, ni cortos ni perezosos, decidieron prolongar el paso natural con una carretera de algo más de un kilómetro que, vista desde el aire, tiene forma de lágrima y, literalmente, no lleva a ningún sitio. Nace y muere en la misma Bonètte, y sirve solamente para rodear una montaña próxima y alcanzar la cota de 2802 metros. Se llamará «ruta de la Bonette-Restefond», se inaugura el dos de octubre de 1961 y ya el año siguiente pasará por allí la Grande Boucle, con Bahamontes primero en su cima. La broma de «carretera más alta de los Alpes» ha costado doscientos millones de francos.

Foto 43 El bucle de Restefond, o chovinismo de montaña.

¿ALPE D´HUEZ? ME SUENA, ME SUENA

Aquí, en Europa, en los Alpes, hay puertos que más parecen estaciones para pijos, subidas desprovistas de aspereza, los dientes romos, el aire domesticado. Y no importa cuán duros sean, oigan…, es que los hombres colonizaron *demasiao*.

Como en Alpe d´Huez.

La culpa fue de Georges Rajon. Ya vivía allí en 1950, cuando abrió su hostal Christina, en honor a su hija. No era el primero. Ese lugar, la pequeña estación de esquí que se alza unos kilómetros más arriba de Huez, estaba creciendo desde 1935. Entonces inauguraron el Grand Hôtel, sesenta habitaciones del lujo más absoluto. Al menos en estas latitudes, vaya.

Después vinieron otros. Trois Dauphins, Edelweiss, más tarde el conocido Ménandière, luego el establecimiento de Rajon. Podías acudir a ese sitio, a ese antiguo desierto helado entre Allemond y Le Bourg d´Oisans, y disfrutar de la mejor gastronomía de París, de fiestas hasta el amanecer. También, claro, toda la tranquilidad que regalan los Alpes.

Por ahí se dejaban caer personajes como Charles Aznavour, Elizabeth Taylor, Jean Monnet, incluso Albert Lebrun, último presidente de Francia antes de que los nazis decidieran invadir el Hexágono. Un lugar chic. Encantador. Casi desconocido, además, remanso donde disfrutar sin ser visto. Ustedes me entienden.

Llegar no era sencillo, no. Hasta 1881 la carretera que comunicaba Le Bourg d´Oisans y Huez fue camino de mulas. De allí a la cima… camberas, piedras y barrancos. No fue hasta los años treinta cuando se mejoraron las condiciones. Cuatro metros de anchura en la travesía hasta el último pueblo. Dos y medio si el curioso quería encaramarse donde crece la diminuta estación de esquí.

Los ciclistas que repten como perros por esas pendientes asesinas (tanto más porque, de tan cuidado, hoy el camino parece menos agresivo de lo que realmente es) deben agradecérselo a Joseph Paganon, un masón nacido en Isère que aprovechó su estancia como ministro de Obras Públicas en Francia para arreglar los senderos de la zona. Y especialmente aquel. «Amo este lugar», dijo. Era 1933. Catorce pequeños empresarios del valle (los futuros magnates del *resort*) ayudaron con la obra. Cada uno, cuentan, contribuyó con su propio kilómetro. Para 1935 ya tenían una moderna «autopista» de montaña. Poco después llegaron los primeros remontes...

Después vino Rajon. Y Rajon tenía ideas.

¿Por qué no traemos aquí el Tour? Rajon no era el alcalde de Alpe d´Huez, pero todos apreciaban su entusiasmo. Ganas de hacer cosas, dinamismo. Voz respetada. Jean Barbaglia, un artista que vivía en Bourg D´Oisans y era amante de la bicicleta, es el primero en abrazar con fuerza su quimera. Habló con un amigo, Élie Wermelinger, que a su vez le trasladó el susurro a otro conocido. Jacques Goddet, nada menos. Wermelinger era, además, comisionado general del Tour. Año 1951. O, dicho de otra forma, persona encargada de recorrer las rutas francesas para comprobar por dónde podía girar ese chovinismo andante que es el Tour.

Así que allí estaba, un día a finales de 1951. El pequeño Panhard Dyna rumoreando por Bourg d´Oisans. Casi setecientos cincuenta caballos de vapor ronroneando bajo su capó de icono Nouvelle Vague. Wermelinger conduce, luego detiene el auto, baja a ponerle las cadenas justo en la plaza del pueblo. Las primeras nieves del invierno. Giro a la derecha y empieza la ascensión. Algo más de doce kilómetros. Élie avanza despacio. El paisaje, las curvas, los peligros. Sí, podría funcionar. Sería, de hecho, soberbio.

Todo había comenzado. La primera etapa con final en alto que la Grande Boucle viviera iba a terminar en Alpe d´Huez. Fue en 1952.

UNA LEYENDA COMIENZA

Onerosa. Bueno, no según nuestros criterios actuales, seguramente. El Tour de Francia pedía a August Chalvin (verdadero alcalde de Alpe d´Huez) dos millones de francos por hacer llegar su carrera hasta allí. Al cambio serían unos tres mil quinientos euros hoy. Magro precio por la distinción, ¿verdad? Con todo, nuestro alcalde es precavido, y decide recolectar algunos fondos entre los comerciantes locales. Sí, sí, igual que cuando la construcción de la carretera.

Nuevamente la tarea recayó en el omnipresente Rajon. Ese bar, aquel hotel, la *boulangerie*, este granjero tan próspero. «Ahora os toca pagar, pero os será revertido, con intereses». No se equivocaba.

Al final el ayuntamiento no puso ni un solo franco, y recibió la mejor campaña de publicidad que pueblo alguno pueda soñar. Añadan a esto que fue el primer año en que la televisión grabó todas las etapas del Tour, multiplicando su atención mediática. Negocio redondo.

La cosa sucede el cuatro de julio de 1952. El día antes la etapa había llevado a los corredores desde Mulhouse hasta Lausana, en Suiza. Se impuso Walter Diggelmann, el más rápido de los ocho que llegaron escapados. Uno de ellos, Andrea Carrea, se vistió de amarillo, sucediendo a su compatriota Fiorenzo Magni. Los transalpinos tenían a los cuatro primeros de la general, cinco entre los seis. Dominio inusitado.

Curiosa la historia de este Carrea. Enorme, manos inmensas de albañil adolescente. Antiguo partisano, internado en Buchenwald, liberado en abril de 1945 por los soviéticos. Tan cerca de Weimar, tan lejos de Weimar. Allí estaban también personajes como Daladier, Léon Blum, Jorge Semprún, Imre Kertész. ¿Y cómo, Andrea, volviste a Italia? Pues de una forma y otra. En bicicleta, sobre todo. Y callaba. Verías muchas cosas en aquel continente destrozado, ¿no? Y silencio.

Este hombre, este tipo de hierro, se encontró con el maillot amarillo aquella tarde de 1952. Solo para recibirlo entre lágrimas. No de alegría, no. Vergüenza. Culpabilidad. No soy digno de esto, Fausto, la *maglia gialla* debe ser tuya, solo tú puedes portarla. Fausto, Fausto Coppi sonríe, abraza a su *equipier* (uno de los más leales, de los que acompañan al *campionissimo* allá donde él acuda), ya está, ya está, te lo mereces, Andrea. Entre mocos e hipidos.

Al día siguiente, antes de comenzar la etapa, Carrea se arrodilla delante del piamontés y limpia sus zapatos de ciclista (negros, suela rígida, pequeños agujeros a los lados, cuero del más resistente) con el maillot amarillo del Tour de Francia. Es una imagen icónica, algo sacrílega. No importa, para todos los que le conocieron, Fausto Coppi estaba por encima de cualquier prueba, por encima de cualquier mito.

Será un cuatro de julio, decíamos. Viernes. En total doscientos sesenta y seis kilómetros, de Lausanne a Alpe d´Huez. Doscientos cincuenta y dos llanos, los últimos catorce en subida. Jamás había terminado el Tour de Francia en una cima montañosa. Repetirá otras dos veces esa misma edición, en Sestriere y el Puy-de-Dôme. Pero tardarán en volver. Veremos.

El ascenso fue memorable. Aún en las calles de Bourg d´Oisans, Jean Robic ataca con todas sus fuerzas. Este Robic había ganado el Tour de Francia de 1947 en la última etapa (perdiendo un montón de pasta en sobornos, por cierto) y era tan contrahecho en el pedaleo como elegante Coppi. Pequeñajo, moviendo demasiado los hombros, rictus de estar muriéndose poco a poco. Bretón que juraba en su *brezhoneg* de sal y escajo cuando sufría en carrera. Fue quien primero afrontó esa recta inhumana donde la carretera parece mirar al cielo.

Solo que por detrás estaba él. Él. Se llama Fausto Coppi y es la criatura más perfecta que jamás haya montado sobre una bicicleta. Lo que en Robic es testarudez en Fausto es armonía. Belleza, sí. Tres kilómetros más arriba acelera su ritmo. No le hace falta alzarse sobre

Alpe d´Huez... son veintiuna, pueden contarlas.

el sillín, solo mover más rápido esas piernas zancudas que parecen incapaces de sostener un campeón tan grande. Pronto se queda solo. Pronto, también, caza al enjuto Robic, que achina aún más los ojos. Las fotografías muestran el contraste, casi a capricho de quien deba contar la historia.

Finalmente, y cuando faltan seis kilómetros para terminar el infierno, Fausto Coppi se va solo. Ha sentido que la velocidad de Jean Robic bajaba. Solo un poco. Casi imperceptible. Decisivo. Resulta incontenible, nada más queda admirarlo. «Dejé de escuchar su respiración detrás de mí y supe que ya no estaba». Entrará en meta ganador, un minuto y veinte segundos antes que Robic. El tercero se va por encima de los tres, el décimo más allá de cuatro. Jean Delahaye, vigésimo tercero y último entre los que empezaron juntos el ascenso, pierde media hora en solo catorce kilómetros...

El italiano también se viste con el maillot amarillo. Suma cinco segundos menos que Carrea. Algunos, traviesos, dicen que si Andrea frenó su marcha en los últimos metros para permitir el cambio de líder. En la época era imposible calcular tan milimétricamente estas cosas, pero... qué quieren, la leyenda tiene más fuerza que todas las historias juntas. A Coppi le entrega el maillot Jean Masson (otro masón, ya ven), secretario de Estado francés en la rama deportiva, que ha acudido a ver lo que todos intuían iba a ser el acontecimiento del año.

Fausto Coppi ha subido Alpe d´Huez en cuarenta y cinco minutos y veintidós segundos. «Conocía la carretera porque Bernard Gauthier, el francés, me la había descrito un poco. Por eso no me sorprendió su dureza, ni las muchas curvas. Él me recomendó una multiplicación pequeña para poder subir con cierta cadencia. Acertó». El récord actual está en manos de Marco Pantani, que empleó treints y siete minutos y treinta y cinco segundos en 1997. Comparen todo lo comparable y verán la magnitud del hecho.

Nuestro querido Rajon tendrá su pequeña contribución también en esta etapa. Cómo podría no tenerla, ¿verdad? Él será el juez de meta, encargado de anotar los dorsales de cada ciclista que vaya franqueando aquella pequeña línea blanca que marca el final del dolor. Nada menos.

Pero, aunque la subida fue fabulosa, el sabor que dejó en la caravana no resultó del todo agradable. Los ciclistas acumularon un retraso de más de cuarenta minutos sobre el horario previsto hasta Bourg d´Oisans, y al día siguiente no fueron pocos quienes dijeron que ese invento, el de poner meta en lo alto de un puerto, no funcionaba. Hace que los escaladores tengan una actitud más contemplativa, porque reservan sus ataques lo máximo posible. Los trescientos treinta y dos periodistas que siguen la carrera expresan sus dudas. Ya ven, 1952 y así andábamos.

No importa. Alpe d´Huez. Era otra cosa. La modernidad, si quieren llamarlo así. El Galibier es inmenso, sí, pero también un lugar desolado, uno en el que solo pueden anhelar vivir los espíritus burlones del Sturm und Grand. Peor aún es el Izoard, azotado por los vientos, con esas manos de gigantes saliendo de la tierra en la Casse Desserte, dispuestas a robarte el alma. O el furioso Tourmalet, sus historias de osos, de pastores perdidos, de vidas tomadas. No, el Alpe d´Huez era distinto. Hermoso, pero aprehensible. Confortable. Nada en sus contornos evoca siluetas amenazadoras de contrabandistas armados, sino la dulce despreocupación de una copa mezclada con cinco partes de ginebra y una de vermut. Charlas y lecturas mientras el sol acaricia tu rostro. Noches sin final. Un nuevo tiempo, una nueva imagen.

Tardará el Tour en volver a ese lugar. Más que nada porque durante años las llegadas en alto estarán poco menos que proscritas en la Grande Boucle. Cronoescaladas, las más de las veces. Es para favorecer el espectáculo, dicen los organizadores. Es para favorecer a Anquetil, contesta, lenguaraz, Federico Martín Bahamontes. El caso es que hasta los setenta no se convierte en habitual lo de terminar arriba de un puerto. Y volverá nuestro protagonista…

Octubre de 1975. Noche cerrada, hace frío afuera. Georges Rajon está viendo la tele cuando suena el teléfono. Al otro lado lo saluda Roger-Louis Lachat. Amigo íntimo, también periodista. «Hola Georges, qué tal todo, cómo van los tuyos, se sigue viviendo bien allá arriba, ¿no?». Esas cosas. Y después la frase:

> Georges, estoy en La Poularde, ese restaurante de Grenoble que tanto te gusta. Cenando, sí, no adivinarías con quien. Félix, Félix Lévitan. Sí, el organizador del Tour. Y me acaba de preguntar por una estación de esquí cercana que quisiera albergar una etapa el año que viene. Rajon, artero, entiende. ¿Cuánto nos costaría?

La leyenda vuelve.

Ah, aún queda otra aportación de Rajon a la pequeña historia de esta gran montaña. En 1964 está de vacaciones. Yugoslavia, cazando rebecos. Asciende en coche el monte Vrsic. Una subida mareante, de las de poner pelos en punta. Curva y curva, paella tras paella, hasta sumar cincuenta y tres. Pero Georges se fija en algo. Están numeradas. En sentido descendente. La primera tras el valle tiene un cartel donde pone «53», la última, casi en la cima, enseña orgullosa el «1».

¿Y si hiciésemos lo mismo en el Alpe d'Huez? Allí tenemos veintiuna herraduras. Podría funcionar...

CARLO DONEGANI O EL AFÁN POR LAS CURVAS

Napoleón Bonaparte es un genio militar sin precedentes y, debido a eso, Fausto Coppi consigue vencer en su quinto Giro de Italia. ¿Extraño? Vamos a ver cómo podemos unir las dos afirmaciones. Una pista: es a través de ochenta y seis curvas de herradura.

Cuando a Napoléon lo mandan a Italia a combatir en las guerras que la Revolución tiene abiertas contra... bueno, contra toda Europa, el corso no cuenta con un ejército demasiado potente. No piensen en la Grande Armée porque para eso faltan años. No, Bonaparte en sus campañas por el norte de la península explota otras cualidades, y hace de una de ellas su seña de identidad. La rapidez. Los franceses se mueven a un ritmo endiablado, y evitan las lentas y torpes acometidas de los ejércitos del Imperio austrohúngaro gracias a esa virtud. Es una enseñanza que en Viena no van a olvidar.

Tras la Restauración el fantasma de Bonaparte aún acongoja un montón a las dinastías europeas, y de forma muy particular a los Habsburgo. El recuerdo de las palizas que sus ejércitos recibieron del artillero estaba aún demasiado presente. Así que deciden mejorar las comunicaciones entre el corazón del Imperio y sus posesiones italianas, para evitar que un contingente menos poderoso pero con más movilidad vuelva a jugar con ellos en el futuro. Entre 1820 y 1825 Carlo Donegani, un ingeniero nacido en Brescia, dirige las obras que mejorarán el camino medieval del Passo dello Stelvio hasta construir una de las carreteras más alucinantes del mundo. Más de dos mil hombres trabajaron en condiciones durísimas hasta abrir un puerto que corona a 2757 metros y dibuja ochenta y seis curvas de herradura en sus dos vertientes. Curiosamente el Stelvio pasará a ser totalmente italiano tras la Primera Guerra Mundial, cuando el Regio Esercito logra imponerse a su antigua madre, el Imperio austrohúngaro.

Vale, volvemos a ese Carlo Donegani, porque es figura fundamental para las bicis. Sí, como lo oyen. Un constructor de puertos como ningún otro hubo. Y qué puertos...

Donegani nació en Brescia, *ergo* era..., sí, súbdito del Imperio de los Habsburgo. Fines del xviii, principios del xix. En fin, qué les voy a contar que no sepan ustedes. Pronto se mudó a Bolonia para estudiar Bellas Artes, luego a Roma. Arquitectura, planos de algunas iglesias, luego licencia como ingeniero con el canal entre su ciudad natal y el lago de Iseo. Estaba preparado para empresas mayores.

Las tuvo.

Porque se establece en Lombardía, y empieza a hacer carreterucas. La que recorre acantilados alrededor de Ancona, la de Chiavenna, canales por la Valtellina. Y, su gran proyecto, esa serpiente que va desde Bormio hasta Prato allo Stelvio, el que nace por puro terror bonapartista.

La alucinante subida al Stelvio... gloria a Carlo Donegani.

Queda una segunda parte, una secuela, otro monumento a lo alucinante, a las horquillas, a la imaginación que se hace macadán. Queda el Spluga.

En 1834 hay una crecida en el Liro, cerca de Pianazzo, por Madesimo. Allí están programando una nueva senda, y el jefazo de todo, Carlo Donegani, reflexiona. Mira, esto de los arroyuelos tiene su intríngulis, así que... vamos a hacer las cosas bien. Con túneles, con salientes, con rampones. Desde hacía ya siglos el Spluga era eje principal que comunicaba el Valle del Po y las llanuras de la Mitteleuropa. Pero aquello estaba obsoleto, únicamente iba saltando de dificultad en dificultad. Las ideas de Carlo eran, sí, distintas. Él no asume..., él conquista.

Y así, en menos de un lustro, creó uno de los monumentos (al aire libre, sí, pero monumento) más hermosos del continente. Cinco metros de anchura, doscientos albañiles, sesenta mineros, veintidós carpinteros. De peones no hay datos, porque debieron ser un sinnúmero... Era su primera gran obra (el Stelvio llegará poco después), y marcó la nueva estrategia constructora cuando se trata de encarar las montañas..., nada de seguir contornos, nada de soltar una mula y asfaltar por donde ella subiera.

El Stelvio y la nieve mantienen una relación de amor imperecedera...
Aquí Aldo Moser pasa por la cima en el Giro de 1965.

Esto es asunto de ingeniería. Curvas, túneles, rectas en paralelo. Respeto por el paisaje, dominio del karst…

Un sucesor en espíritu para este Carlo Donegani fue Cesare Sangalli. Uno dibujaba sendas sobre el terreno, otro hacía perfiles en el papel. A Sangalli debemos las altigrafías inmortales que *La Gazzetta dello Sport* lleva publicando desde hace más de medio siglo. Sí, esas que ustedes, seguro, tienen ahora en mente. Pues ese es Sangalli, el gran amante de las montañas, el que ponía picos y llanos al sufrimiento de cada día. El que, también, hacía de explorador, reconocimiento, aprobación y plácet para cada dificultad que Torriani invente. ¿El Gavia? Sangalli dijo sí. ¿Muro di Sormano? Sangalli dio el visto bueno. ¿Lavaredo? Sea.

Eddy Merckx en las Tres Cimas de Lavaredo, año 1968. Decir mítico es poco…

Una curiosidad... el ciclista preferido de Sangali fue Giuseppe Saronni... sí, el mismo Saronni que subía con dificultades, que apenas podía superar Gavias o Stelvios.

El mundo es un lugar lleno de ironías.

RÉCORDS DE ALTURA

Ah, si se preguntan por el puerto más alto del mundo... pues no es fácil decirlo. Unos dicen que si es el Khardung La, por Ladakh, que asciende hasta los 5682 metros sobre el nivel del mar. Ocurre que las últimas mediciones le quitan más de trescientos metros, que es bien poca cosa (el puertito que tengo al lado de casa gasta ese desnivel, y no me asusta ni a mí), pero lo deja como segundo en esta clasificación de altura. Así que el ganador estaría entre el Suge La, muy cerquita de Lhasa, que supera los 5400 metros; y el Semo La, también en Tíbet, que llega a los 5565 metros sobre el nivel del océano.

Y, aun así... pues miren, no. Hay, al menos, otras dos carreteras asfaltadas (aunque sea parcialmente asfaltadas) que coronan a mayor altitud. Una está en la India, y le dicen Umlung La, que alcanza los 5793 metros. Pero es que en China tenemos la Hot Spring Daban, que supera los 5800 y tiene un nombre muy poco acojonante para tal marca..., ay. Sucede que ambas son carreteras militares y caen por sitios en disputa (allá hay un montón de sitios en disputa), así que no se lo recomiendo yo para hacer cicloturismo...

(Por pura curiosidad..., hay una carretera llena de horquillas y con pendiente moderada que llega hasta el mismísimo campo base del Everest, a más de cinco mil metros. Dicen que el último kilómetro es criminal, oigan, aunque yo aún no he ido).

EN FERROCARRIL HASTA EL VOLCÁN

El Puy-de-Dôme es muchas cosas.

Un volcán apagado, el más representativo en el centro de Francia, un sitio sacro (con altares al dios Mercurio, con restos anteriores), esa cima desde donde Pascal demostró dos o tres cosucas relacionadas con la física. La montaña de Clermont-Ferrand, el cono de Michelin.

Todo eso.

Y la montaña del duelo Anquetil-Poulidor.

Fue en 1964, punto mayor del mejor Tour de siempre. No es cosa mía, eh, que lo dice una encuesta de L'Équipe. El año de la profecía que hizo el mago Belloni (eso de que Jacques moriría en Andorra). El del mejor Raymond, el del más corajudo Anquetil. El de Bahamontes resucitando, Jiménez apareciendo, todos ellos ennoblecen el resultado final.

Y el del Puy-de-Dôme. Sobre todo el Puy-de-Dôme.

Primero fue el ferrocarril, en el Puy-de-Dôme, y ahora vuelve a enseñorear esa subida. Cartel de 1910.

Porque aquel día pudo cambiar todo. Pudo ganar el Tour Poulidor, pudo abandonar su pose de eterno segundo. Hubiese sido más feliz un rato, hubiese sido menos popular para siempre. Le sobraron trece segundos a Jacques Anquetil, que no tenía amor fuera de su *château* de Les Elfes (y el que tenía allí era... complicado de explicar), pero que trincó una manita de Grandes Boucles. Antonin Magne, que dirigía a Poulidor, le instó a reconocer el puerto antes del Tour. El limusín, perezoso no fue..., pero dijo que vale, que había ido, que con veintiún dientes sobraba. No sobró. Quizá...

Pero lo particular del Puy-de-Dôme son otras cosas. Su imagen, por ejemplo, esa pirámide casi perfecta que surge desde el macizo central francés. O su recorrido rectilíneo, con la carretera rodeando la montaña, sin herraduras, sin una mísera horquilla a la que agarrarse. Kilómetros al final de espanto, sufrir piernas y mente.

Antes, porque ahora el Puy-de-Dôme... ya no existe. O ya no existe como puerto. O casi. Digamos que ese lugar es privado, y que allí se sube... en tren. En el tren original, o siguiendo la orientación original. Primero hubo un ferrocarril, hasta principios del siglo xx, luego asfalto (y bicis), ahora otra vez ferrocarril. Un día al año permiten subir a cicloturistas en una marcha que aprovecha el estrechísimo caminuco que queda a la izquierda de los raíles.

Este 2023, además, volvió allí la Grande Boucle, porque los mitos se resisten a morir...

Los países del ciclismo

El ciclismo es un deporte europeo. No, es un deporte limitadamente europeo, un deporte que tiene en cinco o seis naciones su bagaje histórico, su origen, su génesis.

Solo que no, que nuestra visión es parcial, eurocéntrica. Que hay bicis allí, más allá del Atlántico, más allá de Taklamakán. Hay pasiones en Colombia, y velódromos en Estados Unidos. Hay una modalidad de keirin absolutamente alocada, ritualística y que está moviendo muchísimo dinero en Japón. Hay ciclistas africanos (y más que habrían de venir, esperen a que se pueda desarrollar adecuadamente la zona de Tigray, hoy en guerra), hay pioneros de las antípodas que insipiraron novelas y documentales. Hay, incluso, apariciones de lo más exóticas en sitios que tenemos aquí, al alcance de la mano.

Hay un pelotón que es multinacional y multicolor. Y relatos tras esto como para estar narrando durante días. El velocista negro. El musulmán que bebió vino. El esmeraldero, los traficantes de coca. Una carrera hecha para mayor gloria del socialismo mundial, también. O el Premio Nobel de Literatura.

De lo telúrico a lo mítico.

Disfruten.

CAMPEÓN, ESMERALDERO Y PADRE DEL CICLISMO EN COLOMBIA

José Beyaert era francés. De Lens. Antiguo boxeador, miembro de la hermandad de ciclistas gafotas, campeón olímpico, esmeraldero, gánster, emigrado feliz.

Padre del ciclismo en Colombia. Aunque no padre, padre, padre de la expansión del ciclismo en Colombia, ese *tifo* incontrolable que convierte al país en el sitio que más fielmente sigue las vicisitudes de los suyos por las carreteras europeas. Los más aguerridos, los más ardientes.

Pero empecemos por el principio.

Juegos Olímpicos de Londres, año 1948. Llueve y un ciclista se escapa a dos de meta. Aprovechó una pillería, porque echa mano del bidón como para beber, como para relajarse... y aprovecha que los demás hacen lo mismo para alzarse, pedalear más fuerte, perder imagen en el horizonte. Fuerza y astucia. Una constante para José Beyaert.

Que pasó a profesionales, cómo no hacerlo con esa medalla. Y empieza a destacar. Es de los buenos, de la élite. Casi trinca la París-Roubaix, aquel año rarísimo de la victoria *ex aequo*. Corre el Tour dos veces, en equipos regionales. Y luce, también, por su carácter. Cuenta que en una ocasión se lio a puñetazos con dos *equipiers* de Gino Bartali que fueron a reclamarle por no haber cumplido un pacto en carrera. «Es que vinieron con un cuchillo», contó mucho después. Se hacía respetar.

Destaca pero no tanto, no lo suficiente, no como para colmar esa ansia de victoria que todos los ciclistas llevan dentro. Así que José explora otras posibilidades. Y acepta sugerencias, contratos. El dos de octubre de 1951 Beyaert toma un avión rumbo a Bogotá. Una semana más tarde se celebra, por todo lo alto, la inauguración del velódromo Primero de Mayo, y allí estará José, campeón olímpico, como máxima estrella. Y, bueno, ya que fue..., pues se quedó. A correr la Vuelta, nada menos. La Vuelta a Colombia, que empieza en enero de 1952. Segunda edición. Una locura. Qué hago yo aquí, qué temor con todo. Pero hace lo que mejor sabe hacer..., lucha.

Ataca casi de salida en la primera etapa. Cuesta abajo, que es algo que sorprendía mucho a los colombianos. Ellos no saben descender, dirá después, no tienen técnica, solo arrojo, y eso a la larga es malo. Así que se destaca desde el principio... solo para desfallecer más tarde. Puertos por encima de los 3000 metros, monstruos como Letras. A Beyaert le da una insolación, sangra por la nariz a causa de la altitud, debe vadear ríos con la bici al hombro, esquivar quebradas, corrimientos de tierras, cascadas que caen directamente sobre su espalda. Al principio quiere abandonar, fingir una caída en el alto del Trigo para que no parezca todo tan descarado. Pero le da miedo… la senda cuelga sobre el barranco. Bah, no importa, sigamos. Qué deliciosa locura. Qué sensación de felicidad. Dos semanas más tarde José Beyaert vence en la segunda Vuelta a Colombia. Es el primer extranjero, el único (junto con el español Gómez del Moral) que podrá hacerlo hasta el año 2013…

Una leyenda.

Digamos que tampoco era el ciclismo nuevo en Colombia. No, pero casi. Principios del siglo XX, Alberto Piedrahita Córdovez, español de pocas luces, se lanzó a la titánica empresa de unir Bogotá y Tunja en bicicleta. Unos ciento cuarenta kilómetros por carreteras que no son. Aguantó la mitad del recorrido antes de caer muerto.

José Beyaert, el día que se proclamó campeón olímpico.

«Colapso provocado por esfuerzo», dijeron los periódicos. Años más tarde ocurrió parecida historia con un alemán, de nombre perdido para crónicas y diretes, que intentó cubrir la misma etapa. Mucho mejor que nuestro admirado Piedrahita, llegó con vida a Tunja... solo para derrumbarse en la plaza Central de la ciudad boyacense. Muerto también. En fin, la cosa mejoraba, pero coincidirán en que no era para tirar cohetes...

(Luego llegó la Vuelta a Colombia. Esa que parecía imposible, la que hicieron entre un puñado de chiflaos. Se lo cuento después, no se azoren).

Pero fue Beyaert..., las ideas de Beyaert, los contactos de Beyaert, las trazas de Beyaert, las enseñanzas de Beyaert, lo que dio el gran salto a aquel ciclismo salvaje y delicioso.

Fue, sí, el papá venido a través del Charco.

Porque sigue corriendo. Figura respetada, una de esas a las que todos miran si hay que levantar la voz. Sucede en 1954, cuando los ciclistas realizan una queja oficial a la organización. Que algunos han tenido un traslado sencillo entre jornada y jornada, que otros hemos ido en condiciones paupérrimas. Beyaert es portavoz, porque ya habla muy bien castellano, y conoce el ciclismo y... bueno, lleva gafas. Tiene consecuencias, claro. Dos policías militares acompañados de un sargento lo detienen. Está usted acusado formalmente de sedición. Dicen que es comunista, espía, agitador, quién sabe cuántas cosas más. Acaba librándose por su buena estrella...

Y luego... entrenador. Primero, la selección colombiana que acude a la Route de France (desastre total). Después equipos de marca. Alcanza la cima en 1969, con la victoria de su pupilo Pablo Enrique Hernández en la Vuelta. El infierno llega tres años más tarde. Expulsado de la carrera tras un positivo de uno de sus chicos. Un error, nada más que un error. Se cambiaron los botellines. Todas esas cosas...

Porque, a ver ¿Amateurismo? Cómo expresarlo... más aún. Cada ciclista tenía mecenas personales. Negocios, empresas, fábricas. Esos eran frecuentes. Pero también estaban los otros. A Rubén Darío Gómez lo patrocinó una librería de Pereira primero, luego una tienda de camisas, después la ciudadanía entera, mediante suscripción popular. Roberto «Pajarito» Buitrago llegó a la Vuelta gracias a las limosnas que fue reuniendo el párroco de Guayatá, su pueblo. Y los gastos de Cochise Rodríguez los pagaba una rendida admiradora, esprando recibir alguna contraprestación en forma de ramo de flores, suponemos.

Los premios tampoco daban para demasiado, no se crean. Por ganar la primera Vuelta, por ejemplo, el Zipa Forero ganó un traje a medida de Sastrería River o cortes de pelo gratis durante un año en la peluquería Evel. Además le prometieron una casa, pero (vaya usted a saber la razón) esa no le llegó nunca. Los únicos setencientos veinte pesos que recibió por su gesta le vinieron desde la planta de soda en la que trabajaba. Sus compañeros habían hecho escote para que pudiera tener algo de lucro...

La historia definitiva la cuenta un tal Arévalo, natural de Nariño. Ciclista, o algo parecido. Lento, malo. Va de los últimos en una etapa de esta primera Vuelta a Colombia, la faz que es polvo que es máscara de muertos. Ese tono. Pista de balasto, como la mayoría en la carrera. Averías. Muchas. Se detiene a poner un parche, inflar la rueda. Junto a él, un campesino que observa con ojos curiosos. He pinchado cuatro veces en veinte kilómetros. Ya no puedo más. Y el otro que mira al ciclista, mete la mano en el bolsillo, le tiende unas monedas. «Toma, chico», dice, «esto lo he ganado aguantando el mismo sol que tú. Sé de tu sufrimiento. Úsalo».

Eso era la Vuelta a Colombia. Una carrera en la que los campesinos compadecían a los ciclistas.

Después José deja la bici, deja el coche, se mete a otros asuntos. Menos bonitos, menos lindos. Otros asuntos. Veamos. José y su mujer abren un restaurante. Bien, tampoco es tan extravagante. Solo que allí, si hacemos caso a sus palabras, se decidió el destino de Colombia. Cuenta que en su mesa se reunieron representantes de la ANAPO y el Partido Conservador. Nada extraño..., salvo que eso sucedió la noche del diecinueve de abril, año 1970. Es decir, cuando las elecciones. Esas, sí. Las que dieron vencedor a Rojas Pinilla (candidato de la ANAPO) en un primer momento, y se corrigieron a la mañana siguiente. Oigan, miren, que hemos contado mal, que gana Misael Pastrana. Sí, por sesenta mil votos que se nos habían quedado aquí descuidados, en estas urnas tan raras. Vale, vale, la ANAPO sumaba más ayer que hoy, pero eso eran errores de contabilidad, ¿ustedes nunca se han olvidado de llevarse una? Desconfiados...

Fue primera parada… la segunda es aun más cañera, más salvaje. Porque… acabó de esmeraldero. Contrabando, dureza, muerte en las minas. Sacar, a veces, un corazón verde desde la roca oscura y poder vivir de rentas durante meses. Mundo violento. Cuando hallas una esmeralda la escondes. En la boca, en otros sitios. Que no te maten para robártela. Cuentan que si Beyaert estuvo inmerso en un par de muertes. Un amante de su mujer. Otro buscavidas. Rumores, imposible saberlo con exactitud. Él no habla de eso. He hecho cosas, cosas. Pero sin concretar. He hecho cosas, tuve que hacer cosas. Pero sin concretar.

(Ah, el aventurero que fue Beyaert tornó personaje de novela. Auguste Le Breton se inspiró en el antiguo ciclista para *Rouges étaient les émeraudes*. Realidad y ficción).

Después se hizo maderero. Balso, un árbol que crece en Colombia y da flores blancas enormes, exuberantes. Su tronco cuenta con una densidad única en el mundo. Perfecta para hacer balsas, por ejemplo, de ahí el nombre. El problema es que balsos hay en la selva subtropical, así que para allá que se fue José Beyaert con un puñado de herramientas y mucha inconsciencia. Un día estaba bañándose en un río cuando los nativos empezaron a gritar, espantados. Hay pirañas, hay pirañas. O tarántulas. O mapanás, serpientes verdes como esas esmeraldas con las que ya no sueña. Cada tramo era más peligroso que el anterior.

En todas estas vidas conoce gente. Gente. Mucha gente. Buenos los más, algunos no tanto. Qué quieren, es así. Manos que se estrechan.

Hasta que llegó al último, claro. José Gonzalo Rodríguez Gacha. El Mexicano por alias. ¿Les suena? Vale, probemos otra vez. Cofundador y uno de los miembros más representativos del cartel de Medellín. ¿Ya? Encargado del ala militar, dicen algunos, culpable del exterminio que sufre la Unión Patriótica. Detallitos. Los hay que vinculan a ciclista y narco. Primero las esmeraldas, después lo otro. Muchos viajes, sí, de Beyaert, desde el continente hasta pequeñas islas del Caribe. Islas que son escalas, islas que son lugar de paso, maletas hasta arriba, destinos quién sabe dónde.

Muchos viajes, sí.

Pero solo se susurra.

Con los años volvió, José, a Europa. Para morir en paz, para tomarse un descanso, que menuda vida, la suya, sin tomarse un descanso. Fallece en 2005, en su Francia querida. A saber qué de recuerdos y secretos se llevó…

LA LOCURA EN COLOMBIA, O UN NOBEL A PEDALES

Decíamos de Colombia y los pedalistas colombianos. Ustedes, igual, saben que les dicen «escarabajos». Pero quizá, solo quizá, no conocen el origen del apodo. Y no conocen a quien generó el apodo. Y no saben que le hzo una biografía Gabriel García Márquez. Sí, nada menos.

Les presento a Ramón Hoyos. Don Ramón de Marinilla.

El gran mito.

Como lo fue Gabo.

Hoy ambas figuras aparecen unidas indisolublemente. De forma inevitable, también gloriosa. Porque el Hoyos que conocemos, que manejamos, el que nos huele a aliento de vida y tierra, es obra de Gabo. Y no importa si lo que cuenta es verdad o mentira, no importa si pasó realmente o pasó solo un poco. No. Si nos lo creemos es que sucedió, o al menos ha sucedido en ese espacio de lo real maravilloso que es la memoria colectiva. Es cosa de preguntarse si lo que todos consideran como cierto no es cierto de alguna forma, aunque lo podamos como falso demostrar...

¿Miente García Márquez cuando habla de Hoyos? ¿Es su fértil imaginación la que transforma una biografía más o menos fantástica en un relato de realismo mágico? Más que mentir... crea. Tú no puedes mandar a un demiurgo, a un deicida, y pretender que no haga figuras con barro. Y más si tiene entre los dedos una historia como la de Hoyos.

Cuando Gabriel García Márquez escribe para *El Espectador* la biografía de Ramón Hoyos, la estrella es el ciclista, y no el reportero. En realidad, por aquel tiempo García Márquez es poco menos que una figura invisible dentro de la vida cultural colombiana. Sí, tiene algunos amigos que lo conocen, lo admiran y poseen fe ciega en sus posibilidades (Álvaro Mutis es el ejemplo más claro, también otros como Álvaro Cepeda Samudio). Y para entonces ya ha brotado de su pluma maravillosa, allí en *La hojarasca,* ese Macondo eterno y mágico. Pero la novela pasa con poca notoriedad por entre los círculos intelectuales colombianos. Y Hoyos, en cambio... Hoyos es poco menos que santo laico. En las casas de Antioquia se reza a Dios y a Ramón Hoyos, cuentan, y uno puede creerse semejante sincretismo sin problemas.

Así que el joven reportero acude donde el joven campeón. Y hablan, hablan mucho. Para preparar aquel enorme reportaje estuvo conversando con Hoyos durante cinco días, cinco horas cada jornada. Tomó Márquez cincuenta y dos cuartillas de notas. Además, el campeón se trasegó veintinueve tazas de tinto e innumerables cigarrillos, porque cuando no competía Ramón Hoyos fumaba unos diez diarios… «Esto cansa más que la Vuelta a Colombia», acabó por decirle el ciclista al escritor, agotado de hablar, de responder, de recordar y (re)crear. Y de allí sale una pieza inmortal, quizá lo más lindo, lo más intenso, que nunca se escribió sobre bicis (es difícil escoger, oigan, pero tiene todo para encabezar el *ranking*). Biografía por entregas en prensa diaria, saliendo del veintisiete de junio al doce de julio de 1955. Constituyó para Gabo el epitafio de esta, su primera vida. Uno que fue contar la vida de otro. Del Escarabajo, ni más ni menos.

Porque aquel era Ramón Hoyos. El primer escarabajo, el primer ciclista al que llamaron con ese apodo que hoy distingue a todos los pedalistas colombianos en el mundo. En los ochenta, cuando hubo una invasión de escarabajos por las carreteras de Europa, apenas se explicaba el origen del apodo. Pero fue así, ocurrió. Don Ramón de Marinilla es el pionero.

Y además con anécdota. Porque el relato es caprichoso, juguetea a ser demencial, increíble, a disfrazarse con guion de melodrama. Cuenta que fue el periodista deportivo Jorge Enrique Buitrago, el mismo que firmaba sus crónicas bajo el seudónimo Mirón. Él iba siguiendo a Ramón Hoyos en un ascenso. El ciclista esforzándose con ese estilo suyo tan característico, encorvado sobre el manillar, la espalda tensa, las rodillas un poco abiertas huyendo en diagonal de la barra del cuadro. Nunca fue Ramón, no, un estilista. Se limitaba a ser, eso sí, el mejor de los escaladores.

Pues resulta que este Mirón observa, en silencio. Y desde esa distancia se le asemeja Hoyos un animal, un insecto. Y lo dijo, lo escribió. Ahí va Ramón Hoyos, el escarabajo de la montaña. Quedó fijado, para siempre, en el frontispicio del ciclismo colombiano. ¿La mejor definición? Al menos la que más fortuna hizo. A partir de aquel entonces los escaladores cafeteros serán conocidos como «escarabajos». Y aquí la ironía suprema, la paradoja enmarcada. Porque Mirón no pensaba en un escarabajo, sino en otro animal. En un saltamontes.

Reflexionamos y vemos que puede tener un cierto aire de familia, una ligera mímesis entre ciclista e insecto. Pero qué más daba. Escarabajos fueron, y escarabajos se han quedado. Para siempre.

¿Quieren la última vuelta de tuerca? El primer rey de la montaña en el Tour de Francia, el primer ciclista que ganó este prestigioso premio en 1931, el pionero de esa clasificación que tanto hará soñar, sufrir y celebrar a los colombianos medio siglo más tarde, fue un montañés pequeñito y de sonrisa fácil, que se llamaba Vicente Trueba y había nacido en Torrelavega, Cantabria. A él, que trepaba como si la gravedad no existiese, como si el cielo siempre estuviera esperándole, también le pusieron un apodo. La Pulga. El rey de la montaña primitivo en el Tour fue la Pulga de Torrelavega. Como si el *grimpeur* hubiera de ser, siempre y desde siempre, un bicho pequeñajo y casi invisible…

Es la de Hoyos historia de complejidad clásica. Un camino de autoconvencimiento, una senda que va desde la humildad más severa hasta las mieles del éxito y la popularidad. Allí donde recibía cien cartas diarias de admiradores (y, sobre todo, admiradoras). Donde cobraba una pequeña entrada a quienes quisieran ver sus trofeos. Él. El chico pequeñajo que nació en Marinilla, que entró en la escuela de Chorro Hondo con siete años completamente embarrado y empapado en agua después de intentar cruzar un riachuelo de un salto… El principio de todo.

En realidad, parece claro que Márquez tiene entre sus manos un juguete, un regalo en forma de biografía fantástica con la que va a disfrutar mientras la retuerce hasta el infinito, la fuerza hasta los límites de lo verosímil y, más tarde, vuelve a ponerla en su lugar. Es fácil imaginar al demiurgo sonriendo mientras escucha en labios de Hoyos su propia versión (que uno imagina seca, seria, perfectamente consciente de su propia grandeza, como era Ramón) y fabula sobre cómo logrará hacerla propia más adelante, por medio de frases típicas de Gabo, de párrafos que suben y bajan, que crecen y decrecen, que se pierden entre laberintos intrincados solo para volver a salir, ver la luz del sol, disfrutar de su caricia cálida. Y entonces la realidad es mágica, y Marinilla torna Macondo, y el cielo es más azul, la fruta huele más profundamente, los ojos voltean en sonrisas y madrugadas.

Sucede, claro. Y nosotros, niños pequeños llenos de ilusión, podemos disfrutarlo.

El descubrimiento de la bicicleta por parte de Hoyos, ese momento hermoso y delicado en el cual queda completamente fascinado por la posibilidad de un ser humano manteniendo el equilibrio sobre dos ruedas. Qué tan difícil puede ser eso, se cuestiona. ¿Cómo lo logra usted?, le pregunta al ciclista desconocido. Y este responde guiñando un ojo, en voz muy baja. Es con secreto, dice, en la mejor respuesta que uno jamás pudiera imaginar.

Es con secreto.

Al García Márquez adulto se le caían las bicis por entre las letras a menudo. Eran toques tiernos, soñadores, con un puntito irónico, como ese recuerdo de adolescencia que dibuja futuros. Y así reía también con Hoyos. Desde el respeto y el cariño, claro, pero también perfectamente consciente de la superioridad que le otorga su carácter de narrador glotón, inasequible.

Contador de historias de vida y de muerte. Antes de partir a la Route de France, rememora Hoyos, estuvo a punto de matarse al chocar de frente contra un camión. Las mil caídas, los millones de penurias de las Vueltas a Colombia. O, drama supremo, la avalancha que trajo la tragedia a su familia. Pero adelantamos acontecimientos...

Con once años llegó Ramón a Medellín, para trabajar como empacador en la heladería de Pedro Nel Restrepo, donde estaban también empleados sus hermanos. Pronto el jornal le pareció poco y se propuso conseguir el empleo que tenía otro joven conocido suyo: repartidor en una tienda de víveres y comestibles. Claro que eso lo hacía montado en una bicicleta. Es la primera vez que el velocípedo seducirá a nuestro héroe. Empezó a alquilar una máquina por horas, entrenando para conseguir aguantar las distancias, las cuestas, los plazos de entrega. Cuando se consideró preparado abandonó la heladería y empezó a trabajar como recadero. A partir de entonces las dos ruedas pagarán a Hoyos su devoción. A veces, las menos, con alegrías y premios. Las otras con dolor y sangre, como cuando se estampó contra un furgón al saltarse cierto semáforo en rojo, y quedó inconsciente sobre la calzada. Era su primer día en el nuevo trabajo, y su jefe fue claro. «Si quieres ser repartidor primero aprende a montar en bici».

Y se puso a aprender. Tanto que, otra vez, decide cambiar de trabajo, progresar, ganar algo más de plata. Entró como aprendiz en la carnicería La Bandera Blanca. Conocer las partes de la res, saber cortar adecuadamente un filete, repartir los encargos más rápido que nadie. Hacer amigos para siempre, también, en aquel grupo de mocosos sin miedo que recorrían a toda velocidad las calles de Medellín sobre sus bicis.

El relato se pone en ocasiones costumbrista, y allí se ve tanto la boca del paisa como el acento del escritor, complacido. Cuando el ciclista, por ejemplo, pregunta que cómo hace para controlar la ortografía, y Gabo, socarrón, dice que eso no se aprende nunca, y que sus errores se los corrige el linotipista. O cuando pasan inventario de los premios, trofeos y objetos bizarros que alberga Ramón Hoyos en su hogar. Van desde una Virgen del Carmen de casi un metro de altura (envuelta pulcramente en celofán para que no coja polvo) hasta docenas de copas y medallas que eran repasadas y abrillantadas semanalmente por el deportista (para lo que usaba un frasco de agua de colonia). Incluso había allí un loro importado desde el Brasil que cantaba canciones en portugués y en español solo sabía decir una palabra. «Ramón», claro...

O cuando describe la primera vez que lo creyeron muerto. Asaltaron una noche la carnicería La Bandera Blanca y cosieron a puñaladas a otro aprendiz que dormía en el interior del establecimiento, algo que también hacía muchas veces el propio Hoyos. Al día siguiente cuando se acercaba Ramón allí, después de haber descansado en su casa, se encuentra con el bullicio, con sirenas, con un corrillo de curiosos. Qué ha pasado, díganme qué ha pasado. Un desconocido que le mira, que le cuenta lo que todos dicen. Nada importante, que mataron anoche allí a Ramón Hoyos. Y Ramón Hoyos sonríe, quizá. Será una constante en su vida, lo de las noticias duras, brutales. Lo de saber, siempre, sobreponerse a lo que el destino invita.

Para 1949 Ramón logra comprarse una bicicleta propia, la primera que puede definir como suya. Una con sillín de hierro que tenía recuerdos, afiches y supersticiones encima, tantas como para parecer una auténtica carraca traqueteando alegre por entre baches y adoquines. Y empieza a juntarse con otros ciclistas del futuro en el taller de Víctor Betancourt. Entrenamientos juntos por las calles de Medellín, a veces saliendo hasta la hacienda Santa Cruz, propiedad de Víctor, que está a una veintena de kilómetros de la capital antioqueña. Fumando sobre la bicicleta, parando en cada establecimiento donde escuchasen música, donde hubiera baile. Tragos, roces, miradas con las lindas chicas. Y, después, volver a montar, manubrio inestable por la borrachera. Eso era su vida de deportista.

La primera vez que compite, en una carrera hasta Laureles, es un completo fracaso. Cuando llega a la meta, último de veinticinco participantes, no hay nadie ya esperándolo. Pero no se rinde. Sale poco después en la llamada Doble a San Cristóbal, y empieza a destacar en la escalada. Pronto todos se dan cuenta de que es algo especial, de que aquel rapaz que corre taciturno, de pocas palabras y mirada fiera, tiene dentro un volcán dispuesto a explotar en cualquier momento. El que sube siempre sentado, con las piernas despatarradas, tirando de riñones. «Así lo hacía Bartali», dirá Julio Arrastía, su entrenador, un poco generosamente.

Ramón Hoyos va a debutar en la Vuelta a Colombia en 1952, con apenas diecinueve años. Patrocinado por Ramiro Mejía, dueño de la lavandería Tropical de Medellín. Era totalmente inexperto, excesivamente joven y cargaba sobre sus hombros con demasiada responsabilidad. Aquello no podía salir bien...

Fue inscrito con el número 50 en una prueba en la que participaban exactamente medio centenar de hombres. Todo parecía pasar demasiado rápido para Hoyos, que pronto se vio envuelto en una de esas historias que parecieran invención si no las supiésemos ciertas.

Ocho de enero, 1952. La etapa entre Bogotá y Honda que el año anterior consagró a Forero, y que en aquella edición iba a coronar al argentino Humberto Varisco. Pero eso pasaba en cabeza de carrera, y nuestro relato transcurre muchos minutos detrás.

Porque hace frío en Bogotá, y Hoyos, que llega algo resfriado, tiembla con mezcla de nervios, fiebre y excitación. Y entonces... la salida. Bicicletas por todos los lados, pedaladas cada vez más fuertes, toses, risas, aplausos del público que aún no lo reconoce. Poco después, la soledad. Más de una hora pedalea en solitario Ramón Hoyos, cerrando la carrera, pasando por los pueblos mucho tiempo después de que por allí transiten los mejores. No se rinde, no se desmoraliza, no quiere decepcionar a su familia, a aquel Ramiro Mejía que ha puesto de su dinero para verlo debutar en la competencia. Acelera camino de Villeta. Aprieta sobre las bielas. Cierra los ojos para acallar al dolor.

Y ocurre.

El ciclista cae, pierde el conocimiento, transcurren un par de minutos. Cuando despierta está en volandas, escucha voces alrededor, alguien dice que lo suban en la camioneta, que sus heridas le impiden correr más. Entonces espabila, abre del todo los ojos, gruñe palabras incoherentes. La cabeza palpita, duele como si allí dentro golpeasen a cada latido de su corazón. Pero no importa, puede el orgullo. Déjenme, déjenme. Monta en la bicicleta y con el rostro ensangrentado parte dirección a meta. Tanto tiempo después…

Vigila cerca el coche escoba. Le animan a que se retire. No sea terco, ya está eliminado por tiempos, ya llega fuera de control. Hoyos hace oídos sordos. Empieza a descender un pequeño alto, poco a poco, lentamente, con miedo al principio, más fuerte después. Súbete a la furgoneta, no seas cabezón. Y él, sudor mezclado con barro mezclado con sangre, aprieta los dientes. Qué más. Llegaré. La brecha es enorme en su ceja izquierda, y va cerrando el párpado a medida que la carne se hincha alrededor. Al final Hoyos arriba a Honda bermejo, con solo un ojo abierto, magullado todo el cuerpo. ¿Dónde está la meta? pregunta a un ciclista que conoce, y que está allí paseando, vestido de calle, duchado y peinado. Estuvo aquí, le responden, pero ya se fueron todos. Hoyos había llegado el último. Varias horas más tarde que el primero. Y fuera de control, claro.

Pero entonces empieza la verdadera historia. La que resulta imposible en un lugar que no sea Colombia, en un tiempo que no sea este tiempo.

Algunos espectadores lo ven, casi llorando, cubierto de mugre, sudoroso, sangrando copiosamente por la frente, pequeñas gotitas que repiquetean sobre el suelo. Así. Tap, tap, tap. Lo recogen, lo llevan al hospital, allí lo curarán a usted, déjese hacer. El ciclista resiste, pero apenas tiene fuerzas. No sabe muy bien qué ocurre. Quien era deportista es, ahora, enfermo. Y lo ingresan en una clínica con sus doctores y sus monjitas. Pasa la noche, en duermevela. Y nuevamente aparecen aquí los sueños, constante de Hoyos, icono de Márquez. Qué es verdad, qué es ficción. Qué es relato y qué historia.

Qué más da, quizá.

Porque por la mañana Hoyos pide agua, por favor, agua. Y dos hermanas acuden donde el ciclista accidentado, lo escuchan, van a buscar el líquido para su lengua de esparto y recuerdos. Y entonces ocurre. Igual fue por sorpresa o igual lo tenía planeado. Ramón se fuga del hospital, aprovecha el descuido de las religiosas, salta una tapia, se planta así, en pijama, una mano sobre su bicicleta y la otra sobre la maleta, en el lugar previsto para la salida de la segunda etapa de esa Vuelta. La herida vuelve a sangrar. Los organizadores son claros. Usted no puede partir, amigo, lo sentimos mucho, pero ayer llegó fuera de control. Hoyos protesta, maldice entre dientes. Tanto dolor para nada. Y el destino, caprichoso, vuelve a girar.

Un grupo de militares está discutiendo a gritos con los directivos. El día antes otro de los ciclistas que llegaron más allá del tiempo previsto fue nada menos que el sargento primero Manuel Ramírez, y esos imbéciles (esos liberales de mierda) quieren prohibirle salir por no sé qué tonterías del reglamento. Al sargento Ramírez, un prohombre que arriesga su vida cada día en defensa de la patria y loor de la nación. Y ellos le impiden que continúe elevando el buen nombre de nuestras muy gloriosas Fuerzas Armadas sobre su bicicleta. De locos, de locos. Los ánimos se encrespan. «El reglamento», dicen unos. «El honor», responden los otros. Y allí, a unos metros, Ramón Hoyos, muy callado, sabiendo de antemano cómo va a terminar aquello. Ramírez sale, y con él los otros ocho descalificados del primer parcial.

Antes de partir, Ramiro Mejía, su patrocinador, se acercó a Ramón y lo miró fijamente. El ojo aún supura, completamente cerrado. ¿Vas a correr con eso así?, le preguntó. Y Hoyos, Don Ramón de Marinilla, dejó una de esas respuestas que quedan como epitafio perfecto.

Para lo que hay que ver, con un ojo basta.

Así que Ramón se viste de ciclista en un café, sin preocuparse de quién viera más allá de sus piernas bronceadas. Y montó en la bici, saliendo a toda velocidad de Honda. Tan rápido que a unos cientos de metros de allí el pedalista se dio cuenta. Todavía llevaba en su mano la maleta. Asustado, sin saber qué hacer con ella, esperó que un vehículo pasase a su lado. Entonces la arrojó dentro, aceleró un poco, a la altura del conductor, y le gritó. «Llevame esto a Medellín». Después, libre de pesos inútiles, pedaleó con todas sus fuerzas…

Precisamente será días después, camino de la capital de Antioquia, cuando se vea por primera vez en la Vuelta a Colombia un duelo legendario, uno de esos en los que sus protagonistas no cruzan palabras, y sus seguidores, cuando lo hacen, es a gritos. Pasión encendida, encono regional. El paisa contra el de Cundinamarca. Hoyos contra Forero. Jamás hablará mal el uno del otro. Jamás dirá, tampoco, nada bueno más allá de la cortesía. Frialdad de estepa, aire que se puede cortar como el de la selva densa y húmeda. Eso será, eso lleva siendo desde hace casi tres cuartos de siglo.

Fue camino a Medellín, subiendo el alto de Minas. En el cielo, granizo, un aguacero dantesco, como si el firmamento se empeñase, glotón, en poner épica sobre el drama. En el camino, barro; quebradas por salvar, fango saltando a la cara del otro, bicicletas con kilos de más en forma de tierra y recuerdos. Y allí delante, pasando Santa Bárbara, dos hombres, solamente dos. Tan parecidos, tan iguales. Tan dolorosamente diferentes. Se llaman Efraín Forero y Ramón Hoyos. Los llaman el Zipa Indomable y el Escarabajo de la Montaña. Ambos ascienden Minas codo con codo, ninguno deja a su rival ni un metro de ventaja. Hoyos siente que la cabeza estalla, que los puntos sobre su ojo se abren, que vuelve a sangrar. Pero no importa, es su momento, es, lo sabe, su némesis. Y así continúan, sin concederse

Ramón Hoyos conservó siempre su mirada orgullosa, desafiante.

descanso, dispuestos a morir el uno a la misma altura del otro hasta que el mundo deje de ser mundo. Caen cantos del celaje, se cubre de blanco a ratos el camino pardo. Piedras de hielo, pequeños perdigones que bajan desde el ombligo del tiempo, asaetean la ruta tocando sonatas de piano sobre las cunetas y las espaldas de ambos ciclistas. Ambos esprintaron en la misma cima, para llegar primero allí.

Pasaron a la vez. Sus ruedas, siamesas, mordisquean en un parpadeo aquel punto culminante, a 2466 metros sobre el mar, a un par de palmos por debajo de las nubes. Nadie gana aquel duelo primigenio. Nadie pierde. Todos gozan.

Los colores del paisaje difuminados. Los sonidos, apenas jadeos. Gritos de ánimo y júbilo. Cubiertas que silban masticando, cansadas, otra milla más de angustia.

La bajada no es favorable a Hoyos, que pierde la estela de su máximo rival, que ve cómo se aleja la posibilidad de entrar triunfante en su Medellín querido. Pero no importa, algo ha nacido. Su ambición, su certeza de que puede correr con los mejores. E, incluso, otra cosa mayor. Mucho mayor. El drama definitivo.

Ante más de 100 000 enfervorizados espectadores, Forero dice dedicar su triunfo a toda Antioquia. Hoyos rumia en silencio venganza. Días después, en Sevilla, atrapa la primera de sus trenta y ocho victorias de etapa en la Vuelta a Colombia. Antes había soportado un nuevo incidente, entre Pereira y Cali, cuando al paso por Candelaria un par de borrachos jugaron con él a la diana. La mala suerte es que, pese a la ebriedad de los sujetos, uno de ellos alcanzó con una botella de vidrio la cabeza del infortunado ciclista, quien ahora tenía una nueva brecha para acompañar a la anterior. A estas alturas Hoyos era un eccehomo. Desmoralizado, sollozando y con la testa palpitante como si fuera a explotar, dejó la bicicleta en una cuneta y se puso a llorar sentado al borde del camino, hasta que pasó por allí un campesino que se había acercado a Candelaria para comprar alimentos. ¿Querés alguna cosa?, preguntó. Dame una naranjada y algo para el dolor de cabeza, respondió Hoyos, que a esas alturas estaba ya licenciado en diálogos fulminantes. Y así, poco a poco, con el dulzor del refresco en la boca y los mil golpes sobre el cuerpo, Ramón avanza hasta terminar la etapa y, más tarde, la Vuelta. Lo hace en sexto lugar a cuatro horas y veinte minutos del vencedor, José Beyaert. También, claro, a cuatro horas y quince minutos de Forero.

Será la última vez, se prometió Ramón. La última vez. El próximo febrero volveré para ganar.

Y lo hizo.

Al año siguiente Ramón Hoyos se impuso en la tercera Vuelta a Colombia, primera de sus cinco victorias. Aquella competición ya no la organiza *El Tiempo*, sino que ha sido asumida por la Dirección Nacional de Educación Física. Un par de años después, de hecho, el periódico será clausurado por el Gobierno de Rojas Pinilla, mediante la ocupación militar de sus instalaciones. Eso ocurrirá en la madrugada del tres al cuatro de agosto de 1955, y se considerará momento icónico de la dictadura en materia de límites a la libertad de expresión. Durante algo más de quince meses, entre febrero de 1956 y junio de 1957, y para burlar la censura gubernamental, *El Tiempo* aparece bajo el nombre de *El Intermedio*, en una clara referencia al carácter temporal de esta componenda. La caída de Rojas Pinilla trajo consigo la vuelta de *El Tiempo*, que retomó su andadura el ocho de junio de 1957.

En cuanto a las bicicletas, en ese 1953 la Licuadora de Antioquia empieza a funcionar a la perfección, y Hoyos no tuvo mayores problemas para sacar casi una hora a José Beyaert. A esas alturas nadie dudaba de su puesto como cabeza y símbolo del ciclismo colombiano.

Aunque no siempre será bien recibido. En la última etapa de aquella Vuelta victoriosa, la que debía rendir visita a Bogotá, existe dentro del pelotón el rumor de que la capital no iba a tributar precisamente ovación a Hoyos. La causa principal fue la rivalidad feroz que mantenía con el Zipa Forero, que no era sino metáfora del encono entre Cundinamarca y Antioquia. Pero había algo más. A lo largo de la prueba, a medida que el Escarabajo iba cogiendo confianza ante los micrófonos, la verdadera personalidad saldrá a la superficie por encima de la timidez. Y sus declaraciones cada vez eran más explosivas, su acento paisa más acusado, sus referencias culturales resultaban más complicadas de entender a todos los que no fuesen de Medellín. En un momento en que se corría por departamentos, cuando las difíciles comunicaciones hacían que cada uno de esos lugares se convirtiesen en pequeños virreinatos con carácter y costumbres muy diferentes de las de los demás, aquello era una declaración de guerra.

Y prendió la mecha, claro.

No se puede acusar a Hoyos de poco previsor. Cuando tuvo la victoria en el bolsillo comenzó a preocuparle el recibimiento en Bogotá, e hizo viajar desde Medellín a cuatro amigos suyos que debían escoltarlo en la última etapa subidos a motocicletas. Con el revólver en la mano, por supuesto. La imagen es ya suficientemente pintoresca. Pero no hubo manera. Hasta terminar la competición tan solo hubo insultos, algunos objetos volando. Pero lo peor fue la salida del velódromo, tras la ceremonia de coronación. Y se armó. Golpes de todo tipo, algunos tiros retumbando en los oídos de la gente. No importaba. Hoyos tiene que salir corriendo, refugiarse en el vehículo que lo debía llevar hasta el hotel. Pero no es posible, la turba abre las puertas, saca al chófer, empiezan a pegarle patadas. El campeón cambia de asiento, arranca el motor y sale de allí para salvar su vida. En el proceso le han robado nada menos que la bicicleta. Jamás la recuperará.

Con el tiempo Bogotá acabará rindiéndose a la grandeza de Ramón Hoyos, y las llegadas no serán ya (tan) hostiles. Aunque siempre queda un mal recuerdo, un encono poco disimulado frente al paisa que se acerca hasta ahí, tierra de muiscas, a robarles la carrera que ellos mismos inventaron...

Pero en esos tiempos Colombia enfrenta otras divisiones internas más acusadas. Sangrientas. Porque en aquel entonces hay trozos de Colombia que no forman parte de Colombia.

En 1954 Hoyos acabó por consagrarse. En una Vuelta, además, muy especial, organizada nada menos que por el Alto Gobierno Civil y Militar. La llamarán la Vuelta de las Fuerzas Armadas, años en que el estamento militar entra hasta lo más profundo de las dos ruedas, con el coronel Marcos Arámbula Durán como presidente de la Asociación Colombiana de Ciclismo. Y, para aumentar el aroma castrense, esa carrera la va a ganar Hoyos defendiendo los colores del Ejército porque anda cumpliendo el servicio militar. Así las cosas, el primero será el cabo segundo Ramón Hoyos. Nuestro Don Ramón de Marinilla, para entendernos...

La prueba ha ampliado su influencia, su popularidad. La cubren los diarios *El Espectador*, *El Colombiano*, *El País*, *Diario de Colombia*, *Reportero Gráfico*, *El Tiempo*, y las emisoras de RCN y Caracol. Incluso la institución castrense manda a un fotógrafo propio, para que inmortalice a los suyos en tan egregio esfuerzo.

Al año siguiente, tercera victoria. La más contundente de todas, con, repetimos, doce parciales de los dieciocho disputados. El segundo, otro antioqueño llamado Honorio Rúa, a hora y media. Los siete primeros eran del equipo departamental. La Licuadora funcionaba mejor que nunca.

Aún habrían de llegar otros dos laureles más de Hoyos, para un total de cinco. El último lleno de rabia, de rencor, tras haber sido excluido el año anterior por, supuestamente, remolcarse con Honorio Rúa en un ascenso. Ramón, colérico y vengativo, se impuso con autoridad. Era una leyenda.

Y después, la nada. Volvió Hoyos a la Vuelta a Colombia, pero ya no era el mismo. Estaba cansado de tanto entrenar, de tanto sacrificio sin recompensa. Y, además, nunca fue hombre de equipo, jamás supo darlo todo por sus compañeros. Igual que le ocurría, claro, a su rival Forero. Ellos eran únicos. Eran héroes. Y no pueden los héroes proteger del viento a los simples mortales...

Y aquí el relato se encabrita, empieza a rastrear lo legendario, lo sacrílego. Porque cuenta García Márquez que hay muchos santos en Antioquia, pero que el verdadero beato del ciclismo que hace presencia en todas las casas de Medellín no es otro que Ramón Hoyos. Que hay una fotografía suya presidiendo los salones, bendiciendo las estancias, entre la Virgen María y el Niño Dios, ese al que acabarán encomendándose los sicarios décadas más tarde (tres estampitas en el cuerpo, una para que me concedan el trabajo, otra para que no me atrape la policía, la última para tener buen pulso y no fallar el tiro). Allí aparece Ramón Hoyos, deliciosa ironía sincrética de un país obligado al sincretismo durante muchos años (claro que una década después, cuando Antioquia abrace a otro ciclista, los motivos del afecto cambiarán de lo religioso a lo político, y en muchos villorrios rurales se contarán cientos de votos para Cochise Rodríguez en las elecciones presidenciales de 1970... ironía del progreso, quizá). El mismo Ramón Hoyos, además, era hombre de misa y comunión diaria, piadoso de esa forma que solo saben serlo quienes han visto cerca el infierno del dolor. Pero no podía evitar el sacrilegio ajeno, como el de aquella muchacha de Caramanta que guardaba, cual si fuese reliquia, cierto hueso de la gallina que un día sirvieron a Hoyos en almuerzo, porque «le daba suerte».

Mito, pues, de esa misma Colombia donde las iglesias surgieron por encima de los ídolos precolombinos. En las plazas de las nuevas ciudades, sí, pero también en los sitios señalados, telúricos. Mágicos. Porque lo importante es, siempre, el lugar, y no el edificio. Por eso donde el tótem de madera, piedra u oro marcaba con su poder a los alrededores, allí mismo aparecerá una cruz latina, un edificio de arcos y altares. La simbología del emplazamiento. Lo sacro que aparece unido en muchas ocasiones, además, a las alturas, a los puertos, a los páramos interminables. Moisés y Jesús, también Jacob durmiendo sobre una piedra. La Vuelta a Colombia como una sucesión de pasos por núcleos de poder.

Un viacrucis en bicicleta.

Seguro para Hoyos.

O el verbo. El Verbo. El nombre. A Hoyos, nos cuentan, lo llamarán Don Ramón, pero también Escarabajo, Constellation, Ascensor, Ramón Refuego. Como si una partida de bautismo, una sola, no fuese suficiente para albergar tanta fama, tanta grandeza. Iconos, pues.

Y los sueños, al fin. La importancia de los sueños cuando el relato torna más Gabo que Ramón. Cuando el ciclista dice que no hubo nada antes de ser seleccionado para su primera Vuelta a Colombia. O el profético, en mitad de su momento más difícil.

El once de julio de 1954, Ramón Hoyos, el cabo segundo Ramón Hoyos, se encuentra en Cali como entrenador del equipo de ciclismo de las Fuerzas Armadas. Él mismo debería competir allí, pero un accidente de moto lo ha dejado con los dos brazos escayolados, incapaz de subir a una bicicleta. Con todo, es tan importante su presencia, su figura, que ha viajado igualmente hasta la capital del Valle del Cauca.

Antes de irse a dormir Ramón Hoyos lee una carta que ha enviado su madre. Estamos todos bien, hijo. ¿Vos qué tal? ¿Te recuperás de tus heridas? ¿Te alimentan bien en las Fuerzas Armadas? Aquí te queremos, te añoramos. El joven soldado se echa a dormir, rostro sereno. Y aquella noche sueña. Como si estuviera en una novela de García Márquez, el ciclista Ramón Hoyos sueña.

Está en la clínica León XIII, la misma donde lo ingresaron en la segunda Vuelta a Colombia, aquella de la que huyó por la mañana para seguir en la competencia. Está en esa clínica, en esa habitación.

Pero ahora es su madre la que se encuentra tendida en la cama. Tiene una pierna rota. El hijo y la mamá conversan, ella le dice que no se preocupe, que está perfecta, que sanará dentro de poco. Se alegra de que haya obtenido permiso para poder visitarla. Eres un buen hijo, un buen hijo. Luego el ciclista habla con los doctores, no ocurre nada, es cuestión de tiempo, es una mujer fuerte. Dormido esboza Hoyos una sonrisa. Sueño vívido, casi real. Madrugada y lo despiertan. «Mi cabo, mi cabo, levántese». Y entonces él, fatalista, entiende que la tragedia ha venido a visitarle.

Lunes, doce de julio de 1954. Faltan unos minutos para el amanecer. En ese instante la tierra empieza a derrumbarse en la Media Luna, en el Cerro Santa Elena, afueras de Medellín. Ruido como de caballos, dirá después el niño Jorge Alirio al recordarlo, toda la montaña rodando hacia las casas. Pronto un barrio entero queda sepultado, donde antes hubo vida, solo fango, cascotes y ramas quedan. Morirán setenta y cuatro personas.

«¿Es usted muy nervioso, mi cabo?», le preguntan a Ramón Hoyos.

Su familia ha quedado enterrada debajo de aquella montaña en la que ganó su primera carrera. Una lengua de piedras y terrones ha cubierto a su madre, a su hermana. Más o menos a la misma hora en la que tenía ese sueño premonitorio, ese sueño que no parecía sueño, sino realidad y vida, los cadáveres de ambas eran rescatados de las fauces del mundo. Allá que se fue Ramón Hoyos, a llorarlas, a emborracharse en una habitación al lado del velorio. Allí que se fue Ramón, a entrar, ahora más que nunca, dentro del universo maravilloso, cruel y fantástico, de un deicida. Uno que, por cierto, también cubrirá la tragedia para el periódico *El Espectador*, apuntando a las malas condiciones, a una mina abandonada, a la pobreza, y al olvido como causantes… Qué más daba, ya, para el campeón.

Sueños y tierra. La importancia de lo telúrico. Tierra en la boca de Hoyos después de su caída en la tercera Vuelta a Colombia. Tierra, barro, légamo, que debe limpiarle su mecánico, que él no es capaz de ver. Como aquel personaje que come césped en *La hojarasca*, la novela que Márquez publica en ese mismo 1955. Como tierra comerá después la niña Rebeca en *Cien años de soledad*. Y más aún. La comunión entre los elementos, tan presente en su obra, que se repite aquí. Polvo sobre el cadáver inerte de su madre, de su hermana.

El supremo delirio del demiurgo. Crear sobre lo ya creado para acabar teniendo algo nuevo.

¿Realismo mágico sobre ruedas?

¿En bicicleta hasta Macondo?

Quizá.

MAILLOTS DE PABLO ESCOBAR

Esta historia empieza con dos hermanos. Como tantas. Mayor el uno, más chico el otro.

Esta historia empieza con dos niños que están en una montaña inmensa, infinita.

Viven en un sitio que se llama Rionegro, al este del gran Medellín. Apenas un tugurio, todas las necesidades. Desde su casa hasta el colegio más cercano hay veinticinco kilómetros, así que los chicos tienen que levantarse a las cuatro de la mañana para llegar a clase. Caminando, claro. Nadie tiene coche en su barrio.

(En realidad hay un vecino que sí posee automóvil, solo que jamás hace caso a los ruegos para que los lleve, aunque sea un ratito. Años más tarde ese mismo hombre verá cómo su vehículo aparece un día consumido por las llamas. Compra otro, y sufre la misma suerte. Y un tercero. Entonces comprende. No olvida. Él no olvida).

Los padres hacen un esfuerzo. Abel de Jesús Escobar Echeverry es agricultor modesto, trabajador. Está casado con Herminia de los Dolores Gaviria, y juntos están criando siete hijos. Tres niñas (Alba Marina, Luz María y Gloria Inés) y cuatro varones (Pablo, Roberto, Luis Fernando y Argemiro). No sobra el dinero allá, pero todos se sacrifican un poco para garantizar la educación de los pequeños. Cuando la cicla llegue a casa, Roberto la adoptará como haría con un cachorro largamente anhelado. Desde entonces va cada mañana a la escuela montado en ella, con el pequeño Pablo subido en una cesta a su espalda.

Roberto nace en 1947, su hermano Pablo dos años más tarde. Tienen once y nueve primaveras cuando lo ven pasar. Al gran italiano, al corredor que, cuentan, es el mayor que ha habido, es el más grande que habrá. Derrotado por uno de los nuestros, por si fuera poco. Roberto y Pablo están allí, en el alto de Minas, cuando Ramón Hoyos Vallejo hace sufrir a Fausto Coppi más que en toda su vida. Pasa cerca, a escasos centímetros, pueden oírlo boquear, ahogarse con ese aire que ni aire parece. Tan hermoso. «Seré ciclista», dice el mayor. «Seré ciclista». El pequeño sonríe, más preocupado en juguetes y travesuras que en competencias.

Se llama Pablo Escobar Gaviria.

Así que Roberto empieza a competir. Es bueno, consigue resultados, se sitúa entre los ciclistas interesantes de Antioquia. Tiene piernas formadas después de trabajar como repartidor llevando alimentos hasta las casas de los ricos, esas que están en lo alto del Poblado, barrio de la élite paisa.

Es en esos tiempos de juventud cuando a Roberto Escobar le cae el apodo con el que será conocido más tarde. Un día de lluvia, con el cielo disfrazándose de negro y tormenta furiosa. Ríos de fango que cruzan caminos, cunetas transformadas en riachuelos, el Medellín que baja de color marrón, arrastrando lodos, árboles, montañas. Pero ellos... ellos corren. Ellos, los ciclistas. Masticando limo en cada pedalada, viendo cómo la rueda delantera se hunde metro a metro, incapaz de avanzar. En la línea de meta (que ni línea tiene, porque se ha borrado) apenas un puñado de aficionados, cubiertos hasta los ojos con ropas de abrigo. Los paraguas oscuros se juntan unos a otros, conformando un animal mitológico de mil gibas, de cien cuernos. Y allá que llega el primero, el destacado, el corredor que va a conquistar esta competencia infernal. De un altavoz herrumbroso, goteante, surgen palabras metálicas. No lo conoce, no sabe quién viene, el locutor no es capaz de desencriptar la identidad de ese tipo grandote, anchas espaldas, que se acerca como una centella. Vean, vean, grita, vean cómo llega este valiente atleta, este joven héroe, este guerrero legendario. Vean, vean, su rostro cubierto con légamo terroso, sus brazos con barro reseco pegado al vello. No se distinguen los colores del maillot, ni la publicidad, ni los rasgos del chico. Vean, vean, queridos oyentes, a ese ciclista que parece un osito.

Osito.

Osito Escobar le dijeron. Osito Escobar se quedó.

Roberto destaca. Destaca mucho. Medalla de bronce en los Campeonatos Nacionales de Ciclismo, año 1965, por ejemplo. Prueba de cien kilómetros, contrarreloj por equipos. Ganan los cundinamarqueses, segundo queda el Valle del Cauca. Terceros ellos, los paisas. Con Martín Emilio Rodríguez, el Cochise. Y Héctor Muñoz. Y Roberto Escobar. Osito. Menudo éxito.

Tendrá diversos apoyos a lo largo de su carrera. Primero lo patrocina Droguerías Aliadas, después la Compañía de Electrónica Mora Hermanos. Con estos corre la Vuelta a Colombia de 1965. Dorsal 19 de la competición. Hizo cuadragésimo en la primera etapa, a veinte minutos del líder. Fue mejorando con los días, y a la postrera llegó con el decimocuarto mejor tiempo. En la general termina el trigésimo octavo, a tres horas y media del ganador, Antonio Suárez. Acabaron esa carrera sesenta y dos hombres. Reincide doce meses más tarde, portando el dorsal nueve. Ese año, apoteosis de Cochise, hizo trigésimo segundo al final, perdiendo un par de horas con Martín Emilio. También corrió algún Clásico RCN. Es de los buenos, de los que participan en las carreras más grandes, aunque una vez allí tiene pocas oportunidades para brillar.

Curiosamente en el ámbito internacional tendrá más éxitos. El principal, aquel que siempre recuerda, es la medalla de oro en los Juegos Centroamericanos y del Caribe. Guayaquil, año 1965. Nada menos que la prueba de cien kilómetros contrarreloj por equipos. Compañeros en esa gesta son Severo Hernández, Álvaro Pachón, Álvaro Ospina. Tiene otras joyas. Su participación en los Juegos Panamericanos. La Vuelta al Oriente. Ronda en Táchira. «Llegué a ganar treinta y seis carreras en una sola temporada... nadie pudo superarme, ni Cochise siquiera. Aún hoy en día es un récord», contaba Roberto Escobar a Matt Rendell. Porque a Roberto, a Osito, le encanta hablar. De sus cosas, de sus teorías, de quién lo traicionó y a quién ayudaba su hermano. Y de bicis. Sobre todo de bicis. Allí disfruta. También miente algo, claro, mitad por cargarse méritos y mitad porque la memoria es falaz. Nunca fue el tercer corredor antioqueño por detrás de Cochise y el Ñato. No, su puesto era mucho más anónimo, en el seno del pelotón. Máxime cuando punteaba, sobre todo, en terreno plano, y eso nunca fue territorio que transitasen las bicis en Colombia. Pero bueno, los errores se le pueden perdonar. No conozco ningún atleta que no se arrogue, defectos de la memoria, alguna cabalgada de más...

Al final abandonó la bici, o la bici lo abandonó a él, que es lo que suele pasarles a los ciclistas. Se ganaba la vida reparando televisores y radios en la empresa de los hermanos Mora, la misma que lo había sustentado en su primera Vuelta a Colombia.

Fin de la historia.

O no.

El ciclismo no se deja. Puedes aparcar la bicicleta, entrenar con menos fuerza, incluso olvidarla en un garaje, acumulando polvo y telas de araña. Pero está ahí, y tú lo sabes. Quien montó en cicla siempre volverá la cabeza cuando vea pasar a un corredor, estudiará su desarrollo, sus piernas, la forma en que mueve los hombros. Es una especie de adicción, imposible de abandonar. Solo que esta no mata…

Pablo Escobar también estuvo patrocinando ciclismo.

Y a Roberto le ocurre eso. Que no sabe marcharse, y tampoco quiere. Empieza a actuar como seleccionador de Antioquia, llevando a sus equipos aquí y allá. A Panamá, a Ecuador, a Venezuela. En 1975, en Manizales, abre un taller y fábrica de bicicletas que se llamará «Ositto», con una doble «t» italianizante que ennoblecía el apodo. El gusto por lo transalpino. Ositto, la hacienda Nápoles, el velódromo Asissi. Parece que el dinero de Pablo estaba detrás de esta inversión, con la que podía limpiar billetes sucios. Porque Ositto alcanza cierto renombre, se hace muy popular gracias a una publicidad que decía que sus bicis tenían «más estrellas que la Monark» (la máquina más conocida y anhelada de Colombia en la época). Y crece. Crece sin parar. Tanto que los hermanos dan otro salto: patrocinar un equipo ciclista.

Escobar hace construir un velódromo en Medellín. Asissi, lo llamará, con ese gusto suyo por el rimbombante transalpino. Cuerda de cuatrocientos cincuenta metros. Aún hoy se puede visitar, aunque está en ruinas.

Allí organiza carreras privadas. Con lo más granado del pelotón colombiano. Alfonso Flórez era, cuentan, su hombre de confianza en el ciclismo, el que convencía a los demás. Ya verás, dinero fácil, dar unas vueltas para el patrón y te pagan así, *chan con chan*, sumas asombrosas. Eso sí, hay que esforzarse, porque allá se cruzan apuestas, apuestas enormes, y nadie quiere ser sospechoso de no sufrir lo suficiente. Puede ser malo. Ya sabes. Malo.

En esas ocasiones Pablo organiza enormes fiestas. Aparecen todos. Los narcos, los políticos, los policías, los periodistas. Beben, fuman, bailan, ríen, animan al suyo, denigran al otro, buscan con los ojos el maillot por el que han metido plata. Es un auténtico descontrol, una bacanal. Salvo él.

Pablo Escobar Gaviria apenas prueba gota en esas noches. Prefiere vigilar. Controlar. Memorizar actos, palabras, conductas.

Él está trabajando.

En maillots y *culotes* se puede leer, indistintamente, «Bicicletas Ositto» o «Pablo Escobar. Renovación Liberal». Era una camiseta roja con mangas negras. Al mando del conjunto están el propio Osito, que de aquellas parece que se dedicaba solo a las bicis, y Rubén Darío Gómez, técnico de gran prestigio en Colombia. El objetivo es claro: ser los mejores del país y llegar al Tour de Francia.

En 1981 el equipo Bicicletas Ositto salta a las carreteras. Tenemos trenta y cinco trabajadores en la fábrica, y yo amo el ciclismo, así que pienso que es el momento adecuado para intentarlo, dice Roberto. Además creo que podemos hacerlo bien con Manuel Ignacio Gutiérrez, nuestro líder. Y también está Marín, que casi gana una Vuelta a Colombia. Somos una escuadra muy fuerte, todos nos han de tener en cuenta. Visten su camiseta Fabio de Jesús Arias, Efraín Guevara Gómez, Manuel Ignacio Gutiérrez, Gonzalo Marín, Luis Enrique Murillo, Efraín Pulido o los hermanos Tolosa, Rafael y Ramón. Un conjunto de campanillas.

Todos aplauden... aunque entornando ligeramente los ojos. Gastan demasiado. Materiales de primera categoría, muchos hombres, tanta infraestructura. Roberto Escobar jamás reconocerá que su equipo tuviera nada que ver con los negocios de su hermano, pero es asumido de forma unánime que empresa y grupo se beneficiaban de ellos, a la vez que actuaban como tapadera perfecta para blanquear unos cuantos millones de pesos.

Llegan resultados. Sobre todo de la mano de Manuel Ignacio Gutiérrez. Se impone en la última etapa de la Vuelta a Colombia. Día veintinueve de junio de 1981. Entre Buga y Cali, patrocinada, además, por RCN Televisión. La marca Bicicletas Ositto al fin aparece en portadas de periódicos gracias a su desempeño deportivo. Su primer ciclista en la general fue también Gutiérrez. Undécimo, a veintisiete minutos de Fabio Parra. Decimotercero es Rafael Tolosa, Efrain Pulido hizo el vigesimosegundo y Gonzalo Marín el trigesimoquinto. Por equipos Ositto quedó en quinto lugar, por detrás de Lotería de Boyacá, Perfumería Yaneth, Pilsen y Freskola.

Claro que su mayor éxito lo logran en el Clásico RCN de ese 1981, cuando Gutiérrez conquista la general. Allí brilló más que nunca su maillot rojo con mangas negras y franjas amarillas en pecho y hombros. El antiguo gregario de Rafael Antonio Niño encontraba su recompensa, y lo hacía de la manera más inesperada posible...

Fue ese Clásico el que descubrió a Lucho Herrera, un jovencito enflaquecido y de pocas palabras que se devoró el mítico alto de La Línea sin que nadie pudiese darle réplica. Tenía veinte años recién cumplidos. Allí, entre las nieblas perpetuas, con el frío, el soroche, gotitas adheridas en hojas y hierba, batió Herrera a Fabio Parra,

Rafael Niño y Manuel Ignacio Gutiérrez. Los mejores. Los más fuertes. Hasta que llegó él.

El triunfo de Gutiérrez se fraguó en terreno paisa. Doble satisfacción para los Escobar. Penúltima etapa, subiendo Minas, ese sitio mágico, telúrico, inaprehensible. Y el parcial definitivo, una doble entre Medellín, Santa Fe y vuelta a la capital antioqueña. Allí desbancó definitivamente a Julio Alberto Rubiano, que perdió sobre la última raya un triunfo que ya casi celebraba.

El éxito de Bicicletas Ositto fue incontestable, con tres hombres entre los diez primeros, incluyendo el ganador. Sus compañeros Rafael Tolosa y Efraín Pulido hicieron octavo y noveno respectivamente. Otro Efraín, de apellido Guevara, conquistó el mismo año la Clásica del Oriente. Botín excelso.

Fue la única temporada que Roberto Escobar tuvo un equipo entre los mejores de Colombia. Le perseguía la polémica.

Ideas brillantes. Un adelantado a su época. Introdujo, por ejemplo, las mascotas en el ciclismo. Cada día, en salida y meta, un tipo disfrazado de oso hacía las delicias de pequeños y mayores anunciando las bicicletas Ositto. Simpático, bonachón, bromista..., nuestro osito de peluche se convierte rápidamente en figura reconocible de cuantas competencias se celebran en Colombia. Claro que igual la cosa no es tan inocente.

Rodrigo Cobo Arzayús, periodista de *El Tiempo,* aseguraba que ese personaje fue expulsado de la Vuelta a Colombia en junio de 1981. Pereira, salida de la decimotercera etapa. La causa... bueno, al parecer estaba regalando marihuana entre los miembros de la caravana y algunos espectadores de ojos somnolientos. Así que fuera oso y fuera Eduardo Avendaño, que así se llamaba el actor que iba dentro del disfraz.

(Cuentan que el tal Avendaño ya había hecho lo propio en el Clásico RCN, pero como no lo pillaron *in fraganti* la cosa quedó en chismorreo).

Ya ven..., el equipo muy normal no era.

El de 1981 fue el único año de Bicicletas Ositto en el pelotón. Al comienzo de la temporada siguiente la enemistad entre Bermúdez y Roberto Escobar se agudiza. A lo gordo, vaya. Cerca de La Pintada a Bermúdez intentan matarlo poniendo una bomba en su coche. Fruslerías. Él contraataca haciendo el vacío alrededor del conjunto.

Muchos de sus ciclistas acabaron recalando en el potente equipo Perfumerías Yaneth. Poco cambio, porque el patrón de esa escuadra era Rodríguez Gacha, a quien todos conocía como el Mexicano. Otro de los fundadores del cartel de Medellín, en pocas palabras. Ya ven. Evolución clara.

Bicicletas Ositto, por su parte, también patrocinó en su día a la selección colombiana. Sobre todo cuando tenía que competir en el extranjero, en pequeñas vueltas por otros países latinoamericanos. La Vuelta a Cuba, por ejemplo. En esas ocasiones no solamente Roberto acompañaba a los escarabajos, sino que también solía aparecer Pablo. Y, ya que estaba allí, pues aprovechaba para trabajar. Establecer nuevas vías, nuevas posibilidades. Cerrar tratos.

Eso era, también, el ciclismo.

En ese tiempo la vida de Osito tomó un camino muy distinto. Tras el asesinato de Rodrigo Lara Bonilla, ministro colombiano de Justicia, el Estado puso ojos sobre el capo y sus relaciones. Según cuenta Roberto Escobar eso le «empujó» a entrar en el cartel, donde llegará a ser hombre de confianza de Pablo. Y sobre esto hay diferentes opiniones, desde quien piensa que hablamos de mano derecha (unos dicen que encargado de logística, otros que jefe de los sicarios, los de más allá que manejaba inversiones) hasta los que explican que su labor era más de apoyo moral. Otorgar la sensación de confianza a Pablo Escobar en sus últimos años, cuando en nadie más pudo confiar. A eso se dedicaba Osito.

De una forma u otra, Roberto Escobar, Osito, acabó integrado en el cartel, en mitad de las guerras que masacraron el país a finales de los ochenta. Roberto recordaba cómo pasó tres semanas caminando por la selva, llevando sendas bolsas con diez millones de pesos colombianos y 100 000 dólares americanos en metálico. Y cómo, al final, se dio cuenta de que allí no eran más que peso inservible, un olor penetrante por las noches cuando las usaba de almohada, una muestra de lo extraño y ridículo que es el ser humano. Los dólares los lanzó a un río. Los pesos, según sus propias palabras, se los dio a un campesino que les preparó comida caliente…

Han pasado catorce días desde que Pablo Escobar murió.

Roberto, su hermano, está en la cárcel. Se ha entregado el ocho de octubre de 1992, setenta y nueve días después de fugarse de La Catedral. Es para que me protejan, dice, porque me quieren ver difunto. Anteriormente había estado en prisión, también, tras presentarse de forma voluntaria. Sufro un asedio injustificado por parte de los cuerpos de seguridad del Estado. Por razones que desconozco, añadió. Esa será, siempre, su versión.

El caso es que Roberto vive solo en el penal de Itagüí, después de que otros cuatro miembros cercanos a Pablo hayan sido trasladados a Bogotá.

A las 16:05 horas del dieciséis de diciembre de 1992 Roberto recibió una carta dentro de un sobre de manila, enviada a través de correo urbano. Iba dirigida a su nombre y en el remitente figuraba la palabra «Procuraduría». Al rasgar el lacre se produjo una explosión, que causó heridas a Osito y alcanzó también a Isidoro Molina y William Torrado, dos vigilantes penitenciarios. Escobar, malherido, hubo de ser trasladado a la clínica Las Vegas, en Medellín. El lugar fue acordonado por la Policía Militar y la Policía Nacional. Nadie pudo entrar al hospital aquel día.

Roberto Escobar perdió el globo ocular derecho y sufrió graves daños en el izquierdo. Quedó casi invidente, aunque fue recuperando algo de visión con el tiempo.

Lo cierto es que las historias sobre ciclistas colombianos utilizados como mulas en los viajes transoceánicos eran frecuentes. Cuadros con tubos huecos rellenados con bolsas de polvo blanco, manillares que escondían auténticos tesoros, culotes con doble costura… Laurent Fignon llegó a decir que era bien sabido que «los escarabajos corren todos cargados de coca», y en su autobiografía afirmó haber visto durante la disputa de un Clásico RCN en Colombia (la mayoría de las carreras, decía el parisino, estaban allí patrocinadas por narcos locales) maleteros llenos de farlopa que corría como si no hubiera mañana… También escribió que durante la última etapa de la Vuelta de 1987 (donde, según sus palabras, el equipo de Herrera untó a los franceses para que no se movieran) el delirio era tan grande que se repartía coca «a diestro y siniestro, ¡paquetes enteros!». Y no importaba que fuese o no verdad, quedaba la imagen, el icono. La caricatura.

Hoy en día vive en libertad desde hace más de una década, y regenta una especie de Casa Museo sobre Pablo Escobar en Medellín, integrada en un lisérgico «Pablo Escobar Tour». Allí, entre cajones con doble fondo, coches a prueba de balas y bolsas para guardar dinero, reposa una bicicleta. La antigua bicicleta de Osito, aquella con la que los Escobar quisieron conquistar el ciclismo.

LA LEYENDA DE ABDEL-KADER ZAAF (Y SUS PREDECESORES)

¿Qué hacen unos cuantos flamencos, varios franceses, un español que no es español, un puñado de argelinos y algunos marroquíes en el norte de África durante la primavera de 1949?

Pista: llevan bicicletas. Y no es un chiste.

Déjeme pensar...

Efectivamente... están corriendo el Tour d'Algérie.

Hubo un Tour d'Algérie en 1929, pero apenas nadie lo recuerda, y el Tour d'Algérie más mítico es el de 1949. Un total de diecinueve etapas, completando nada menos que 3127 kilómetros. Jornadas de hasta doscientos cincuenta y cuatro kilómetros, recorrido bordeando la costa, adentrándose ligeramente en el desierto. Entre marzo y abril. Sol, polvo y arena.

Dolor.

Cuentan que si la idea fue de un tal Tony Arbona, sano muchachote dedicado al fino arte del periodismo (corresponsal en *La Dépêche Quotidienne*, luego presentador en televisión). Oye, podría estar bien. Lo de hacer una carrera aquí. Podría estar bien. Así que, osado, pidió ayuda nada menos que a Jacques Goddet. *Monsieur, monsieur,* creo que funcionará. Será, sí, una demostración de nuestro espíritu francés. Mostraremos lo muy galos que somos, *Allez la France*.

Porque Argelia era, aquel año 1949, Francia.

Vale, les admitimos la crítica... quizá no Francia como la entendemos hoy en día, pero sí que formaba parte del Territorio francés. Nada menos que tres departamentos (Orán, Argel y Constantina) y los llamados territorios del sur (que es una forma elegante para denominar al desierto salvaje, esas tierras inmensas donde los nómadas se negaban a reconocer la soberanía gala). Así que la carrera tiene toda su lógica. O no, porque menuda lógica tan ilógica (menuda lógica tan cruel) estamos presentando, amigos.

A ver, salida Kouba, a las afueras de Argel. 9:27 horas. *Monsieur* Narbonne, delegado de la Asamblea Argelina, baja la bandera. Horas después los más fuertes llegan a Orleansville. Victoria de René Oreel al esprint sobre Abbes y Bernardoni. Es trece de marzo de 1949. El Tour d'Algérie ha echado a andar.

Con algunos argelinos, claro. O marroquíes. Para los franceses, en ese momento, es todo igual, ay... Los locales, dicen ellos. Los muchachos, porque siempre está bien meter un poco de condescendencia racista. Los muchachos. Los Zaaf, Marcel Zelasco, Ahmed Kebaïli. Historias, historias.

Veamos.

Ahmed Kebaïli fue un buen ciclista, pero no un campeón. Corrió el Tour de Francia, destacó en este Tour d'Algérie. Pero el interés llega por otro lado. La política. Kebaïli tiene formación ideológica desde sus años de juventud, como miembro del Comité Revolucionario de Unidad y Acción de Argelia. Y eso le acarrea problemas. Un par de veces se salva *in extremis* gracias a su popularidad, a las historias que teje con la policía sobre la elegancia de Coppi o la coquetería de Koblet. Hasta que la suerte se le agota en 1955. Cinco años en prisión, compañero de celda del poeta Moufdi Zakaria. Su maestro. Cuando salga Ahmed será figura reconocible en el nuevo Estado argelino. La bicicleta es solo un recuerdo para él.

Y luego... oh, leyenda de leyendas... Abdel-Kader Zaaf.

Póngame un Zaaf, por favor.

Abdel-Kader Zaaf fue un buen ciclista, pero no un campeón. Una leyenda, eso sí. El mejor ejemplo de que vencer carreras te granjea un buen palmarés, pero para llegar al mito necesitas otras cosas. Carisma, imágenes inmortales. Suerte. O desgracia, depende de quien lo cuente.

Porque ganar, lo que se dice ganar... bueno, Zaaf no ganó demasiado. Una etapa en este Tour d'Algérie. Alguna menudencia aquí y allá. Pero qué importa, él nunca será ese tipo que levanta los brazos sobre la línea de meta. No. Su fotografía es otra. Sentado en el suelo, la espalda apoyada contra el tronco de un árbol. Desvanecido, gruesos ríos de sudor recorriendo el rostro. Oliendo a vino...

Ocurre en 1950. El mejor escenario, el más mítico de todos. La Grande Boucle. Decimotercera etapa, veintisiete de julio. Y un corpachón enorme que va lanzado hacia la victoria. Mirada fiera, determinación en el rostro, maillot blanco con franja azul en el pecho. El del equipo de África del Norte. Va a llegar la primera victoria para un ciclista nacido en ese continente. Momento histórico. Lo acabará siendo, claro. Pero ¿quién es esa flecha que devora kilómetros a toda velocidad, inasequible a los más de cuarenta grados que azotan el sur de Francia?

Un veterano, en primer lugar. Nacido en 1917, en Chetouane, pequeña localidad argelina muy cerca de la frontera con Marruecos. No empieza a tomarse en serio Abdel-Kader lo de la bici hasta la treintena. En 1948 defiende los colores del equipo Volta. Galo, aunque con corredores de las colonias meridionales. También debuta en el Tour de Francia. Qué hago aquí, con mis espaldas, con mis manos que parecen garras de gigante. Abandonó el primer día...

Abd-el-Kader ZAAF (35 ans)

El mítico Abdel-Kader Zaaf.

Con todo, popular. Por combativo, sí, pero más por su imagen. Dejaba declaraciones grandilocuentes, hablaba de sí mismo en tercera persona, amenazaba a los ases del pelotón con ataques demoledores. Él, que solo pudo terminar un Tour de los cuatro que comenzó. En 1951, y fue *lanterne rouge*…

Pero qué importa. La leyenda es caprichosa. Y ese día de 1950, camino de Nimes, parece que Abdel-Kader va a encontrar su jornada más gloriosa. Marcha solo, escapado, quedan unos cincuenta kilómetros para la meta. Lo tiene ahí, al alcance de la mano. Pero qué calor, qué enorme calor. Zaaf suda, gruesos ríos caen desde sus brazos hasta el asfalto, donde se evaporan automáticamente. Así que nuestro protagonista bebe, bebe muchísimo. Sus poncheras, botellas que le ofrecen los espectadores. En una de ellas, cuenta la leyenda, hay un líquido raro, de sabor fuerte. Zaaf, musulmán devoto, no lo sabe, pero acaba de tomar por primera vez en su vida un enorme trago de vino tinto…

Y sus efectos no se hacen esperar. Empieza a bajar el ritmo, pronto zigzaguea por la carretera, cae, vuelve a levantarse, monta en la bicicleta y reemprende la marcha… en sentido contrario al de la carrera. Son unos metros, vuelve a caer. Los espectadores lo llevan bajo un árbol, que le dé algo de sombra. Huele a vino, dice uno, y el cliché ha llegado para quedarse (la otra explicación, que Zaaf sintiese la mezcla de calor y anfetaminas es, sin duda, mucho menos romántica). Será trasladado en ambulancia hasta el hospital de Nimes.

(Esa etapa la conquista Marcel Molinès. Él sí será el primer africano que triunfe en la Grande Boucle).

La anécdota dio fama y riqueza a Zaaf. Hizo anuncios de licores, le invitaban a todos los critériums, siguió explotando su faceta de guerrillero en carrera durante unos años más. Luego caerá en el olvido. Un extraño en su propio país. Demasiado amigo de los franceses, demasiado simpático con los opresores, le dirán cuando Argelia deje de ser tres departamentos y se convierta en un país. Pasará por la cárcel, un tiro lo dejará cojo de por vida. Murió en 1986, ciego por la diabetes, obeso, rechazado por prácticamente por todos.

Qué importa, pudo pensar. Cada vez que alguien hable de la gran leyenda del Tour de Francia allí estaré yo.

Sí. Pudo pensarlo.

La carrera, el Tour d´Algérie, continuó con dominio extranjero. Victorias para Moujica, para Barrère, para Goutal. También un éxito local, de la mano de nuestro viejo conocido Ahmed Kebaïli. Hilaire Couvreur, un flamenco, se pone líder en Tiaret, donde Ahmed lamenta su suerte. Los pinchazos, las averías. Hasta una caída después de que cierto espectador (totalmente bienintencionado, no demasiado listo) se ponga a regar al pelotón con una manguera para ayudar a combatir el calor asfixiante…, lo que parece mala idea si la carretera no tiene asfalto y sí mucha arena proveniente del desierto. Vamos, un barrizal, y el pobre Kebaïli da con su enjuto cuerpo en el suelo. Atacará sin descanso hasta el final de la prueba, compaginando recuperaciones y desfallecimientos mayúsculos, pero no volverá a estar en condiciones de vencer este Tour d'Algérie.

Que tampoco tiene mucha más historia, no se vayan a pensar. Couvreur mantiene el maillot amarillo hasta el final, ayudado por Edward van Dijck, compañero en el Terrot-Hutchinson y el hombre que más fuerte acaba la carrera. Tercero final, cinco etapas. Segundo será el francés Roger Dequenne. Quinto, y primer argelino, el desventurado Ahmed Kebaïli. Gloria a los flamencos, reyes del desierto. Oye, ha salido bien el experimento, ¿no?

Deberíamos repetir el año que viene…

Hasta 1953 aguantó esta encarnación del Tour d'Algérie. Triunfos flamencos, cada vez más agitación social. No anda Argelia como para carreritas de bicis, no. El recuerdo de Sétif, el Frente de Liberación Nacional, Argel convertida en símbolo.

Y los recuerdos.

Volverá el Tour d'Algérie en 1969. Con Ahmed Kebaïli en el comité organizador. Si eso no es simbolismo…

Ganó Gösta Pettersson.

Pero era, ya, solo una carrera de bicis. Una como las otras.

CIERTO TOQUE DE COLOR

El ciclismo es un deporte europeo. No, más aun, el ciclismo es un deporte con tradición en muy pocos países de Europa. España, Francia, Italia, Bélgica, Holanda, Luxemburgo. Y ya. Fuera de ahí…, excepción. Así que el ciclismo es un deporte europeo y blanco.

Muy blanco.

No me voy a meter yo aquí en las causas. No me voy a meter porque siempre que leo sobre el asunto acabo perdido en un montón de cuñadeces, y no es plan. Seguramente sea una mezcla de todo..., de predisposición muscular, de imposibilidad económica, de más facilidad para acceder a otros deportes que te ayuden en la vida (fundamentalmente el atletismo). En los años cincuenta los niños de Europa iban al colegio en bici (pedazo de generalización acabo de hacer, pero me entienden). Los africanos, por contra, van a la escuela, hoy, corriendo. Y así salen de atletas. Insisto, es hablar a la ligera, no me lo tengan en cuenta.

Lo que sí podemos hacer es mirar a la historia. A los grandes campeones de color que hubo en el pasado. De color negro, decimos,

Marshall «Major» Taylor, el primer gran campeón negro de este deporte.

porque el ciclismo es tan pero tan paliducho que la nota de piel bronceada fue pasando de españoles a portugueses y luego a colombianos. Vamos, que fuimos negros antes de que llegasen otros más negros, por decirlo a lo bruto. Imaginen. Añadan su pizca de racismo (institucional, en forma paternalista; e interna, en el pelotón, a lo bruto) y tienen un cóctel bien feo.

Ay.

Si eso ha sido hace poco, imaginen en la época de Marshall Taylor.

Marshall Taylor nació en 1878, en Indiana, hijo de un veterano de la guerra de Secesión que trabaja como cochero. Niño negro en zona blanca. A los doce años el patrón del viejo le regala una bici. Joder, una bici. La alegría enorme. Se vuelve loco, el mozuco, se vuelve loco y no baja del velocípedo. Exhibiciones acróbáticas, carreras sin cumplir los quince. A veces, para completar el aire circense, iba vestido con uniforme militar. De ahí le llega lo de «Major» (Mayor). Marshall «Major» Taylor.

Digamos que no lo tuvo fácil, Marshall. Vamos, que le caen abucheos allí donde va. Por el color de su piel, sí. Se muda a Massachusetts, trabaja en una tienda de bicis. Y sigue con las competiciones. Dieciocho años, debut en el Madison Square Garden. Prueba al esprint, la milla. Y Victoria. Después..., el delirio. Récords que caen, casi imbatible en los óvalos, campeón del mundo aun sin entrar en el siglo XX. Cruzará el charco, competirá en Francia, en Gran Bretaña. Por Europa lo miran con curiosidad, como si fuese *rara avis*. En Estados Unidos directamente lo abuchean, le lanzan cubos de agua, tiran chinchetas antes de que pase con sus neumáticos silbantes. No son todos, pero son algunos. Muchos. Demasiados.

Pero él... a lo suyo. Compite hasta los treinta y dos, acumula fama y riqueza, se compra coches, casas, abrigos preciosos de esos que llegan hasta el suelo. E invierte, también invierte, porque eso hacen los hombres con dinero en los años veinte... invertir. Pasa que lo del Veintinueve, pasa que se arruina, pasa que los últimos años vive Marshall Taylor en Chicago, pobre y solo. Beneficiencia, hospitales para indigentes. Fallece en uno, allí, en 1932. Marchaba, de esa forma, el primer gran campeón negro de la historia en este bendito deporte...

Hubo más, claro. En Colombia, otra vez.

Jesús María Lucumí destacaba por tres cosas. La primera era su beatería. Después de correr la Vuelta a Colombia en 1955 bajo el patrocinio de las Fuerzas Armadas (fue reclutado siendo aún menor de edad) a Lucumí lo auspició la Iglesia católica, convirtiéndose en el más devoto ciclista de la historia colombiana. Tanto que cuando llegaba a meta se entretenía durante unos minutos repartiendo estampitas de la Virgen del Carmen entre los espectadores, conminándoles a no olvidar sus rezos diarios, dando gracias al Altísimo por todo lo bueno que tenía. Su segunda particularidad era lo moroso en el pedaleo, que se convirtió en legendario por todo el país. En otras palabras, Lucumí era lento, muy lento (malo no fue ningún ciclista de aquellos tiempos heroicos, esa palabra no se puede usar) y solía llegar a la meta en los últimos lugares cada jornada. Pero a él eso no parecía importarle. Saludaba con su enorme sonrisa de dientes blancos, hacía bromas, entregaba aquí y allá sus afiches católicos. Era uno de los competidores más populares pese a ser uno de los que menos resultados obtenía. O quizá, entre otras cosas, por eso.

El tercer elemento particular de Jesús María Lucumí era el color de su piel. Originario del Cauca, Lucumí era negro, negro como el carbón. Posiblemente su propio apellido fuera una adaptación de ciertas particularidades de sus antepasados, porque la lucumí es una religión sincrética que los esclavos negros importaron desde África hasta América, y que combina elementos puramente católicos con otros de indisimulado aroma animista... Así que Lucumí destacaba por esa razón en una época, los años cincuenta y sesenta, en que la presencia de mulatos en la vida pública colombiana era casi inexistente. De hecho, al bueno de Jesús María a veces lo abucheaban, lo insultaban. «Incluso algunos sacerdotes», declaró años después, con tristeza. Si admitimos que los negros son seres humanos, dijo hace ya mucho Montesquieu, habremos de admitir también lo poco cristianos que somos. Pero qué le iba a importar eso a él, a Jesús María, que era feliz. Volvía a mostrar sus dientes blancos, volvía a gastar sus bromas, volvía a insistir, sí, no lo olviden, en la importancia de la oración. Y todos (casi todos, el «todos» que era humano, el «todos» que no era racista) lo adoraban. Años después Lucumí probará suerte en la política y lanzará una candidatura al Senado en 1998, para representar «a las comunidades negras en el Congreso de la República».

AUSSIES Y BICICLETAS DE LA EDAD HEROICA

Vale, australianos... igual nos tenemos que ir hasta más atrás de lo que ustedes piensan, ¿eh? Que, guay, las antípodas, pero es que estos paisanos debutan en el Tour allá por 1914. Para que se hagan idea... un australiano completa etapa en la Grande Boucle el mismo día que Gavrilo Princip hace tiro al blanco con Franz Ferdinand. Joder si hace tiempo...

Fue con el equipo Ravat-Wonder-Dunlop, que allá por Francia tomó por nombre Phebus-Dunlop. Cinco paisanucos. Don Kirkham, George Bell, Charlie Snell, Charlie Piercey e Iddo Robert Munro, a quien le decían «Snowy» por *arrubiao* y canoso. Este Munro era el más popular de la escuadra, principlamente porque en 1909 había logrado una victoria bien... pintoresca: ganó sobre su bici a un tren de mercancías en el recorrido entre Warnambool y Melbourne. Son doscientos sesenta kilómetros, así que mis respetos, Snowy, mis respetos.

Vale, dije que cinco, ¿no? En realidad solo salieron de París, comienzo del Tour, dos de ellos. Munro, claro, y Kirkham, un lechero de Victoria. Los otros tres cruzaron el planeta, compitieron en algunas carreras preliminares y... no pudieron correr la ronda gala, por aquello de no dar un nivel mínimo. Mira, tanta gaita para esto... A los dos no les fue mal... Kirkham hizo el decimoséptimo y Munro el vigésimo (a once y doce horas de Philippe Thys, porque antes las distancias eran bien tochas). Y eso pese a las dificultades. El idioma, por ejemplo. Munro llegó una etapa algo piripi, porque había pedido agua y le entendieron que quería agua de colonia, así que le dieron un frasco de agua de colonia y Snowy, animoso, se lo empotró de un solo trago. Imaginen...

Ambos regresaron a casa, con más dolores que éxitos, y pensaron que ya estaba bien de bicis y competiciones. Sumen que el mundo había entrado en guerra y... Kirkham probó suerte en 1920, carreritas locales, pero dejó el asunto por 1924, cuando un coche lo atropelló. No fue cosa muy gorda, pero aquel día caían chuzos de punta, y pilló neumonía mientras esperaba la ambulancia. Eso sí, se hizo entrenador, y volverá a Francia acompañando a un tal Opperman...

Porque volvieron. Los *aussies*, digo. Fue en 1928, y hay una novela maravillosa de David Coventry al respecto, *The invisible man* se titula.

Fue peculiar, el asunto. Digamos que era un equipo íntegramente oceánico, con tres australianos y un neozelandés. Hubert Opperman (le decían «Oppy», tampoco un dechado de imaginación), Ernie Bainbridge, Percy Osborne y el kiwi Harry Watson. En Australia andaban flipados con las opciones de Opperman, porque el tío dominaba allí con puño de hierro, y mandaron a los cuatro hasta el Viejo Continente gracias a una suscripción popular. Allí defenderán, es un decir, el maillot del Ravat-Wonder.

No lo hicieron mal, ¿eh? Hubert queda el decimoctavo (a solo ocho horas de Nicolas Frantz), Harry Watson aparece diez puestos después, y Perry Osborne otra decena debajo, cuarto por la cola, veintidós horucas más que el ganador. Bainbridge se perdió por esas carreteras ásperas...

Y eso que aquel Tour... 5600 kilómetros, etapas que salían con formato crono por equipos (idea de Desgrange, que estaba *preocupao* por la progresiva «facilidad» de su Tour) y una falta de preparación que para un reportero francés convertía aquel desafío en «poco menos que un asesinato».

Ah, Oppy volvió en 1931, y se clasificó en un buen decimosegundo puesto. Muy buen decimosegundo puesto, añadiremos, porque tuvo mil problemas mecánicos y un leve contratiempo de salud en forma de disentería, ejem.

Eran otros tiempos, oiga.

(Ah, Hubert Opperman terminó siendo *sir* Hubert Opperman..., no se pensarían que esto lo inventó Bradley Wiggins, ¿no?).

¿Quieren una última vuelta de tuerca? Ya bien entrado el siglo XXI dos amigos neozelandeses, Phil Keoghan y Ben Cornell, quisieron reproducir aquella aventura tan loca. Con bicis de época, con avituallamientos de época, con sus montañas, sus Alpes y sus Pirineos. La cosa acabó generando un documental que se titula *Le ride* y es una auténtica delicia.

Los australianos no volverían recurrentemente a la Grande Boucle hasta más de medio siglo más tarde, ya en la época de Hinault. Cada vez menos exóticos, cada vez más competitivos. Y llegó Cadel Evans, e incluso ganaron el Tour.

Quién lo hubiese pensado.

Ah, por si se lo preguntan ustedes, que ahora está muy de moda el país... Eslovenia. Pues Eslovenia... Poco glamour en bicis. Aunque venga de largo, ¿eh?, no se crean. Hasta el año treinta y seis debemos irnos, a los tiempos heroicos del Tour por selecciones y la Belle Équipe. Allí estaban naciones clásicas. Francia, Bélgica, Alemania, además de España o Luxemburgo. Pero también otros que parecían más... exóticos para el momento. Suizos o austríacos. Holanda. Incluso Rumanía. Y Yugoslavia, que es lo que nos interesa ahora. Ah, Italia no corrió, por un quítame allá esas cosas de Abisinia.

A lo que íbamos..., que cuatro yugoslavos. Tres croatas, que eran quienes manejaban el cotarro por la época en los Balcanes. De hecho la Federación estaba en Zagreb, por más abundamiento. Se llamaban Stjepan Grgac, Rudolf Fiket y Stjepan Ljubić. Y luego él, nuestro protagonista. Franc Abulnar, nacido en Liubliana el once de julio, año 1909. Esloveno, por tanto. Primero que jamás corrió la Grande Boucle. Ya ven, padre de esa nación que ahora domina nuestro ciclismo.

Digamos que como «papá» tiene sus carencias. No es que bajase mucho a por tabaco, no, sino que la cosa iba más por el asunto estético. A ver, cómo decirlo... Franc tenía un aspecto tirando a tosco. Cero glamur. Pero cero cero, como las cervezas para padres cuarentones. Por Niza no le dejaban entrar en bares y cafés. Nariz grandota y algo chata. Orejas de soplillo. Ojos profundos, muy negros. El pelo..., en fin..., no hay hasta medio cráneo (apenas unas hebras finísimas raleando aquí y allá), tampoco mejora mucho la cosa por la nuca. Brazos enormes, eso sí, espaldas inacabables, pinta general de trabajar descargando sacos de arpillera. Vamos, que no era un Hugo Koblet.

Dijimos que eran croatas quienes dominaban el asunto ciclista en los Balcanes. Tanto como para ganar todos los títulos nacionales de Yugoslavia hasta la Segunda Guerra Mundial... con una excepción. Año 1925, victoria para Josip Šolar. También de Liubliana. Ya ven, tienen tendencia al desafío, los eslovenos. El propio Abulnar llegó a ser segundo un par de años después de su epopeya en el Tour, por cierto. Porque del Tour hablábamos, ¿recuerdan? Del primer esloveno que corrió allí.

Empezó mal la cosa, ¿eh?, que Franc tuvo caída fuerte en la primera etapa, se partió su rueda delantera, acabó completamente magullado. ¿Compañeros? Bueno, pues peor aún. Ljubić vuelve a los Balcanes un día más tarde, Fiket dura dos. Aquello es demasiado. Demasiado duro, demasiado rápido. Abulnar aguantó hasta la novena jornada. Plenos Alpes. Entre Briançon y Digne-les-Bains,

Izoard, Vars y Allos. Fuera del tiempo máximo permitido. Qué son estos puertos, a qué locura nos han enviado. En los ocho días anteriores su mejor entrada en meta la hizo como quincuagésimo primero...

(Grgac tiró hasta la etapa catorce. A Perpiñán llegó dos minutos más tarde de cerrado el control. Como los jueces de antes eran estrictos le dijeron que bien, me alegro mucho, es usted muy majo, a Zagreb se vuelve por esa carretera de ahí).

Abulnar (quien luego emigró a Canadá y falleció allí en 1995) fue el primero. Aunque tiene truco, ¿no? Porque, oigan, de aquella Eslovenia no era independiente. Algo parecido le pasó a Primož Čerin. Él corrió en 1986, cuando aún era yugoslavo. Maillot del Malvor-Bottecchia, que era verde, y rojo, y marrón, y blanco, y de otros tonos, porque los ochenta fueron como fueron, y aquello resultaba horterada de las gordas. En ese equipo estaban también tipos chiflados como Allocchio, o Acácio da Silva, incluso Roberto Pagnin, viejo conocido de Leticia Sabater (y viceversa). Čerin llegó a pensar que era el primer esloveno en la Grande Boucle, pero luego le dijeron que no, que cincuenta años antes etcétera, y pensó que cuánto sufrimiento para nada, y terminó el 32, justo detrás de Anselmo Fuerte.

¿Y Eslovenia? Con su bandera, y su himno, y su todo. Pues miren, independiente desde el veinticinco de junio de 1991. Primera guerra de Yugoslavia. Unos sesenta muertos, por si quieren el dato. Un par de semanas más tarde empezaba el Tour de Francia, y allí corrió Jure Pavlič, gregario de Claudio Chiapucci que ya había llegado a París dos años antes. Solo que aquello era distinto. De forma oficial iba a convertirse en el primer ciclista que tomaba la salida en la Grande Boucle bajo bandera eslovena. Hizo el 134, no demasiado llamativo. Después un puñado de buenos profesionales, siempre con nivel medio destacable para el tamaño del país, para su tradición ciclista.

LA EXÓTICA CARRERA DE LA PAZ

Sobre la Carrera de la Paz hay muchas cosas escritas, así que les suena, *grosso modo*, el asunto. Pero aquí no es el tema sobre exaltaciones marxistas, palomas blancas y clasificaciones por equipos, no. Precisamente la particular idiosincrasia de este asunto propicia que acudan por allá muchas naciones de las consideradas… poco ciclistas. Algunas entrando de lleno en los pintoresquismos.

Año 1954, y llegan a la Carrera de la Paz los hindúes. Seis paisanos. Tarit Sett, Supravat Chakrabarty, Armajit Singh, Dhana Singh, Ruston Engineer y Chikka Muniappa. Bastante negados para esto de la bici, no se vayan a creer, aunque ejemplo inmejorable de lo que suponía la Friedensfahrt. Vamos, que todos los participantes se volcaron con ellos, y cogieron una popularidad bastante chula. La Carrera de la Paz no tenía *fuera de control* ni nada que se le pareciera, porque eso iría contra la fraternidad de los pueblos. Así que…, en fin, bastantes horas de primero a último.

Desde la India, además, llegaron unos muchachos que…, cómo decirlo suavemente…, ah, sí… no tenían ni idea de lo que les esperaba. Vamos, ellos pensaban acudir a una serie de exhibiciones en bici, carreritas de coña, saludos con la mano y recepciones nocturnas en casa del embajador, bombones dorados en forma de pirámide. Las risas. Oigan, miren…, pues no. Competición despiadada, frío de cojones, distancias monstruosas.

La Carrera de la Paz era todo un evento social en los países socialistas. Aquí la URSS dando vuelta de honor como vencedores por escuadras.

Especialmente popular se hizo la figura de Dhana Singh. Por reconocible, más que nada. Y es que el tío montaba en bici tocado con su dastar, que bastante curiosa imagen, ¿eh? Tampoco es que tuviera pintas muy de deportista, para ser sinceros. Seguro que me entienden. Fondoncillo. Pero esto es la Carrera de la Paz, así que sonreír, aplausos, vítores y firmas a chavales de piel clarita que miran con ojos como soles de grandes. Palabras pocas, porque Singh solo habla punyabí, y allá por Checoslovaquia pues... el punyabí se usa poco. Recuerdo indeleble, a veces las imágenes son obstinadas...

Ah, hubo un indio, Chakrabarty, que llegó hasta el final. Singh, nuestro protagonista, logró la proeza al año siguiente. Fue último, puesto ochenta, a más de veintiocho horas de Täve Schur.

Tendremos, después, a paisanos de mil países. Algunos clásicos en esto de las bicis, como Luxemburgo, o Portugal, o España (el primer ganador de etapa fue Juan José Moral, que es un tipo fenómeno). Y los hay, también, de sitios que saben a extrañeza ciclista. Egipto, por ejemplo. O Mónaco. Túnez, Marruecos y Líbano. Cuba. El equipo de los Drei Kontinente («Tres Continentes»), con un libanés, un australiano, dos noruegos y dos suecos. La República Popular de Mongolia, en 1965 (Janscim Batar, Luwsan Budai, Namschilzeden Dorsh, Luwsan Erschemschamz, Cheuschilchaw Samand y Gombo Zagda acabaron últimos en la clasificación por equipos a casi dieciséis horas de los soviéticos). Argelia, menos de un lustro desde los Acuerdos de Évian.

Todos pedaleando juntos. Un pelotón mundial.

CICLISTAS DE COLORES, APUESTAS Y YAKUZAS

Nueve ciclistas. Cada uno vestido con un color distinto. Blanco, negro, rojo, azul, amarillo, verde, naranja, rosa, lila. Número en las mangas, en la espalda, en el caso. Sobre un velódromo. Y gente, mucha gente. Que se está volviendo loca.

Es el keirin, amigos.

El keirin surge en Japón allá por 1948, y de primeras tuvo inspiración crematística. Vamos, que querían recaudar pasta con los impuestos de apuestas y boletos. Una especie de quiniela hípica, para entendernos, pero con bicis y chiflados que se embalan por encima de los setenta kilómetros por hora. Actualmente sigue siendo una de las pocas apuestas «legales» que hay en Japón, y mueve millones de yenes cada año.

La palabra keirin significa «anillo», pero también «batalla» (allí las grafías pueden ser dobles), y el asunto se ajusta perfectamente a lo que es una competición de este rollo, porque hablamos de algo salvaje, un duelo de samuráis más que un esprint en bici. Cabezazos, hombros, roces por doquier… el keirin es más un deporte de contacto que una modalidad ciclista.

Ojo, entrar no es fácil, porque debes hacerlo a través de la Escuela Japonesa de Keirin, sita en Shuzenji, en la Prefectura de Shizuoka. Dicen que allí solo llegan el diez por ciento de los aspirantes. Primero tienes que superar una prueba inicial, que consiste en un kilómetro contrarreloj. Se hacen en los cinco distritos del país, y los resultados exigidos varían, porque las condiciones son también distintas. En aquellos primeros años del keirin se exigía bajar de los setenta y tres segundos para superar el test.

Carrera de keirin en Omiya.

Después llega el siguiente paso. Otra vez la crono de un kilómetro, seguida de un esprint de doscientos metros, seguida de una prueba escrita, una entrevista y una exposición oral. Ya ven, como su sobrino Jesús María, el opositor. Quienes logren sobreponerse a todo esto entrarán en un estricto régimen de entrenamientos que incluyen sus buenas quince horas diarias.

El objetivo es imponerse en carreras de keirin, que son una mezcla de ciclismo tras moto (durante varios giros al velódromo) y esprint (una vez que el guía abandone la pista, a una o dos vueltas del final). A falta de vuelta y media se empieza a tocar un gong, cada vez de forma mas continuada, hasta el repique definitivo cuando reste solo un giro. Y, a partir de ahí… el acabose. Tácticas, *volattas* y valentía.

Ya.

La gracia del keirin es, como dijimos antes, las apuestas. Bueno, eso y que los japoneses se vuelven locos con el asunto. Hay distintas formas de apostar, dependiendo de si aciertas los dos primeros en su orden (*nishatan*), en orden cruzado (*nishafuku*), si lo haces con tres (*sanrenpuku*), o si aciertas el ganador de las siete últimas carreras de cada día (*Dokanto! 7*). ¿Resultados? Pues millones y millones de moneducas gordas. Piensen que hay unos cuatro mil profesionales del keirin en Japón, y que existe un canal televisivo que solo emite keirin. ¿Resultado adicional? Que los malutos buscan el control de todo este rollo. Vamos, que hay yakuza, dicen, mucha yakuza. ¿Resultado adicional segundo? Que esa mezcla entre estética deportiva, velocidad alocada y gansterismo salvaje hace del keirin un objeto ideal para plasmarlo en pelis, libros y mangas. Vamos, que no es azaroso cuando el personaje de Takeshi en *El verano de Kikujiro* se gasta todo su dinero en un óvalo al primer día.

En serio, mírense alguna competición de keirin… hay pocas cosas tan excitantes.

Golfadas, pedales y otros menesteres

Piensen, piensen un poco. Hombres (y mujeres) con la ropa más ceñida que usted imaginar pueda. Sudorosos, jadeantes. Hombres (y mujeres) que duermen cada día en un lugar distinto, en una cama que no era la de ayer. Hombres (y mujeres), que son jóvenes, atletas, en buena forma física, que son admirados, perseguidos, idealizados. Hombres (y mujeres) con tantas cosas a su alcance.

Cómo no vamos a tener, aquí, un capítulo de golfadas, amigos, cómo...

También les digo... igual en las bicis se nos rompió el molde. Vamos, que yo entiendo todo lo anterior, pero es que nos pasamos. Estadísticamente... joder, algo digno de reseñar. Y luego tienes a Jacques Anquetil, que él solo te hace este capítulo, y un libro y cuatro series para el Netflix.

Hay otros, eh. Desde ciclistas que dijeron «no» a las tentaciones hasta ciclistas que iban buscando «síes» en cada ciudad. Desde santos hasta crápulas. Desde absentistas del débito hasta pródigos despilfarrantes. Una miaja de cada cosa, un qué desea usted.

(Y también tenemos a Donald Trump, que aparece en este capítulo porque no sabíamos dónde colocarlo).

En fin... pónganse cómodos, cojan una copa de su mejor burbon, y disfruten con estas historias de lujuria y ruedas.

Aunque algunas sean desgraciadamente trágicas.

Cuando se retiró, Jacques Anquetil podía presumir de ser el mejor ciclista que jamás hubiese competido. O, al menos, el que mayor y más selecto palmarés posee. «Hace sonar *La marsellesa* en el extranjero», dirá de él un tal De Gaulle. Mito, pues.

(¿Quieren una buena historia sobre el general De Gaulle? Pues gracias a él ganó etapa en el Tour un temporero de nombre Pierre Beuffeuil. Fue en la edición de 1960, cuando se pasó por Colombey-les-Deux-Églises, residencia de verano de Charles, y todo el pelotón se detuvo allí para presentarle sus respetos. Todos menos Beuffeuil, que había pinchado unos kilómetros antes, y decía que no estaba al tanto de aquello, y vio a los corredores detenidos, pero pensó que estarían cargando agua, o que alguien había sufrido una caída. Vamos, que no paró. Vamos, que terminó ganando en Troyes. Irrespetuoso, pero con éxito).

Y Anquetil, decíamos... Mito, pero paradójico, contradictorio. Era el que más ganaba, pero el público..., bueno, jamás le tuvo demasiado aprecio. Ellos querían a los otros. A los que escalaban, Gaul o Bahamontes. A jovenzuelos arrogantes como Rivière, o veteranos sufridores como Bobet. Y, sobre todo, a él. El chico del Lemosín. El que siempre se caía, el de las desgracias, el esfuerzo, el rostro contraído por el sufrimiento. No importaba que Anquetil le dominase siempre, era Poulidor quien llevaba toda la fama.

Aclaremos: el normando tampoco hacía mucho para conectar con la gente. Demasiado altivo (pero era solo un rasgo de su timidez), demasiado orgulloso (pero fue únicamente trasunto de su ambición), demasiado cliché burgués (él, que siempre amó la tierra, que cuando le diagnosticaron la enfermedad que lo llevaría a la tumba lloraba por no ver crecer los árboles que plantó con sus manos). Sí, Anquetil era genial e incoherente como son los seres especiales. «Solo quiero tener algo de razón, incluso cuando estoy completamente equivocado», dijo un día. «Nunca he amado la bicicleta..., pero lo hice todos los días, apasionadamente», contó otro. En 1961, durante la última etapa del Tour de Francia, el público lo recibe con pitos, cansados de su superioridad, de su aparente falta de épica. Con el dinero que ganó en esa edición Jacques Anquetil compró un barco. Sifflets lo llamó.

Silbidos.

Pero ese fue el ciclista, y del ciclista ya saben ustedes todo. Igual es la persona quien empieza a sorprenderles.

Cuando Jacques Anquetil acude a la clínica de André Boëda es solamente un proyecto de campeón que apenas acaba de pasar a profesionales. De su potencial habla el que Boëda, todo un mito normando de la medicina deportiva, acceda a llevar su preparación. Pronto el médico cae rendido ante la magnética personalidad de Jacques, esa muestra de retraimiento y osadía que lo caracterizará más tarde en el imaginario popular. André resulta epatado desde el primer día.

Su esposa no piensa igual. Ella se llama Janine, Janine Boëda en aquel tiempo (aunque todos la llaman Nanou) y es alta, y rubia, y siempre va correctamente vestida, y fuma con toda la elegancia de los años cincuenta en Francia. Aspecto de musa de la *nouvelle vague*,

La verdad es que tenía planta, Jacques Anquetil.

leve frialdad distante para con aquel recién llegado que no le quita ojo. Un muchacho con mala educación y una pizca de encanto personal. Pero nada más. Por el momento.

Porque poco a poco Janine va cambiando. Primero ríe feliz con las muestras de ingenio del ciclista. Más tarde empieza a seguir sus resultados, cada vez más brillantes. Al final se sorprende a sí misma ansiosa, esperando cada visita de Jacques Anquetil, descontando las horas que la separan de volverlo a ver, tenerlo cerca de nuevo. Será el dos de marzo de 1957 cuando, en palabras de Nanou, el techo de una habitación caiga sobre sus cabezas. «Al amanecer supe que amaría a Jacques totalmente, hasta el día de mi muerte».

El escándalo es mayúsculo, y a ello contribuye la fortuna deportiva de Anquetil, quien en julio de ese 1957 gana el primero de sus cinco Tours de Francia. Para el bisoño corredor, apenas veintitrés años, Janine es una conquista, sí, pero también un regalo del cielo. Bella, inteligente, sofisticada…, con ese punto de encanto distante que tanto se reprochará a Jacques más tarde. Por envidia, seguramente. El escritor Paul Fournel lo cuenta maravillosamente: «Con diez años quería ser Anquetil, quería tener su bicicleta, su aspecto, su despreocupación». Eran, sí, una pareja perfecta. Los dos. Triunfales por toda Europa. Tan bellos, tan cultos, tan elegantes. Tan jóvenes, tan guapos, tan enamorados.

Cuando Jacques pone final a su carrera deportiva empieza, para él, el momento de vivir. De vivir a lo grande, sin mesura, sin pensar en el mañana. Nunca fue ejemplo de ascetismo, claro, no se caracterizó por anteponer las dos ruedas a los placeres que ofrece el mundo. Pero, aun con eso, la bicicleta es amante celosa, y exige mucho más de lo que da.

Pero ella cuelga, ahora, de un gancho en el garaje, junto al Citroën DS y los recuerdos de mil triunfos. Está allí, criando polvo, a la sombra. Apartada en una pequeña esquina de Les Elfes, el espectacular castillo normando que Jacques y su esposa han comprado en 1967 y donde viven junto a Annie, la hija que tuvo Janine con el doctor Boëda. El mismo *château* que había pertenecido a la familia de Guy de Maupassant, aquel donde se alojaron tipos como Flaubert. Ahora eran otros los huéspedes. Se llamaban Raphaël Géminiani, Ocaña, Stablinski, Pierre Chany, Antoine Blondin. Gente del ciclismo, antiguos rivales, periodistas y escritores. Las fiestas duraban tres días, el champán y el whisky descargados en palés. La vida era bella en aquel entonces.

O, al menos, eso parecía.

Porque Jacques, el ciclista que todo lo pudo, empieza a morirse por dentro. Desea descendencia, tener entre sus brazos una criatura que sea suya y de Janine, una que tenga los mismos ojos azules, profundos, que los enamoraron al uno del otro. Pero no es posible. Tras dos partos muy duros Nanou se ha practicado una ligadura de trompas. No habrá más bebés. Y Jacques, ensoberbecido, dueño y señor absoluto de aquel rincón feudal, se consume de rabia.

Todo quiebra en 1970. El hombre entra en la habitación que comparte con Nanou. Se tambalea, huele a alcohol, su pronunciación es pastosa. No puedo más, no puedo más. Quiero tener un hijo, un hijo mío. Si no puedo hacerlo contigo me marcharé a París, buscaré a una prostituta y la pagaré durante nueve meses para quedarme con el niño. Hay llantos, sollozos. Ambos, por diferentes razones, están aterrados. Y entonces empieza a suceder. Hablan seriamente, durante horas. Él la ama, ella lo ama a él. No es ese el problema, entonces. Después van a la habitación de Annie, la hija de Janine, y se lo explican. Poco a poco. La muchacha acaba de cumplir dieciocho años. Tardan semanas en aclarar las cosas, pero acabará pasando. Jacques Anquetil engendra un hijo que tendrá su sangre y la de Janine. Pero no será con ella, sino con su hija. Nanou lo entiende como el acto supremo de amor hacia su hombre. Annie, solo dieciocho años, acepta. Lo hace, nos contarán después, enamorada de Jacques, queriendo también hacer un regalo íntimo a Janine. Tiempo más tarde llega al mundo una niña a la que pondrán por nombre Sophie. Una niña que llamará «mamá» indistintamente a Annie y a Janine. De cara al mundo será la hija de Jacques y Nanou, pero en Les Elfes todos saben la verdad. Incluso la pequeña, a quien jamás se le oculta nada. «Me convertí en el ser más adorado del mundo», escribirá, «en alguien amada por su padre y por sus dos mamás (...) Cuando fui al colegio y me di cuenta de que el resto de los niños solo tenían una madre me eché a llorar. Por ellos. Porque no tenían el mismo grado de afecto que poseía yo». Es, dice, una historia de profundo amor. De una mujer hacia su marido. De una hija hacia sus padres. De un hombre hacia la vida. Eso le parece a ella, a Sophie. «Nunca me sentí engañada, amenazada, utilizada, acaparada, rechazada».

A nadie se le escapa lo anómalo de la situación. Jacques actúa como un sultán en Les Elfes durmiendo indistintamente con Janine y con Annie. La niña, Sophie, crece feliz en mitad de ese trío. Las mujeres parecen caer rendidas siempre al encanto de Anquetil, a su sentido del humor, a su profundo mirar glauco. Algunos autores llegarán a insinuar que el cerebro de esta convivencia extravagante fue Janine. La *reine-mère*. Sophie cuenta una charla con Nanou bastante clarificadora: «¿Piensas que nos aprovechamos de Annie porque tenía dieciocho años? ¿Que abusamos de la autoridad que teníamos sobre ella? No fue así. Le rogué que lo hiciera, pero pudo rechazarlo. Y Jacques se negó al principio. Cualquiera menos ella. Pero yo sabía que no podía ser nadie más que ella». Parece, como poco, descontextualizar el *affaire*, liberar al padre de la responsabilidad. «En el universo Anquetil no se aplican las leyes del mundo exterior», escribe Sophie que dijo Annie. Es Jacques quien manda. Es Jacques quien dispone. Será Jacques, claro, quien rompa definitivamente aquella convivencia.

Lo hará de la forma que todos ustedes están pensando.

Porque Annie no fue la única hija que tuvo Janine con André Boëda. Estaba también Alain. Alain, que idolatra (otro más) a Jacques Anquetil. Alain, que vive en Ruan junto a su esposa, Dominique. Alain que, tras pasar una mala racha, se muda a Les Elfes. Con ella, claro. Y ocurre.

Durante su carrera deportiva Jacques Anquetil siempre tuvo fama de campeón generoso, de dejar que el resto de los ciclistas lograsen también sus laureles, sus victorias. Un emperador magnánimo, podríamos pensar. Pero en su vida personal nunca fue así. Tirano acaparador y egoísta, hombre que anhelaba poseer, conquistar, aquello que deseaba. También un seductor clásico, claro. Facilidad de palabra, encanto mundano, el físico que aún no se había ajado con el tiempo. Dominique, la nuera de Janine, la cuñada de Annie, la tía de Sophie, la esposa de Alain… esa Dominique, cae también en sus redes. Y el (precario) equilibrio que mantenía aquella mansión norteña y decadente se quiebra.

Janine deja el castillo, Annie hará lo propio. Parece que solo Sophie se queda al lado de su padre, con el espíritu roto entre las tres casas que considera suyas. Los últimos años del clan son duros, ásperos. Alain ve cómo su esposa lo abandona por su padrastro.

Juntos tendrán, en 1986, un bebé llamado Christopher. La existencia de todos, que pivotaba alrededor de Jacques Anquetil, se ha resquebrajado.

La historia tiene un epílogo. Uno que, quizá, hace aun más inexplicable todo lo anterior. Enredo sobre enredo. Amor aun después del amor, dirán algunos.

La víspera del bautizo de Christopher, a Jacques Anquetil le diagnostican cáncer de estómago. Tiene solo unos meses de vida. Los árboles, los niños..., ya saben. En noviembre de 1987 el antiguo campeón está hospitalizado en la clínica Saint-Hilaire, de Ruan. Por allí aparecen periodistas, compañeros (a Poulidor tiene la sangre fría de decirle que también llegará segundo a la muerte), sus seres más queridos. Salvo Nanou, ella nunca va al hospital. Dos días antes de morir, Jacques pide por favor que alguien vaya a buscar a Janine a su apartamento de París, que la traigan, su único ruego es volver a verla una vez más. Horas más tarde Janine, a quien todos llaman Nanou, entra en la habitación. Sophie, la hija-nieta, nos cuenta la escena. No dice nada, sobra con el silencio. Se sienta en la cama de Jacques, estrecha su mano, débil, entre las suyas. Los dos se miran. Así, sin palabras, fijos los ojos de uno en los del otro como tantas ocasiones en el pasado.

El dieciocho de noviembre de 1987 fallece Jacques Anquetil. Con él se fue un tiempo diferente, un campeón polémico, orgulloso y genial. También un hombre contradictorio, posesivo y egoísta.

Toda una historia.

HISTORIAS TRÁGICAS

Comencemos con los lloros, para después ir arrancando poco a poco lágrimas al alma.

Lo cierto es que la relación entre ciclismo y sexo está presente desde los mismos albores de este deporte. Los comentarios sobre las primeras mujeres ciclistas, las elucubraciones con relación a lo que la estadía prolongada en el sillín podía provocar sobre las gónadas de los varones, el hecho de que la bici fuera aprovechada en ocasiones como mecanismo de esparcimiento, alejarse más allá del mundanal ruido para..., bueno, para pasar un rato a solas... Todas esas cosas.

Pero seguramente el primer gran campeón que mezcló íntima y trágicamente bicicleta y sexo (también amor) fue René Pottier. Pottier es considerado oficiosamente como el primer rey de la montaña del Tour de Francia, puesto que transitó en cabeza por la inicial cuesta que los organizadores de la Grande Boucle tuvieron a bien poner en el recorrido. Era el año 1905, y el Ballon de Alsacia entraba en la historia de la mano de Pottier (y viceversa). Lo cierto es que el esfuerzo fue tal que el valeroso ciclista hubo de retirarse esa misma noche.

Al año siguiente usó esas mismas pendientes para despegarse de todos los demás e imponerse en el Tour. Sería la última vez que correría esa prueba. Ese mes de julio fue aprovechado por su esposa para serle infiel. Días y noches de estío en brazos de su amante, mientras el infortunado René no hacía sino recorrer Francia a mayor gloria del ciclismo. Enterado de ello, Pottier afrontó la situación, afeó la conducta a la dama… y esta lo abandonó. La depresión en la que cayó fue fatal. Era enero de 1907 cuando se suicidó. Un lazo corredero lo asfixió hasta la muerte. Colgaba del mismo gancho donde limpiaba aquella máquina que lo había alejado de su amor…

¿Ya tienen su ración de morbo? Vale, pues pasemos a cosas más agradables. Porque en ocasiones (bueno, de hecho casi siempre) eso del sexo es gozoso, y placentero, y festivo, y tiene un punto de humor que agrada. También con las bicis. Vean, vean, las pasiones que levantaban los forzados de la ruta y sus muy cortos culotes a principios de siglo.

O antes, incluso. José Bento Pessoa fue el primer campeón de España de ciclismo. Y ya vimos que tenía ciertos problemillas con eso de las poluciones nocturnas. Ejem, no nos extendemos más, que saldríamos *pringaos*.

El gran André Leducq, nada menos que dos victorias en el Tour de Francia atesora, sí que se dejaba llevar por los placeres de la carne. Bien parecido, simpático y con un punto pícaro, André despertaba pasiones en la Francia de los treinta. Tantas que alguna, incluso, tenía que apagarla en plena carrera.

Lo contaba años más tarde en sus memorias, omitiendo los datos necesarios para mantener el anonimato de la dama en cuestión. Decía que llevando el maillot amarillo los miembros de la selección francesa tuvieron que acudir a una cena organizada por el alcalde de cierto pueblo donde había acabado una etapa. Un engorro pero… imposible negarse a riesgo de quedar mal con las autoridades. Así que para allá se fueron Leducq y sus *équipiers*... solo para ver el líder que la esposa del preboste no solo era joven e ingeniosa, sino que le lanzaba unas miradas que..., bueno, un par de ellas podían ser casuales, pero ya más mostraban una intención muy clara.

Sucede que durante la sobremesa la buena dama le preguntó a Leducq si quería contemplar una serie de grabados muy valiosos que tenía guardados en una habitación contigua. El guiño no dejaba lugar a dudas de las intenciones. Tanto que uno de los gregarios de Leducq se dedicó a serlo también fuera de la carretera, y empezó a entretener al marido, y futuro cornudo, con una cháchara interminable que mezclaba ciclismo, política y halagos. Así que el maillot amarillo y la señora fueron a ver las imágenes..., y allí, en fin..., no nos vamos a extender sobre el asunto, ¿no?

La historia tiene final feliz, además. Al día siguiente Leducq estaba asustado por si los esfuerzos de la noche anterior le pasaban factura en la que era una de las etapas más duras de la ronda. Ya ven, el espíritu de Pessoa seguía vigente. El caso es que entre suspiro y suspiro el bueno de André ganó la etapa (vestido de amarillo) y amplió su ventaja en la general. Y, rizando el rizo, recibió un telegrama esa misma noche, en su hotel. Lo firmaba la ardiente señora del día anterior: «*Siga con el tratamiento. Parece que le funciona muy bien*».

EL CAMPEÓN, EL ESCÁNDALO

Fausto Coppi sube a toda velocidad por las ásperas pendientes del Stelvio. Es la primera vez que este coloso se asciende y no va a poder tener mejor estreno. El toscano, maillot *biancoleste* de Bianchi, está dándole la vuelta a la carrera, imponiéndose de forma definitiva a Hugo Koblet y venciendo en su quinto Giro de Italia.

Casi en la cima una figura se recorta entre los muros de nieve que enmarcan la carretera. Una mujer embutida en un grueso abrigo, coronada con un sombrero blanco que le acabará por dar nombre. La Dama Bianca. Fausto consigue arrancarse unas palabras de los pulmones entre jadeos y fatiga. ¿Me esperarás en el hotel de Bormio?, dice. El «sí» de ella resuena claro en la gran montaña. Todos lo han oído. El escándalo se desborda.

Fausto Coppi estaba casado desde 1945 con Bruna. Tenían una hija, y ella hacía de esposa perfecta (para la mentalidad ciclista de la época) apoyando discretamente a su hombre. Giulia Occhini, por su parte, se había cambiado el nombre por Giulia Locatelli cuando contrajo matrimonio con un médico, alto y apuesto, en Rímini. La niña meridional que había sido criada en un convento de monjas se unía a un hombre de éxito, con rostro de galán de cine y una pasión desbordante por el ciclismo. En especial por él. Fausto Coppi, claro.

Al principio a Giulia no le gusta eso de las dos ruedas. Va a las carreras obligada, sonríe sin interés cuando Coppi empieza a frecuentar la casa de los Locatelli. Pero después..., después algo ocurre, la chispa salta y todo arde.

Fausto Coppi contratará a Giulia como secretaria, y pondrá su lugar de trabajo en su propia casa, con el fin de que pudiera dormir allí. Es todo un escándalo. Solo que la Italia de los cincuenta es pacata, e hipócrita, también machista. Giulia es acusada de abandono del domicilio conyugal por parte de su marido, y una noche infausta resulta detenida en casa del gran campeón. Pasa unas horas entre rameras y

La Dama Bianca, rota ante el cadáver de Fausto Coppi.

ladronas, en la cárcel, y al final tiene que emigrar a Argentina para que el hijo que lleva en sus entrañas pueda llevar el apellido de su padre ciclista. La popularidad de Coppi, por su parte, resulta tan dañada que solamente podrá morirse para recuperar toda su leyenda.

LOS MESES MÁS LARGOS DEL MUNDO

En 1993 el ciclista polaco Zenon Jaskula sorprendió a todos al subir al pódium del Tour de Francia. Delante solo Miguel Indurain y Tony Rominger. Casi nada. Pero a qué coste, amigos. En diciembre de ese

Federico Martín Bahamontes, el mejor escalador de siempre (y un marido regular con el débito en alcoba).

mismo año Jaskula, profundo cristiano, hacía unas declaraciones a un periódico polaco. Decía en ellas que hacer el amor más de diez veces al año es pernicioso para el ciclista, y que antes de una gran prueba había que mantenerse en tres meses de abstención absoluta. Un monje, vamos.

Terminemos con Federico Martín Bahamontes. Ganador del Tour de Francia en 1959, seis veces rey de la montaña en esa prueba. Uno de los mejores escaladores de siempre. El mejor, claro, si le hacemos caso a él.

Pues bien, Fede decía que dos años antes de una Gran Vuelta... el sexo ni catarlo. Dos meses antes. En una época en la que se doblaba prácticamente siempre, compitiendo en dos grandes vueltas por temporada. Más aún, si pensamos que Federico hizo en 1956 la proeza de competir en Vuelta a España, Giro de Italia y Tour de Francia de una tacada veremos que su esposa, Fermina, debió de andar bastante ociosa por varias lunas. O, al menos, eso dice el protagonista.

Pero, en fin, ya saben ustedes que en asuntos de sexo y de bicis... deben creerse la mitad de lo que les cuentan.

Seguro que no necesitaban ayuda, después de tanta abstinencia. Pero, por si acaso, en ciclismo también se usa mogollón la pildorita azul. En 2008, por ejemplo, los *carabinieri* detuvieron un coche que conducía Natalino Moletta, padre del ciclista Andrea Moletta, que llevaba maillot de Gerolsteiner. Resulta que el tal Natalino llevaba ochenta y dos paquetes de viagra... sí, ochenta y dos. Vamos, que o el buen paisanuco iba a la orgía más grande de la Bota, o el dilatador se usaba para otros menesteres.

Yo no quiero ni preguntar...

GOLFOS, GOLFOS *EVERYWHERE*

Hay más, claro. Sucede que no queremos ser exhaustivos con las cosas de la vida, con las cosas del querer. Pero...

A ver, piensen en la época clásica. En los Tours, por ejemplo. Docenas de paisanos que recorren distancias monstruosas, que duermen tres semanas en ciudades que no son la suya. Golfillos, buscavidas, jóvenes que se sacan perras para el hostal haciendo malabares, o vendiendo fotos, o contando historias. Yo es que veo todos los ingredientes, tú, es que veo todos los ingredientes…

Hasta si no quieres. A Vicente Trueba, por ejemplo, le quisieron quitar fuerzas de la mejor/peor manera posible durante un Giro de Italia. Vamos, que mandaron los transalpinos una señorita alegre a su habitación, a ver si lo cansaba y podía estarse quieto una etapita completa, que ataca en todas las cuestas el montañés. Pero nada, aparta de mí este cáliz, yo soy un tío serio (luego bien que iba a verbenas y romerías, pero en competición hay que centrar), mañana vuelvo a pegar arreones en *passos* y *cols*. Que se fastidien.

De después también tenemos historiones, algunos contados por sus protagonistas. Como Julio Jiménez, por ejemplo, que era bajito, y calvo, y muy delgado, pero con sonrisa así, como picaruela, y un piquín de oro que proporciona más chances que coronar en solitario el Tourmalet. Su compañero y su jefe, antes. Digamos que Julio no lo tiene fácil, y debuta entre los buenos cuando otros ya llevan fama y contratos sobre sus espaldas. Año 1960, veintiséis suma él. Equipo Catigene. Luego vendrán Faema, Kas, los franceses del Ford y el Bic, donde encontró reconocimiento y seriedad. Poco a poco va haciéndose un nombre. A base de victorias, de historietas. Gana aquí y allá, lo llevan, selección española, a la Vuelta a Colombia. Allí, el delirio… Cuatro etapas, la gente felicísima con él, Julio Jiménez que debuta como torero ante una vaquilla demasiado grande en un ruedo demasiado chico (dependiendo de lo que te contase él o lo que oyeses a otros, salió corriendo o no llegó a entrar), abre periódicos, concede entrevistas. Tiene, también, un pequeño altercado. Por no conocer las costumbres del país. Digamos que le planta un par de besos cierta espontánea tras la etapa que ganó en El Espinal… y aquello no estaba muy bien visto. Que hay fotos, ay, que tenemos fotos, y mi novio está fuera, y él se va a poner muy nervioso, por favor, señor reportero, deme los negativos, por favor.

(Años más tarde Ventura Díaz, montañés, tiene peor suerte y le sueltan sus dos buenas hostias en circunstancias similares. El padre de la muchacha, que sintió ultraje).

De todas formas…, en fin, anecdotillas de esas tenía Julio a montones. Y bien que las contaba, oigan, con toda la gracia del mundo. Las suyas y las de otros, porque a ciertas edades no hay filtro que limite, y menos mal. Como esa vez que se alojó en Asturias para un

Campeonato de España de Montaña y acabó encamado semanuca y media con la patrona de su pensión. Los otros, rivales, se reían... que te hemos visto en los bailes, Julio, que no vas a rendir nada. Y él les seguía el asunto. Día de la carrera, ataque nada más salir, al menos trincará algún premio. Con Jiménez se marcha Manuel Martín Piñera, otro montañés, manos grandes como cajigas, espaldas de leñador. Esta es la mía, Julito no aguanta hasta el final ni de coña. Aguantó. Campeón de España. Más los besos que se llevó para Ávila, claro.

Otra vez, durante un Giro. Cierto compañero de escuadra. *Caro mío, caro mío,* Julio. Que mi mujer quiere conocerte. *Nesuno* problema, dile que venga, encantado, dos autógrafos. Y llega la señora, y resulta que lo quiere es conocer a Julio, pero de la manera bíblica. Y el otro que no se deja, claro, porque no es plan, que estoy en mitad de una Gran Vuelta, noble dama, y además su marido, qué va a pensar su marido. Ah, no, si él está de acuerdo. Hablan los tres y, oye... Igual en Ávila no se hacen así las cosas, pero son sus costumbres y debemos respetarlas. Así que el día de descanso aprovecha Julio para entrenar por andurriales de poco tránsito, y tiene la suerte (oh, qué casualidad) de que lo sigue un coche con la susodicha señora dentro (y con el marido, para que no aparezcan *carabinieri* indiscretos o jabalís a mala baba, supongo). Cumplí como pude, que tampoco estaba la cosa para mayores de lo raro que era todo, decía Julio años después

Por los setenta pues..., bueno, eso, que si amores libres, que si camisas enseñando pecho, que si un montón de ciclistas rubiales, que si señoras en bikini viendo carreras (cuentan que una década más tarde Bruno Wojtinek tuvo una caída porque se le fueron los ojos demasiado a cierta espectadora..., vaya a saber si es cierto). Pero... los setenta. Freddy Maertens, que ganaba mogollón, y estaba un poco... cómo decirlo... familiarizado con las drogas recreativas. Tuvo mil problemas después, el bueno de Freddy. Si hasta se le apareció el diablo en plena carrera, y le dijo que se retirase, y él, claro, se retiró, porque a Satanás le obedeces, tío, es el director de equipo más duro que existe. Ah, después le hicieron un exorcismo y ya lo dejaron arregladete, y hoy hasta te enseña el museo que hay en Oudenaarde sobre De Ronde van Vlaanderen (visita obligada). Bien por Freddy.

Aquí los italianos... en fin, que cracs absolutos, como sabe cualquiera que haya estado en una población costera durante los meses de julio y agosto. Un poco horteroides, carrete como para pescar escualos, más moral que Indurain tras Luxemburgo... Infalibles. El líder en esto era Roberto Pagnin, un esprínter que sembró (el verbo va sin doble sentido) terrores en la Vuelta a España, finales de los ochenta. Gigi el Amoroso, le decían, pero solo de puertas adentro, porque dejaba cada primavera novia allí, por Venecia, e iba repartiendo ruegos a periodistas y curiosos para que sus correrías quedasen de puertas adentro. Al parecer se mostraba especialmente intenso con una azafata rubia y pizpireta, todo sonrisas y simpatía. Hasta que la muchacha cedió a sus encantos de *latin lover*, como acabaría contando muchos años más tarde. Su nombre era Leticia Sabater.

(Sí, Leti fue azafata en la Vuelta, amigos. Busquen, busquen imágenes).

Años noventa... y Frank Vandenbroucke. Viene aquí para rebajar el tono rosa del asunto, porque esto es una historia negra, negrísima. Una para reflexionar. Trágica. Cruel.

En septiembre de 1999 Vandenbroucke era un tipo sin freno. Pintas de estrella farlopera, hasta el culo de Stilnoct (el plural de «Stilnoct» es, como todos ustedes saben, «comisaría»), sudándosela todo mogollón, farfullando mercenariatos y noches de fiesta. Las Stilnoct, por cierto, son una de esas pastillitas que a veces te duerme, otras te pone espabiladísimo y las de más allá te deja tonto del culo, alucinando y sin poder pergeñar palabras comprensibles. Bobby Julich, compañero de Frank, cuenta cómo en una ocasión cierto ciclista, de quien omite el nombre, estaba saltando sobre la cama del hotel, completamente desnudo, haciendo el helicóptero con su miembro viril... justo delante del director deportivo. Sin reconocerle. Ya ven, travesuras. Vandenbroucke, apunta, se quedaba con el rostro totalmente inexpresivo, en estado comatoso. Qué maravilla de ambiente, ¿eh?

Sucede que, en fin, que Frank Vandenbroucke es un puto genio. Quizá el ciclista más dotado de todo el pelotón, el que más clase tiene. Y gana. Gana mucho. En esa Vuelta de 1999 se conforma con premios menores. Etapas, exhibición, venderse a Ullrich y sacar sus buenos francos suizos, que estas cosas se pagan en francos suizos. Pero es que andaba Frank con la cabeza en otro *lao*.

Ella se llamaba Sarah Pinacci, y era azafata en un equipo italiano que patrocinaba cierta marca de cafeteras. O, dicho de otra forma, que nuestro Frank se trasegaría setenta u ochenta cafelitos antes de salir solo por contemplar esos ojazos verdes. Mira lo guapa que eres, mira que te mando ramucos de flores, mira que si menuda sonrisa, mira que me imagino futuros junto a ti. Oye, si gano mañana, ¿me das un beso? Vale, contesta la interpelada, pero en el papo. Dicho y hecho. Camino de Teruel, escapada a dos con Jon Odriozola. En un momento a Vandenbroucke se le acerca cierto coche. Es el director de su rival. Oye, que si dejas ganar al muchacho te doy un trillón de dólares (dialogo ficticio, de nuevo). Espera, voy a pensármelo, dice Frank. En el siguiente relevo deja de rueda a Odriozola, se marcha solo, se deja atrapar, hace seña para que vuelva el auto. Si me das esa pasta dejo que tu corredor entre segundo sin descolgarle. Genio y figura. Adivinen quién ganó.

Frank Vandenbroucke, en sus últimos años como profesional.

Los últimos días ya son despiporre absoluto. Vandenbroucke viaja una hora en automóvil hasta el hotel de Sarah, pasa allí la noche, vuelve de empalmada y chulea a todos subiendo Navalmoral, humilla a Zarrabeitia subiendo las murallas, gana aquella etapuca como podía haber ganado otras siete. Nadie es capaz detenerlo, nadie consigue que entienda las consecuencias de sus actos. Es el mejor, sí, pero también alguien con comportamiento sociópata. El problema es lo de antes, sí, pero sobre todo aquello que hubo de llegar después. Cuando salía de fiesta y no recordaba haber salido de fiesta. Cuando las noticias de sus andanzas llegaban meses más tarde, en forma de multas por exceso de velocidad. Cuando pasó varios días en una discoteca y acabó pidiendo a una tienda de alta costura que le enviase un traje para cambiar su atuendo, que no es plan estar tan sucio. Cuando aún era recuperable como ciclista y se golpeó con un martillo la mano para no acudir a una carrera, porque le faltaba motivación. Le pillaron muchas veces con muchas mierdas en casa. «¿Compré todos aquellos productos? De todo corazón, no lo sé. Pero está claro que todas esas cajas no llegaron solas hasta allí». A ese extremo llegó. Tendencia destructiva. *Auto* y *alter.*

Frank Vandenbroucke fue encontrado muerto en la habitación de un hotel en Senegal. Le faltaba el mes para cumplir treinta y cinco años.

Aquí ahora tendríamos que hablar de Cipollini, pero ya cubrí el cupo de hijos de puta maltratadores con Henri Pélissier y Vandenbroucke, así que paso...

Ah, de los actuales no cuento nada, porque muchos tienen mi teléfono y saben dónde vivo. Así que prefiero prevenir...

¿Saben? En el fondo es que esto va de enamorarse. De caer *falling in love* con tu bici, con esa maravillosa sensación del aire sobre tus sienes, el zumbido suave de los neumáticos sobre el asfalto. Sí, amamos la bici. Algunos, incluso, de manera excesivamente literal.

Hay una novela, una novela concreta. Se titula *Fish in exile*, y su autora es Vi Khi Nao. La protagonista (llamada Católica) cae en una depresión tras chuparse todas las desgracias posibles, y termina por desarrollar atracción fuerte por su bici. Pero fuerte, fuerte. Mogollón de fuerte. Atracción en plan «quiero follarme a mi bici». Advierto, cita: «Follar con los pedales. Follar con el manillar. Follar con la rueda delantera. Follar con la rueda trasera. Follar con los piñones.

Follar con los radios. Follar con el sillín. Follar con la tija del sillín». Y etcétera, si usted conoce las partes de una bici puede hacer idea fidedigna de lo que sigue.

(Inciso... lo del sillín, la tija y tal... pues oye, mira, cosas veredes. Pero, ¿follar con los piñones? ¿En serio? ¿Tú has visto alguna vez piñones, Vi Khi Nao de mi vida?).

Sea como fuere... eso ya es pasarse, colega.

(También te digo, para compensar tenemos la ciclofobia, que es el miedo atroz a las bicis..., normalmente a montar en bici. La ciclofobia suele estar provocada por una caída traumática. Y es que, como sabe todo el mundo, cuando te caes de la bici hay que salir lo antes posible).

El resumen es claro, y te lo cuenta el personaje de Sean Patrick Flanery en *Seducción a la carta*... «El sexo es como montar en bici. Las primeras nueve veces te caes, pero a partir de la décima puedes hacerlo durante kilómetros...».

EL TOUR DE TRUMP

En 1987 el periodista John Tesh cubrió el Tour de Francia para la cadena CBS. La victoria de Greg Lemond el año anterior había desatado una pequeña (muy pequeña) fiebre por el ciclismo en ciertos ámbitos de la sociedad estadounidense, y las televisiones mandaron a sus reporteros hasta Europa para informar sobre la que, decían, era la mejor carrera del mundo. Tesh volvió fascinado. El ambiente, el colorido, el sufrimiento, la épica. Sí, pero también las posibilidades económicas. El Tour era un enorme negocio. ¿Por qué no montar algo parecido aquí, al otro lado del Atlántico? Se lo comentó a Billy Packer, comentarista de baloncesto en la misma cadena. Y este fue donde el hombre más poderoso, el magnate más popular, el rostro más reconocible de aquellos negocios en los años ochenta. Sí, ese.

Ya saben a quien me refiero.

Donald Trump.

Lo hace a través de Mark Etess, hombre fuerte del hombre con piel naranjita. Vale, lo veo. Y se lo cuenta a Donald, y Donald responde que le dejen hacer un par de llamadas a las autoridades. Y le dan el visto bueno. Y adelante, vayamos con todo. Quedaba el nombre, y hay dos versiones sobre el asunto. La primera nos dice que fue Packer quien sugirió a Trump que la prueba llevase su apellido, porque eso les daría más publicidad. Y que el magnate se escandalizó. «¿Ponerle mi nombre? Estás loco, los periódicos se me echarían encima tachándome de narcisista». Al final, y ante la insistencia de su socio, Trump acaba cediendo y coloca su «marca comercial» como anzuelo para los medios. Después le preguntarán sobre el asunto, y Trump responde con arrogancia: «No podíamos llamarlo Tour de Jersey, porque queremos que termine siendo la mejor carrera del mundo. Y entonces no puede llamarse de otra forma que Trump.

Se non è vero...

Todo iba a ser, claro, *trumpiano*. Con esa estética... esa tan de finales de los ochenta, tan desenfadada, con el maillot fucsia de líder, con la caravana publicitaria más estrambótica del mundo, con el bueno de Donald saludando y poniendo morritos aquí y allá... El mayor espectáculo del mundo, el que llegaba cada día, según él, a «un millón de espectadores».

Igual eran algunos menos, pero aquello merecía la pena. Por los participantes, vaya. El primer año, 1989, tuvo personajes de campanillas. El gran equipo americano (Seven-Eleven), el ADR de la estrella local Lemond (que por problemas de contrato corría en Estados Unidos bajo el patrocinio de la cerveza Coors, un par de meses después ganará el Tour de Francia en el *comeback* más sorprendente visto hasta entonces). Y los europeos. Escuadras míticas, de quilates. Lotto, PDM, Panasonic. Renunciaron a correr la Vuelta para irse al otro lado del Atlántico, que es donde pagan con dólares, oigan. Eso sí, no parecían dominar mucho del asunto, porque Peter Post, el legendario director de Panasonic, se tiró toda la prueba diciendo que estaba encantado de haber conocido al señor «Trimp», y que en Europa el señor «Trimp» era muy popular.

Por supuesto para componer un pelotón digno de tal nombre hizo falta reclutar algunos equipos de carácter *amateur*. De entre ellos seguramente el Saunas Diana no era el más potente, pero sí el que más atención despertaba: su patrocinador era una cadena holandesa de burdeles. «Ojo», decía su director, «la mayor cadena holandesa de burdeles». Y sacaba pecho. Ese era el nivel.

Finalmente aquella primera edición se iba a disputar entre los día cinco y catorce de mayo, recorriendo los estados de Nueva York, Pensilvania, Maryland, Virginia y Nueva Jersey. Y, en ese mapa, tantas referencias simbólicas como ustedes quieran buscar. Desde el final de la primera etapa en New Paltz, en plenas Catskills (donde, por cierto venció el *amateur* soviético Ekimov vistiendo el maillot rojo de la URSS, para, imaginamos, cierto embarazo del organizador), hasta el paso por los territorios de los *amish* en Pensilvania, e incluso una especie de critérium (totalmente incoherente) que consistía en dar vueltas y vueltas al Cementerio Nacional de Arlington, donde se entierran los veteranos de las guerras en las que han participado los Estados Unidos (Trump logró que nadie pudiera pasear por ese espacio sagrado durante el tiempo que duró la prueba).

Y, por supuesto, baños de ego, delirios narcisistas del promotor de la prueba. El periodista del *New York Times* George Vecsey llegó a preguntarse si Trump sería capaz de hacer una prueba ciclista «que subiese por sus hombros y bajase por su nariz». Solo tres de las ciudades que albergaban la salida o la llegada de alguna de las diez etapas no habían «sufrido» en los últimos años una profunda remodelación urbanística de la mano de Trump y sus negocios grandilocuentes. Y el final de carrera, la apoteosis, la contrarreloj que cerraba la prueba y que recorría Atlantic City, saliendo del Trump Hotel y terminando en la plaza Trump, justo enfrente del Trump Casino (en realidad ambos edificios son dos vistas del mismo complejo mastodóntico), después de pasar, por ejemplo, frente a Trump Castle. Juego de espejos, si quieren. Era todo tan caótico que a Eric Vanderaerden le hicieron perder esa crono que tenía ya casi ganada, porque le metieron por Trump Avenue en lugar de por Trump Street, o le bajaron por Trump Square en vez de por Trump Bridge… Vamos, que perdieron su recorrido. Ya lo siento Eric, pero, mira, el propio Donald quiere compensarte, y te invita unas horucas al Princess Trump, su yate inmenso (el mismo que fue antes de Adnan Khashoggi, simpatiquísimo traficante de armas). Peter Post no permitió aquello, porque estaba un poco hasta los cojones, y dijo que ninguno de sus ciclistas se subiría en el mismo barco que «Donald Trimp».

La de 1990 fue la última edición del Tour de Trump con ese nombre. La crisis económica había golpeado con fuerza al magnate, que no pudo hacerse cargo durante más tiempo de la carrera. Eso sí, quedó en manos tan buenas como las suyas: desde 1991 la prueba pasa a ser conocida como Tour DuPont, debido a su patrocinador principal, la empresa química que inventó (y comercializó) los clorofluocarbonados, esos gases que se mostraron totalmente letales para la capa de ozono.

Las historias se escriben solas.

Ciclismo y representaciones artísticas

Qué bonitas son las bicis. Y el ciclismo, y cualquier cosa que tenga relación con ruedas, pedales y cadenas. Tanto como para inspirar libros, por ejemplo, a ver si se pensaban que este era el único que existe sobre culotes y maillots.

Pero es que hay más. Películas de bicis. Algunas comedias, otras flipadas yanquis, otras auténticas obras ineludibles, de las de ver y revisar cada poco. Y canciones. Y atentados sonoros en forma de canciones. Y cuadros, y esculturas, y reinterpretaciones artísticas. Y un tío que usa los radios como si fueran instrumento musical. Y muchos paisanos que hablan sobre la bici, y que usan la bici a modo de metáfora, a modo de símbolo. E incluso un lenguaje propio, un lenguaje que, a veces, salta más allá de cunetas y baches y se nos cuela en nuestra vida diaria.

Porque, sí, amigos..., la bicicleta es un elemento artístico de primer orden.

¿No me creen?

Vean, vean.

MÚSICA SOBRE RUEDAS, GRANUJAS A TODO RITMO

Os agradecería que no llevaseis música cuando andáis en bici. A ver, se puede silbar, o tararear, hasta ir cantando a gritos (esto funciona cuando subes un puerto especialmente aislado, yo en Palombera me he *triscao* el *Santa Compaña* de Los Suaves enteruco). Pero esos modernos que van con la bici y los cascos puestos... anda, no me jodas. Ya no es solo que no escuches el aire (qué delicia, escuchar el aire cuando ruedas rápido), o los pájaros, o ese riachuelo que va unos metros por delante de ti, no... Es que no escuchas a los coches, gilipollas, que no escuchas a los coches. Así que nada, prohibido, cerrado, fuera de este libraco tan interesante. No queremos gentuza...

Pero, solventado el asunto... Miren ustedes, ya en casa pueden escuchar todas las tonadas, grupos y disquines que quieran. Porque hay mucho, sí, hablando sobre bici. Pero mucho, mucho. Mucho mogollón.

Tenemos, por ejemplo, el disco *Tour de France* de Kraftwerk. Que no te extrañe ver aquí a Kraftwerk, porque los tíos son unos *chiflaos* de la bici, y se cascan kilometradas como para hacerse la Quebrantahuesos.

Vale, más cosas... *Hold on*, de Santana; o *Take me home*, Country Roads, de John Denver; o *Road rage*, de Catatonia; o *Gears of war*, de Megadeth (qué discazo, tú, el *Gears of war*). Por seguir con el heavy... *Freewheel burning*, de Judas Priest, con el gran Rob Halford haciendo agudos agudísimos, y *Back in the saddle*, de Aerosmith, porque el *hair* también es una música. O *Chains*, de Tina Arena. Y hasta *Yellow*, de Coldplay, y *Road rage*, de Bryan Adams, que los pijos también escuchan música y tienen bicis.

Kraftwerk y el Tour de France, unión perfecta.

(A ver, no todos estos discos tratan sobre bicis, y algunos, de hecho, ni siquiera tocan lejanamente el tema velocípedo, pero tienen títulos como para refocilarnos, ¿verdad?).

Sobre canciones concretas... pues clasicazos. El *Bicycle race* de Queen, o el *Bicycle* de John Cale, o las *Broken bicycles* de Tom Waits, o la *Bicycle song* de los Red Hot Chili Peppers, que tienen un ambiente así muy de BMX, tan californianos ellos. *Riding on my bike* sirve para el tema de Madness (no me gusta mucho) o el de Sia (otro que no me gusta mucho, prefiero La Sía, bonito puerto). Mark Ronson escribió *The bike song*, Hawkind tiene *Silver machine* y Katie Melua clamaba por las *Nine million bicycles*. O la historia de Girardengo y Sante Pollastri cantada por Francesco de Gregori. O el poema de Bernardo Atxaga que musicó Mikel Laboa, y donde ubica mal la tragedia de Tom Simpson. Ah, y luego están los Pink Floyd, que firmaron *Bike*, pero es que los Pink Floyd..., en fin, es como para entenderlos, a los Pink Floyd.

Ay.

Y, ya en el campo de la pura experimentación, aquella música que hizo Frank Zappa en un programa de la tele, año 1963, tocando los radios de una rueda de bici con el arco de un contrabajo. Otra cosa como para entenderlo, Frank Zappa...

Tres cosas más. Dos son bizarradas absolutas, como las aportaciones ciclistas de Lendakaris Muertos y esos gritos cacofónicos e inenarrables de Parquesur. Y, por supuesto, la maravilla homenajeadora que hace Ángel Stanich a *Le Tour´95*, una joya que todo el mundo debiera escuchar.

Vamos, vamos, a qué esperan.

DROGAS, SURREALISMO Y MALEANTES: BICICLETAS EN EL CINE

La primera bici cinematográfica llegó pronto, muy pronto. Año 1896, producción de la Edison Manufacturing Company (sí, *ese* Edison). Se titulaba *Trick bicycle riding*, y estaba protagonizada por Levant Richardson, equilibrista sobre ruedas que hacía diferentes trucos para solaz de espectadores y damiselas. Que debieron ser bastantes, porque hubo secuelas, como en los *slasher* malos. Del original no se conservan copias, de los otros sí...

También está aquí *Dos hombres y un destino*, la película que dirigió George Roy Hill, y que protagonizaban sendos actores muy poco guapos, como Robert Redford y Paul Newman. «Te presento al futuro», le dice Butch Cassidy a Etta Place mientras le muestra una bici. El futuro. Es bonita, la metáfora. Ah, Newman hizo todas las acrobacias ciclistas él mismo, porque si eres majo, guapérrimo y buen actor pues debes manejar la bici acojonantemente (es lo lógico). Miren lo que controla de billar...

Lo cierto es que yanquis y bicis..., no. Y en cine menos. *Premium rush* es una locura sobre repartidores a piñón fijo que tiene escenas impactantes y menos conocimientos ciclistas que un perro mastín. En *Breaking away* al menos sale el maillot de Cinzano, que debe de ser el más bonito de todos los tiempos (yo tengo un maillot de Cinzano, obviamente). Y *American flyers* mola por la estética ochentera, pero no me lo tomaría yo como un ejemplo de realidad a pedales. En cuanto a *Quicksilver*, con sus *brokers* que quieren convertirse en ciclistas pros..., en fin, pues eso, *brokers* que quieren convertirse en ciclistas pros. Y los *Bicivoladores*, una frikada australiana que es lo que su propio nombre indica, y tiene como toque aun más bizarro la presencia de Nicole Kidman, adolescentísima ella. Si hay que recomendar algo del mundo anglosajón... el mediometraje *Tour of pharmacy*... la ironía de ver a John Cena, antigua estrella del *wrestling*, haciendo chistes sobre *doping* en otros deportes es absolutamente deliciosa...

Y *E. T.*, claro. Con esas bicis que vuelan, con esos niños tan intensos, con esas ganas de matar que se te ponen, sí, cuando ves *E. T.*, macho, que no es ni normal. Los años ochenta, amiguitos, no eran así... faltan yonquis, y paro, y ropa que heredaste y te queda mal...

(*El E.T.E y el Oto* es algo mejor, pero tampoco llega a obra maestra).

Los franceses son más sutiles. Tienen la maravilla de *Pour un maillot jaune*, dirigida por Claude Lelouch. O la sutil obra de Louis Malle sobre el Tour de 1962. Tienen lo de *Bienvenidos a Belleville*, que es el más bonito de los cuentos feos. Y esos primeros minutos de *Amélie*, antes de las cursiladas, con Federico Martín Bahamontes en plan estrella. O *Molière en bicicleta*, que es una de esas pelis tan galas, de amar u odiar. O esa delicia del surrealismo titulada *Parpaillon*, donde la subida al *col* cicloturista por excelencia de los Alpes se convierte en colección de microrrelatos entre lo humorístico y lo existencial. No se la pierdan, en serio.

Tampoco se pierdan *El ladrón de bicicletas*, que es obra mayúscula. Claro que ustedes son personas de culturilla y formación, así que ya la habrán visto varias veces... También por Italia puede verse ese transalpinismo llevado al culmen que es *Totò al Giro d'Italia*, con Bartali y Coppi fumándose unos puros imperiales.

Por aquí tenemos *El prado de la estrellas*, que es de Mario Camus, y Mario Camus es montañés, y en esta tierra se quiere mucho la bici, y salen unas imágenes preciosísimas de Palombera y del Valle de Valderredible, oigan. Y esa maravilla que es *Las bicicletas son para el verano*, que va más de veranos que de bicis, pero ustedes me entienden. O *muerte de un ciclista*, otro peliculón supremo...

Totò y Fausto Coppi. Fausto Coppi es el de la derecha, por si no se aclaran.

Llegamos casi al final del capítulo y..., redoble de tambor... la obra maestra de todos los tiempos, la mejor peli sobre bicis, la maravilla de maravillas: *La bici de Ghislain Lambert*, epopeya de visionado obligatorio para todo el que se haya calzado unos culotes. Si no la han visto, ya tardan. Y si la vieron en el pasado... *joer*, venga, una vez más. Yo llevo las palomitas y Ghislain la mandanga.

Añadan, por último, el anime. Sí, amigos, en Japón también hacen algo rollo *Oliver y Benji*, pero con bicis. En realidad hay varios, pero seguramente el más conocido de todos sea *Yowamushi Pedaru*. El argumento..., en fin, se imaginan, un chico marginal que quiere ser ciclista, y pone todo de su parte, y bla, bla, bla... Eso sí, muy bonito.

Ah, y *La vida de Brian*. Para terminar, *La vida de Brian*. Allí no hay bicis, pero me gusta tanto la peli que debía aparecer en este libro. Y, además, Michael Palin es un chiflado de este objeto, y una vez comentó que uno de los días más importantes de su vida fue cuando aprendió a montar en bici. Ya ven. Como para escribirlo sobre muros en latín.

(Documentales paso, porque los documentales me dan pereza máxima. Así que documentales paso).

La bici de Ghislain Lambert, o qué obra maestra.

NO ES EL DAVID DE MIGUEL ÁNGEL, PERO VA EN BICI

Digamos que si hablamos de arte y bicis..., en fin, Toulouse-Lautrec, ya vimos. Y Tristan Bernard, que también era un artista. Picasso, que descomponía velocípedos para crear leyendas. Y, en general, todos los seguidores del surrealismo, que gozan con el asunto mogollón.

Marcel Duchamp, por su parte, hizo un *ready made* llamado *Rueda de bicicleta* en 1913, que no me vuelve loco, pero comparado con lo del urinario... En aquel entonces Adolf Loos, artista de la Bauhaus, sostuvo que la bici era una pieza de arte casi perfecta.

Pero, sobre todo, Pellos.

René Pellarín, que nació con el siglo en Lion, que fue a los Juegos Olímpicos defendiendo a Suiza (hockey, dos partidos, dos derrotas), que empezó a pintar, a hacer caricaturas desde muy joven. Que consagró parte de su vida (buena parte de su vida) a interpretar, engrandecer y sublimar el Tour de Francia. A veces desde lo evidente (Anquetil durmiendo rodeado de bolsas con francos), a veces desde lo combativo (los ciclistas haciendo barricadas antes del Tour de 1968, tras el mayo francés), a veces desde la introspección más absoluta, con Henri Desgrange transformado en Tourmalet o Galibier, transformado en obstáculo supremo, transformado en demiurgo. Pellos es el más conocido de todos los ilustradores que han pasado por la bici, pero aquí aparecen también los nombres de Francisco Ibáñez (Mortadelo y Filemón corrieron alguna Vuelta a España), o Hergè, con Tintin llevando el maillot amarillo y saludando sonriente (porque Tintin siempre gana, y siempre está sonriente). También sirvió la Grande Boucle como campo de pruebas para la publicidad, para las ilustraciones, para dibujarte con coloridos y tres o cuatro rasgos ases y oponentes. Durante mucho tiempo se presentó así la participación en la ronda, con pequeñas «fotos-carnés-a-lápiz», y esos afiches son ahora objeto de coleccionista... y muy muy caros.

Un último aporte. No sé si es artístico, pero merece la pena. Porque casi subimos bicis a la Luna, amigos. Sí, como lo oyen. Cosa digna de verse. Eran eléctricas, muy chiquititas, y se pensaron para ir en el Apolo XV. Finalmente optaron por buguis, lo que demuestra que en la NASA serán muy listos, sí, pero también bastante horteras...

PEDALEANDO SOBRE FRASES: LOS ESCRITORES Y LA BICI

Bicis y letras. A quién se le podría ocurrir, ¿no?

Bicis y letras.

Stephen Crane, que escribía sobre *cowboys* e indios, decía que «la bicicleta lo es todo». H. G. Wells, que escribía sobre aliens y morlocks, trató el tema en varios de sus libros, especialmente en el delicioso *The wheels of chance*, y dejó escrito que cuando veía un adulto en bici mantenía su fe en la humanidad. John Galsworthy, que escribía novela, identificaba bici y emancipación femenina (y ya vimos que algo de eso hubo), y Mark Twain hasta escribió un ensayo sobre cómo aprender a montar en bici (*Domando la bicicleta*), porque ahora eso lo damos por fácil, pero entonces existían *velocinasiums* que ofertaban clases para mantener equilibrio y dignidad (a veces los profes eran acróbatas circenses, para mejorar la experiencia). Clases de bici tomaron Lev Tolstói (con sesenta y siete años) y el novelista Jerome K. Jerome, que dibujó una historia alucinante incluyendo velocípedos, camaradería y mucha crisis de la mediana edad en *Tres hombres en un bote*.

(Cuando aprendes a andar en bici nunca te olvidas, gracias a las interneuronas de la capa molecular, que codifican señales eléctricas que salen del cerebelo en un lenguaje que permite almacenarlas como recuerdos. Vamos, que guardamos en un cajón de la cabeza el cómo mantener equilibrio a pedales. Pasa lo mismo con correr, nadar, caminar de lado, comer con palillos, remar, usar albarcas o golpear un balón, pero la referencia a la imposibilidad del olvido solo aparece, en el lenguaje común, con la bici. Algo debe significar).

¿Generación perdida? Pues generación velocipédica, amigos. Francis Scott Fitzgerald recorrió Europa sobre ruedas (sobrio, suponemos), y a Hemingway ya vimos que le flipaba el asunto, especialmente en los velódromos (espacio ideal para ludópatas y dipsómanos, ejem). Ernest se dio cuenta del gran enemigo que tiene el ciclista... el dolor de culo. En *Fiesta*, incluso, hay un par de párrafos bien curiosos sobre el rollete. Ah, Hemingway también decía que yendo en bici es como mejor conoces los contornos de un país, «pues uno suda ascendiendo a los montes y se desliza en las bajadas... y no se tiene un recuerdo más fiel como el del lugar atravesado».

Tiene toda la razón, Ernest.

También hemos tenido bicis voladoras. Las de John Kendrick Bangs en su novela *Bikey the skicycle and other tales of Jimmieboy*, que se publicó en 1902 y presentaba una bici mágica, capaz de hablar y lanzarse a los aires. Como para enamorarte de ella, aunque eso es cosa de *El tercer policía*, la descacharrante obra de Flann O´Brien. Más bicis por el cielo… *The rolling Stones*, obra de Robert Heinlein. O los relatos de la *Trans-galactic bike ride*, antología que se publicó en 2020 y se define como de «ciencia ficción feminista de aventureros transgénero y no binarios en bicicleta».

También el padre de Sherlock Holmes era un fanático de la bici, y encontraba en ella su momento de relax cuando tenía un día malo, cuando su trabajo se volvía monótono, cuando no le entraban mensajes a Tinder. Sherlock tocaba el violín (y le daba a la coca, no se olvide), pero cuesta poco imaginarlo en velocípedo. Miyazaki, al menos, lo dibujó así varias veces en su deliciosa serie de anime…

O Iris Murdoch, quien estaba convencida de que la bicicleta es la forma más civiliada de conocer a un ser humano, porque solo la bici permanece pura en el corazón. Y ligas, con ella ligas…, ya lo dijo Bob Weir, de *Grateful dead:* la bici es tan buena como las guitarras si se trata de conocer chicas. Eso sí…, con cuidado, porque, frase eterna del exciclista Johan Museeuw, caerse es parte del ciclismo igual que llorar es parte del amor. Qué fatalista, macho.

Louis Halle iba por lo poético, y decía que la bici era lo más parecido que tiene el ser humano a volar como los pájaros. Delibes siempre fue de buscarse en el silbar del viento cuando pedaleas. Alfred Jarry estaba *chiflao* por la bici (fue a una lectura de Mallarmé con los pantalones manchados, porque se había acercado sobre su máquina), y Roland Barthes hizo un análisis semiótico del Tour de Francia. A Salgari también le gustaba el velocípedo, igual que a Charles-Albert Cindria, o a Julio Cortázar. Tim Krabbé se ha hecho famoso en los Países Bajos por contarle al mundo cómo se siente un cuarentón rodando por encima de sus posibilidades. Y Fernando Arrabal gusta de meter bicis en teatros, a veces con ironía y otras desde la más profunda de las malas hostias.

O bicis… en fin, bicis a lo Joyce. Que nos habla, en *Finnegans wake*, de una prostituta pedaleando sobre cierta *bisexycle*. En fin. O a lo Bataille, que imagina una paseo sobre bici con posterior orgasmo (en marcha), y caída de raspones inenarrables (iban desnudos, los muy sinvergüenzas).

Pero dejando al margen estas joyas... pues más ejemplos. Aquí y hasta en los Estados Unidos, que, mira tú, no tienen mucho de ciclistas los Estados Unidos (salvo el experimento glorioso llamado Tour de Trump), pero escriben tanto que... Allí se publicó *Una historia en bicicleta*, de Ron McLarty (Alfaguara, 2006), cuento lacrimógeno, *road movie* casi burtoniana, un «qué cojonudos somos pero, mira, estamos bastante solitos», revisión de aquella imagen lynchiana con tío sobre tractor. Aproximadamente. McLarty publicó este asunto originalmente como audiolibro, y tuvo la inmensa suerte de que lo escuchó el mismo Stephen King (Stephen King consume «demasiada» cultura, háganme caso... y que le dure), y habló muy bien de ello, y, claro, bum, explosión de ventas, porque allí que te recomiende Stephen King es como si aquí saliera hablando de tu libro Tamara Falcó (en el supuesto de que Tamará Falcó hable de libros o lea libros). Y, oye, historia entrañable, un tipo gordo y calvo al que se le muere la mami y empieza a pedalear como Forrest, así, sin pensárselo, y acaba adelgazando a montones (el pelo no le crece, porque tampoco hacemos milagros), y hasta folla, y encuentra el sentido de la vida, y mete reflexiones superpotentes de rollitos zen, y sube puertos muy grandes en Colorado, y está flacucho, pero sigue calvo, lo que, sin duda, provocará una segunda parte, porque subsiste semilla de crisis ahí, raleando.

Por Colombia ya vimos a García Márquez, pero es que también hay otro. Porque si Hoyos tuvo a Gabo, Cochise Rodríguez tiene a Gonzalo Arango. «El Corazón de Jesús más feo del mundo está en el Barrio Simón Bolívar», comienza Arango su crónica sobre Cochise. Mitad entrevista y mitad reportaje total. De moda, ideológico, artístico, literario. Una enorme guasa, sobre todo, una provocación inmensa, solo al alcance de ese soberbio provocador que fue Arango. Una falta de respeto, quizá también, al gran atleta. O al menos así lo vieron muchos. Nadaísmo absoluto. Qué joya.

En cuanto a los viajes en bici..., vimos a Londonderry, vimos a Foster Fraser. Nos falta Kazimierz Nowak, que, en 1931, se lanzó a una aventura casi imposible: atravesar África sobre su velocípedo, de norte a sur. Digamos que los caminos son tan..., en fin, tan no-caminos que titulará el libro subsiguiente (de forma totalmente realista) como *A pie y en bicicleta por el continente negro*. Aquí hay menos cinismo y muchas más ganas de aprender, de charlar con el otro, de escuchar sus leyendas. Nowak hace periodismo literario del bueno... aunque sea jadeando...

Reproducir hechos del pasado también tiene algo de atractivo, algo de transgresor. Uno de los libros míticos dentro del cicl(otur) ismo francés es *Mes rayons du soleil*, escrito por Louis Nucéra. ¿En pocas palabras? Pues un *romancier* que recorre en bici el Tour 49, primero que ganó Coppi, el de Saint-Malo, y La Rochelle, y Aosta, y Bartali pidiendo ganar etapa, y Coppi triunfando en París, domeñando Giro y Grande Boucle en tres meses, el 49 del *uomo solo*, el 49 de la gran leyenda. Son 4813 kilómetros, de París a París, y un montón de referencias culturales (algunas clásicas, otras más pop), que convierten la lectura en intensidad parecida a subir el *col* d´Èze, ese que asoma a la Niza donde nació Louis. Seguramente sea Nucéra uno de los grandes «viajeros-ciclistas». Miren, si no, la portada de *Louis Nucéra. Le homme-passion*, biografía escrita por André Asséo, y donde el novelista sale... andando en bici, maillot mítico de Renault, rostro vuelto, sonrisa feliz.

Ah, y dentro de las rarezas ciclistas (o de los raros ciclistas)..., pues traemos aquí dos, solo por poner ejemplos. Howard Philips Lovecraft, que tuvo infancia pegado a su bici, y disfrutaba locamente escapando hasta los pueblos que rodean Providence sobre aquel cacharro (resulta arduo imaginar a Lovecraft gozoso con cualquier cosa que no sea «inenarrable, ominosa y hedionda», pero aquí hay ejemplo). Y Henry Miller, que fue contemporáneo de Howie y disfrutó mucho más de la vida (al menos en su aspecto sicalíptico, oigan). Miller tituló sus memoria, de forma muy gráfica, con un *My bike and other friends*, y allí describe el gozo que obtenía montando su bicicleta, la misma que compró tras asistir a una carrera en el Madison. Era de fabricación sajona. Chemnitz, concretamente. Llega a decir Miller que un mecánico de Williamsburg, Brooklyn, le hacía las reparaciones gratis porque jamás vio a nadie tan enamorado de su bicicleta como él. El jovencito Henry habla con su bici, la limpia cada atardecer, la mantiene siempre perfecta. Resulta rarísimo (pero rarísimo de verdad) leer esto cuando conoces bien la obra de Miller, puedo asegurárselo.

Pero, en fin... quién podrá juzgar a Henry... Únicamente era otro chiflado de la bici.

Como todos.

Porque también. Ellos. No hace falta llevar maillots y culotes, tampoco es necesario escribir sobre la experiencia. No. Es que la bici nos encanta, nos encanta, por mucho que seamos personalidades famosas, conocidos por todo el mundo. Nos encanta. Si ya lo dijo John Fitzgerald Kennedy... nada puede compararse con el simple placer de montar una bici. Y, oigan, Kennedy sabía un montón de placeres. Y de montar...

Otro típico en estas clasificaciones de chiflados ciclistas es Albert Einstein. Que sale con sus velocípedo en una de sus fotos más famosas (de Albert siempre hay fotos haciendo cosas así, como raras para un científico... nunca tenemos imágenes suyas pensando en

Einstein y la bici, obra de Eduardo Kobra.

calzoncillos, por ejemplo). Einstein también dijo eso de que la vida es como montar en bici... para mantener el equilibrio debes moverte. Que, oye, no es la relatividad, pero también muestra seso, también muestra seso.

(Por cierto, que Einstein declaró una vez que se le ocurrió ese rollito, lo de la relatividad, mientras montaba en bici. No pongo la mano en el fuego porque fuera así, pero declararlo lo declaró).

Pero, puestos a molar... Carl Sagan. Que lo tenía clarísimo, Carl Sagan. Si a las constelaciones les hubiésemos asignado nombre en el siglo XX todas se llamarían «bicicleta». La verdad es que yo siempre veo ruedas y manillares allí arriba.

Si es que hasta Desmond Tutu lo veía diáfano: «Dale un pez a un hombre y comerá un día. Muéstrale cómo pescar y tendrá comida durante toda su vida. Enséñale a montar en bici y entenderá que la pesca es estúpida y aburrida».

Cómo son estos premios nobel, colega...

Ah, ¿quieren una última razón, poderosa, para amar las bicis? Donald Trump ha dicho que jamás estará en una competición ciclista. No me digan que no es demoledor.

(Y eso que tuvo una competición ciclista, ya saben..., en fin, no le pidas peras al Donald).

EL LENGUAJE CICLISTA

Porque las bicis tienen su propio lenguaje. Como su propia ropa (vergonzosa), y su propia comida (poco apetito entra, con esa comida). Pues igual. Y si eres de fuera no entiendes una mierda. Porque hay cosas rarísimas como «desarrollo», «pájaras» o «cabras». Todo un lenguaje propio.

Y qué maravilla, joder, eso de tener lenguaje propio.

Eso lo sabe Paul Fournel. Paul Fournel es un señor arverno que escribe, uno de los juntaletras más importantes de Francia, un tío con montones de premios y miembro tanto del Colegio Patafísico como de Oulipo. Ah, y un chiflado de la bici. Sí, sí, un auténtico loco. Con muchos libros sobre este asunto, que ya son ganas, tú, tener libros sobre este asunto.

Ejem.

En uno de ellos, *Peloton maison*, entra a fondo con todo este rollo del lenguaje ciclista. Dobles sentidos, expresiones solo comprensibles en un pelotón, sonoridades, equívocos, hipérboles... Porque aquí tenemos charlotadas en forma de frases hechas a mogollón. Algunas con su punto irónico, otras directamente a mala uva, las de más allá con ternura intrínseca (o yo se la busco, que todo puede ser). De las primeras hay más, porque el espíritu creativo se ve impelido, muchas veces, por toneladas de ira. Así, cuando avanzas muy despacio se te suben los caracoles por las cubiertas, pasean moscas entre los radios, andas menos que el carrito de los helados, estás cocido, te ha visitado el tío del mazo, vas con el gancho o tienes aires de globero. Igual entonces acabas en el autobús (que es el grupo de quienes

El segundón poulidoriano original.

solo buscan entrar dentro del control), o te bajas de la burra (la bici), o hasta puedes meter tuerca (poner desarrollo exigente) y hacer un último esfuerzo.

A lo mejor vas haciendo la goma, sí, pero también puedes ser un doméstico (alguien que ayuda a su líder), o el lanzador (último relevo antes del esprint), o subes a molinillo (con mucha cadencia), o vas sin cadena (fácil) hasta la tachuela (subida) siguiente. Quizá te ha pillado un abanico (una forma de rodar en grupo contra el viento), o saliste sin prudencia al demarraje (aceleración) de aquel escarabajo (ciclista colombiano) y ahora andas vacío, o igual es que se apretó de más en el falso llano (que es más falso que llano) y ahora vas perdiendo plumas (quedándote sin fuerzas), y ya solo esperas a que te recoja el coche escoba (que cierra evento y va cogiendo a quienes se retiran). En esas situaciones lo ideal es aguantar en el pelotón, que también puede ser el paquete, el gran grupo, la casa, el hogar, la *grupetta*.

En serio, siempre es mejor ir en la *grupetta* (aunque *grupetta* también hace referencia al último hatajo de ciclistas en una prueba..., mira, yo qué sé).

A veces nuestra forma de hablar se ha hecho tan conocida, es tan de uso común, que salta a la vida-no-encima-del-sillín y pasa a ser de dominio público. Supongo que es el éxito más grande al que puede aspirar una jerga, claro, porque tú ves a cualquier grupo de anormales en fila india (haciendo una conga, componiendo la *performance* más tonta del universo o esperando para pagar unos pantalones en el súper) y piensas en la *serpiente multicolor.* O le dices «Poulidor» a un segundón, que esto es por Raymond, que siempre iba por debajo de Jacques, e incluso podemos modificarlo, y de alguien decimos que *poulidorea*, y quien era el amo y ahora ya anda renqueante pues decimos que se está *poulidorizando.* Así hasta el infinito, que las palabras son gratis...

Hay de todo. Bajar a tumba abierta (piensen en el significado concreto de la expresión, porque estremece bastante), chupar rueda, yo te tapo el aire, maillot amarillo. También nos vale ser el farolillo rojo, que se utiliza bastante en todos los ámbitos para señalar al último de cualquier clasificación.

Si es que están locos, estos romanos. Al menos estos romanos que van en bici.

La bicicleta en el futuro

¿Y después? ¿Qué le espera a la bici?

Pues miren, a saber…

De primeras… estamos en un momento bueno para esto. Un momento buenísimo. Hay más practicantes que nunca, hay más cicloturistas cada mañana en las carreteras de todo el mundo de los que hubo jamás. Más aun, el ciclismo se ha quitado de encima esa imagen de «deporte para pobres», proletario, algo de pueblo… y se ha convertido en un *hobby* para todo tipo de personas, incluyendo las de clase alta. Lo que redunda, por supuesto, en mejoras de todo tipo (a nivel estético en maillots, a nivel rendimiento en componentes, a nivel seguridad), pero también está incrementando de una forma loquísima el precio de cualquier cosa que huela a bici. Vamos, que cada vez hay máquinas más caras, y ropas más caras, y componentes más caros, y juguetitos electrónicos más caros.

En fin, las gallinas que salen por las que entran.

Desde el punto de vista puramente competitivo…, pues también una época de contrastes. Hay menos equipos que nunca (menos equipos que nunca «de los que salen por la tele»), pero los que quedan tienen un nivel de profesionalización y sofisticación que hace un par de décadas era imposible de predecir. Sucede que esos conjuntos son poquitos, y cada vez hay más saltos presupuestarios entre ellos, lo que condensa el talento con unos pocos maillots y bloquea de forma inmisericorde algunas pruebas, que parecen «secuestradas» por esta o aquella estructura. Estructuras que, además, ya no anuncian marcas de bici o similares, sino que son, cada vez con más frecuencia, una excusa para el *sport washing* de países donde sobra el dinero y falta la democracia. Vamos, que resulta complicado.

Y sobre la misma máquina…, pues, a ver, como para hacer predicciones. Las bicis cada vez son más ligeras, y cada vez son más eficientes, y cada vez tienen adelantos más chiripitifláuticos (pena que sean mucho menos bonitas que las honradas máquinas de acero de hace treinta o cuarenta años), pero esto está en continuo estudio para seguir avanzando. Quizá una transmisión que no sea por cadena, o mejor la eficiencia en la pedalada, o reducir fricciones a la hora de cambiar. Vaya usted a saber. Igual dentro de unos años hasta tenemos bicis que vuelan, como en las pelis.

Igual.

Aunque…, miren, yo estaría aquí elucubrando con ustedes toda la mañana, pero es que debo marcharme.

Acaba de despejar y voy a salir un ratuco con la bici.

Bibliografía

Arribas, C. y López-Egea, S.: *Cumbres de leyenda*, RBA, Barcelona, 2005.

Bacon, E.: *Mapping Le Tour: Updated history and route map of every Tour de France race,* Harper Collins, Londres, 2014.

Barthes, R.; *El imperio de los signos*, Seix Barral, Barcelona, 2007.

Belbin, G.: *La historia del ciclismo en 80 días*, Libros de Ruta, Bilbao, 2017.

Bell, A. y Fallon, L.: *Viva la Vuelta, 1935-2013*, Cultura Ciclista, Senan, 2013.

Blondin, A.: *Tours de France: Chroniques intégrales de L'Équipe, 1954-1982*, La Table Ronde, París, 2001.

___*La légende du Tour,* Le Rocher Editions, Mónaco, 2015.

Bobet, J.: *Demain, on roule...*, La Table Ronde, París, 2004.

Bodegas, J. y Dorronsoro, J.: *Historia de la Vuelta al País Vasco,* Imprenta Uruburu, Bilbao, 2006.

Brera, G.: *Coppi e il diavolo*, Book Time, Roma, 2009.

___*L'Avocatt in bicicleta. Il romanzo di cinquant'anni del ciclismo nel racconto de Eberardo Pavesi*, Book Time, Milán, 2011.

___*L'Anticavallo. Sulle strade del Tour del '49 e del Giro del '76*, Book Time, Milán, 2012.

Bulbarelli, A.: *Magni. Il terzo uomo*, RAI-ERI, Roma, 2012.

Buzzatti, D.: *El Giro de Italia.* Gallo Nero, Barcelona, 2014.

Carretero, N.: *Fariña. Historias e indiscreciones del narcotráfico en Galicia.* Libros del K. O., Madrid, 2015.

Castellanos, I.: *Todo tuvo un comienzo. El indomable Zipa*, Ediciones Aurora, Bogotá, 2017.

Cazeneuve T. Y Chany, P.: *La fabuleuse histoire du Tour de France,* Editions Minerva, Ginebra, 2004.

Chany, P.: *La fabuleuse histoire des grandes classiques et des championnats du monde*, Éditions O.D.I.L., París, 1979.

Chany, P.: *La fabuleuse histoire du cyclisme,* Éditions O.D.I.L., París, 1975.

Chico Pérez, F.: *Vuelta Ciclista a España, 1935-1985*, Caja Postal, Madrid, 1986.

Corriente, F. y Montero, J.: *Citius, Altius, Fortius. El libro negro del deporte*, Pepitas de Calabaza, Logroño, 2011.

Cossins, P. *Alpe d'Huez: The story of pro cycling's greatest climb.* Aurum Press, Londres, 2015.

Costa, P.: *Gino Bartali. La vita, le imprese, le polemiche*, Ediciclo, Portogruero, 2015.

Croft, M.: *The little book of cycling*, Oh!, Londres, 2021.

de la Cruz, J.: *Gustaaf Deloor, de la Vuelta a la Luna*, Libros de Ruta, Bilbao, 2018.

Dauncey, H.: *French cycling: a social and cultural history*, Liverpool University Press, Liverpool, 2012.

Dauncey, H. y Hare, G.: *The Tour de France, 1903-2003: A Century of sporting structures, meanings and values*, Frank Cass, London-Portland, 2003.

Doris, E. y Stagi, P. A.: *100 storie un Giro. Le tappe più emozionanti in un dialogo tra appasionati*, Mondadori, Milán, 2017.

Droussent, C.: *100 lugares únicos para ir en bicicleta*, geoPlaneta, Barcelona, 2018.

Duque, R. *Los escarabajos de la Vuelta a Colombia*. Editorial Oveja Negra, Bogotá, 1984.

Fabre, P.: *Expressions du cyclisme*, Bonneton, París, 2004.

Fignon, L.: *Nous étions jeunes et insouciants*, Le Livre de Poche, París, 2010.

Foot, J.: *Pedalare, Pedalare!*, Bloomsbury Paperbacks, Londres, 2012.

Fossati, M.: *El Tour de Francia*, Gallo Nero Ediciones, Madrid, 2014.

Foster Fraser, J.: *Round the world on a wheel*, Futura Publications, Londres, 1989.

Fotheringham, A.: *The Eagle of Toledo: The life and times of Federico Bahamontes*, Aurum Press, Londres, 2012.

Fotheringham, W.: *Put me back on my bike: in search of Tom Simpson*, Yellow Jersey, Londres, 2002.

___ *Fallen Angel: The passion of Fausto Coppi*, Yellow Jersey, Londres, 2009.

___ *Bernard Hinault and the fall and rise of French cycling*, Yellow Jersey, Londres, 2015.

Fournel, P.: *Bicio*, Biciteca Editorial, Salamanca, 2017.

García Gargallo, M.: *El velódrom de Tirador. Una Història de l´esport a Mallorca*, Illa, Palma de Mallorca, 2018.

Giuntini, S.: *Biciclette partigiane. Diciannove storie di ciclismo e resistenza*, Bolis Edizioni, Bolonia, 2022.

González de Matuco, J.: En busca de los puertos míticos. Editorial Confluencias, Almería, 2022.

Governi, G.: *Il grande Airone. Il romanzo di Fausto Coppi (e di Gino Bartali)*, Castelvecchi, Roma, 2009.

Gino Bartali. L´uomo d´acciaio che salvò l´Italia, Reality Book, Roma, 2014.
Guimard, C.: *Metido en carrera*, Cultura Ciclista, Senan, 2014.
Gutiérrez, J.: *Historia de un desafío. Bilbao-Santander en bicicleta (1903)*, La Biciteca Editorial, Salamanca, 2016.
Healy, G.: *The shattered peloton: The devastating impact of World War I on the Tour de France,* Breakaway Books, Halcottsville, 2014.
Hönel, M. y Ludwig, O.: *100 Highlights Friedensfahrt,* Sportverlag, Berlín, 1997.
Howard, P.: *Sex, Lies and handlebar tape: The remarkable life of Jacques Anquetil*, Mainstream Publishing, Edimburgo, 2008.
Hutchinson, M.: *The Hour,* Yellow Jersey, Londres, 2007.
___*Re: cyclist. 200 years on two wheels*, Bloomsbury, Londres, 2017.
Izagirre, A.: *Cómo ganar el Giro bediendo sangre de buey*, Libros del K.O., Madrid, 2021.
___*Pirenaica. Catorce crónicas de la cordillera*, geoPlaneta, Barcelona, 2018.
Kelly, S.: *Hunger: The Sean Kelly autobiography*, Peloton Publishing, Hertfordshire, 2014.
Kimmage, P.: *Rough ride*, Yellow Jersey, Londres, 2007.
Krabbe, T.: *El ciclista*, Los Libros del Lince, Barcelona, 2010.
La etapa decimocuarta. 71 historias de ciclismo, Libros de Ruta, Bilbao, 2017.
Laborde, C.: *Fenêtre sur Tour*, Bartillat, París, 2004.
___ *Le Tour de France dans les Pyrénées. De 1910 à Lance Armstrong*, Le Cherche Midi, París, 2010.
___*Bernard Hinault. L'épopée du Blaireau*, Mareuil Édition, París, 2015.
Lafargue, F. y Larre, X.: *L´histoire du cyclisme en Pays Basque Nord*, Elkar, Bayona, 2023.
Lazzaro, P.: *In punta di pennino. Cesare Sangalli. 50 anni di ciclismo disegnato e raccontato*, Ediciclo Editore, Portogruaro, 2005.
Leonard, M.: *Lanterne rouge: The last man in the Tour de France,* Yellow Jersey, Londres, 2014.
Linfort, J-M.: *Le grand livre des ilustrateurs, des dessinateurs et caricaturistes du Tour de France.* Cheminements, Turquant, 2008.
Lister, K.: *Una curiosa historia del sexo,* Capitán Swing, Madrid, 2023.
Maillet, J.: *Le Tour de France en 300 sommets*, Éditions de l'Opportun, París, 2013.
Malaparte, C.: *Coppi e Bartali*, Adelphi, Milán, 2009.
Marchesini, D.: *L´Italia del Giro d´Italia*, Il Mulino, Bolonia, 2009.
Mazzi, B.: *Coppi, Bartali, Carollo e Malabrocca*, Ediciclo, Portogruaro, 2005.
McConnon, A. y McConnon, A.: *Road to valour: Gino Bartali. The Tour de France legend and World War Two hero,* W&N, Londres, 2013.

McCurry, J.: *War on wheels. Inside keirin and Japan's cycling subculture*, Pursuit, Londres, 2021.

McGann, B. y McGann, C.: *The story of the Tour de France: How a newspaper promotion became the greatest sporting event in the world. Volume 1: 1903-1964*, McGann Publishing, McMinnville, 2006.

___ *The story of the Tour de France: How a newspaper promotion became the greatest sporting event in the world. Volume 2: 1965-2007*, McGann Publishing, OR, 2008.

___ *The story of the Giro d'Italia. A year-by-year history of the Tour of Italy. Volume II: 1971-2012*, McGann Publishing, McMinnville, 2012.

___ *The story of the Giro d'Italia. A year-by-year history of the Tour of Italy. Volume 1: 1909-1970*, McGann Publishing, McMinnville, 2014.

Montanelli, I.: *Indro al Giro. Viaggio nell'Italia di Coppi e Bartali. Cronache del 1947 e 1948*, Rizzoli, Milán, 2016.

Montefiero, S. S.: *El mundo. Una historia de familias*, Editorial Crítica, Barcelona, 2023.

Moore, R.: *In search of Robert Millar*, HarperSport, Londres, 2008.

___ *Slaying the Badger: Lemond, Hinault and the greatest ever Tour de France*, Yellow Jersey, Londres, 2011.

___ *Etape: The untold stories of the Tour de France's defining stages*, HarperSport, Londres, 2015.

___ *Gironimo: Riding the very terrible 1914 Tour of Italy*, Yellow Jersey, Londres, 2015.

___ *La carrera más sucia de la historia*, Libros de Ruta, Bilbao, 2018.

Moore, T.: *The cyclist who went out in the cold*, Yellow Jersey Press, Londres, 2016.

Nagore, J.: *Crónica de las primeras pedaladas de la modernidad: el Tour de 1983*, Saga Ediciones, Barcelona, 2010.

Neila, A.: *Vicente Trueba. La Pulga de Torrelavega*, Ediciones Tantín, Santander, 2005.

Pasquale, G.: *Cicloturismo tra le Dolomiti*, Editoriale Programma, Treviso, 2021.

Pastonesi, M.: *Cavanna. L'uomo che inventò Coppi*, Ediciclo, Portogruaro, 2006.

Penn, R.: *La bici lo es todo. La búsqueda de la felicidad sobre dos ruedas*, Capitán Swing, Madrid, 2018.

Pereda, M.: *Arriva Italia. Edición ampliada*, Libros de Ruta, Bilbao, 2021.

___ *Un escarabajo en bicicleta*, Editorial Ariel, Bogotá, 2021.

Pye, D.: *Fellowship is life. The story of the National Clarion Cycling Club*, National Clarion Publishing, Kendal, 2014.

Reed, E. S.: *The Tour de France: A cultural and commercial history*. Syracuse University, Syracuse, 2001.

Rendell, M.: *Kings of the mountains.* Aurum Press, Londres, 2003.
Olympic gangster. The legend of Jose Beyaert-cycling champion, fortune hunter and outlaw, Mainstream Publishing, Edimburgo, 2009.
Rosen, J.: *Dos ruedas bueno*, Ediciones Urano, Madrid, 2022.
Rufo, S.: *100 años de ciclismo*, Ibérico Europea de Ediciones, Madrid, 1970.
Ruiz Cabestany, P.: *Historias de un ciclista*, Pamiela, Arre, 1997.
Schur, G. A.; *Friedensfahrt.* Spotless-Verl, Berlín, 1995.
Silva Guzmán, M: *La leyenda de los escarabajos. 100 grandes momentos del ciclismo colombiano*, Aguilar, Bogotá, 2018.
Smith, M. (ed.): *The Telegraph book of the Tour de France*, Aurum Press, Londres, 2009.
Spragg, I.: *Cycling's strange tales. Extraordinary but true stories*, Portico, Londres, 2014.
Sprehe, R.: *Alles Rower? Ein wessi auf friedensfahrt.* Covadonga Verlag, Bielefeld, 2012.
Sykes, H.: *Maglia Rosa: Triumph and tragedy at the Giro d'Italia*, Bloomsbury Sport, Londres, 2013.
___ *La carrera contra la Stasi*, Libros de Ruta, Bilbao, 2020.
Tartoni, G.: *Fausto Coppi. Un uomo solo, solo un uomo*, De Ferrari, Génova, 2004.
Tassell, N.: *Tres semanas, ocho segundos*, Libros de Ruta, Bilbao, 2019.
Trueba, J.: *Diccionario de ciclismo. Un glosario sentimental*, geoPlaneta, Barcelona, 2023.
Turrini, L.: *Bartali. L'uomo che salvò l'Italia pedalando*, Imprimatur, Reggio Emilia, 2014.
Vela, C.: *Ciclismo y capitalismo. De la bicicleta literaria al negocio del espectáculo*, Cambalache Libros, Oviedo, 2020.
Voet, W.: *Massacre a la chaîne*, Calmann-Lévy, París, 1999.
VV. AA.. *Fábrica de líderes. Ciclismo del norte*, Marca, Madrid, 1994.
VV. AA.: *Historia del ciclismo español*, Época, Madrid, 1995.
VV. AA.: *Le Tour de France pour la liberté de la presse*, Reporters sans Frontiéres, París, 2005.
VV. AA.: *El afilador. Volumen 1*, Libros de Ruta, Bilbao, 2016.
VV. AA.: *La historia oficial del Tour de Francia*, Libros de Ruta, Bilbao, 2023.
VV.AA.: *El Tour de Francia y la Vuelta ciclista a España, año 1957*, Edición facísimil, Ediciones Deportivas Dinámico, Zaragoza, 2019.
VVAA.: *Das große buch der internationalen friedensfahrt*, Bild und Heimat, Berlín, 2021.
Walsh, D.: *From Lance to Landis: Inside the american doping controversy at the Tour de France*, Ballantine Books, Nueva York, 2014.

Wheatcroft, G.: *Le Tour: A history of the Tour de France*, Simon & Schuster, Londres, 2003.

Woodland, L.: *Tour of Flanders: The inside story. The rocky roads of the Ronde van Vlaanderen*, McGann Publishing, McMinnville, 2014.

Zúmer, C. *Nairo:. La construcción del nuevo escarabajo*, Intermedio Editores, Bogotá, 2015.

Este libro, por encomienda de la editorial Almuzara, se terminó de imprimir el 12 de enero de 2024. Tal día, de 1969, el grupo Led Zeppelin publica su mítico álbum debut titulado *Led Zeppelin*.